Um die Wende zum 20. Jahrhundert gewann der Kommunismus Kraft und Einfluß als politische Bewegung, die sowohl die Intellektuellen als auch weite Teile der Arbeiterschaft ansprach. Im Oktober 1917 erlangten die Bolschewiki in Rußland die politische Macht. In den 30er Jahren konsolidierte sich das kommunistische System, doch der blutige Terror Stalins kostete Millionen Menschenleben. Nach Stalins Tod zeigte sich, daß das zentralisierte, bürokratische System nicht fähig war, die zahlreichen sozialen und ökonomischen Probleme zu überwinden.

Auch auf internationaler Ebene war die kommunistische Bewegung zentralistisch organisiert. Die kommunistischen Parteien in Europa standen über Jahrzehnte loyal zu Moskau. Hofften sie zunächst noch auf weitere Revolutionen in den westlichen Ländern, gaben sie dies in den 30er Jahren angesichts des Erstarkens rechtsextremer Bewegungen auf. Nach 1940 jedoch verbündeten sie sich mit anderen Parteien, um eine Basis für Regierungsbeteiligungen nach dem Krieg zu schaffen.

Doch der Kommunismus wurde nach 1945 nur in den Ländern Ost- und Mitteleuropas durchgesetzt. Das so entstandene Herrschaftssystem war geprägt von uneingeschränkter Macht des Parteiapparates und gewaltsamer Unterdrückung. Die westeuropäischen Kommunisten dagegen konnten nur in wenigen Ländern – in Frankreich, Italien und Portugal – größeren politischen Einfluß gewinnen, begannen aber zum Teil, sich von Moskau zu lösen.

Jerzy Holzer beschreibt den Weg des Kommunismus von seinem hoffnungsvollen Aufbruch über die Jahre des Terrors und der anschließenden Reformversuche bis zu seinem Scheitern. Der Kommunismus als Herrschaftssystem und politische Bewegung existiert nicht mehr, doch er hat Spuren hinterlassen. Die Auseinandersetzung mit diesem Teil europäischer Geschichte ist noch lange nicht an ihrem Ende angelangt.

Jerzy Holzer, geboren 1930, studierte Geschichte an der Universität Warschau. Seit 1989 ist er Professor für Zeitgeschichte an der Universität Warschau und seit 1990 Leiter der Abteilung für Deutschlandforschung am Institut für Politische Studien der Polnischen Akademie der Wissenschaften.

Europäische Geschichte

Herausgegeben von Wolfgang Benz

Konzeption: Wolfgang Benz,
Rebekka Habermas und Walter H. Pehle

Europäische Geschichte

Jerzy Holzer

Der Kommunismus in Europa

Politische Bewegung und Herrschaftssystem

Aus dem Polnischen von
Wolfgang Jöhling und Hans Henning Hahn

Fischer
Taschenbuch
Verlag

Originalausgabe
Veröffentlicht im Fischer Taschenbuch Verlag GmbH
Frankfurt am Main, Mai 1998

© Fischer Taschenbuch Verlag GmbH, Frankfurt am Main 1998
Alle Rechte vorbehalten
Gesamtherstellung: Clausen & Bosse, Leck
Printed in Germany
ISBN 3-596-60161-4

Gedruckt auf Munken Print Extra der Papierfabrik Munkedal AB, Schweden

Inhalt

Vorgeschichte

Den Ursprung des Kommunismus kann man in Europa sowohl in ganz unterschiedlichen Epochen ansiedeln als auch mit recht verschiedenen ideologischen, gesellschaftlichen und politischen Erscheinungen in Verbindung bringen. Hierbei allerdings scheiden sich bereits die Geister. Je nachdem, was unter Kommunismus verstanden wird, gehen auch die wissenschaftlichen Aussagen und Deutungen über seine Genese beträchtlich auseinander.

Auf der Suche nach den ideologischen Wurzeln des Kommunismus wird der Historiker als erstes an den seit dem Altertum in ungebrochener Kontinuität bestehenden Traum der Menschheit von der Erreichung des absoluten und dauerhaften Guten erinnern. In dieser historischen Perspektive wäre der Kommunismus eine neuzeitliche Fortsetzung der Gnosis in ihrer manichäistischen Ausgabe, wonach der Kampf zwischen dem absoluten Guten (also dem Kommunismus beziehungsweise »klassen«-terminologisch dem Proletariat) und dem absoluten Bösen (also den Gegnern des Kommunismus beziehungsweise der Bourgeoisie) das Sein bestimme; dies ist im Zusammenhang mit chiliastischen Visionen zu sehen, die in beiden Fällen auf eine tausendjährige, also im Grunde ewige Herrschaft des Guten nach dessen endgültigem Sieg über das Böse zielten.[1] Allerdings stellt der Kommunismus durchaus keinen Einzelfall dar, wenn es um chiliastische Visionen in der Moderne geht: Schließlich behauptete auch der Nationalsozialismus, ein Tausendjähriges Reich als Verwirklichung des »höchsten Guten« (wenngleich in völlig anderer Gestalt) verwirklichen zu können.

Sucht der Historiker die Ursprünge woanders, so stößt er auf die unablässigen Versuche, eine gerechte Gesellschaftsordnung zu errichten. Auch hier reichen die Anfänge bis in die Antike zurück. Eine solche Ordnung sollte auf dem Prinzip der Gleichheit beruhen, das von allen freiwillig akzeptiert würde. In der Wirklichkeit akzeptierten es jedoch lediglich Randgruppen, vor allem religiöse

Sekten unterschiedlicher Art. Daneben gab es die Vorstellung, daß die Verwirklichung der Idee einer egalitären Ordnung durch einen Gesetzgeber aufgezwungen werden könnte (solche Gedanken hegten einige Autoren intellektueller Utopien, insbesondere in der Renaissance und später in der Aufklärung).

Auf den Gleichheitsgedanken beriefen sich sämtliche Strömungen des neuzeitlichen europäischen Sozialismus.[2] Man hat sich angewöhnt, die frühen Sozialisten mit dem Begriff des utopischen Sozialismus oder Kommunismus zu bezeichnen, eine von den Marxisten geprägte Terminologie; doch diese Utopisten beschränkten sich in ihren Plädoyers für die von ihnen vorgeschlagene egalitäre Ordnung keineswegs auf die moralische Ebene, sondern benutzten oft genug intellektuelle Argumente unterschiedlicher Art. Die Marxisten hingegen, die in der zweiten Hälfte des 19. Jahrhunderts eine entscheidende Rolle zu spielen begannen, bezeichneten die von ihnen entwickelte sozialistische Doktrin als wissenschaftlichen Sozialismus, obwohl sie sich zweifellos wie ihre Vorgänger vor allem vom moralischen Empfinden leiten ließen.[3]

Die große Bedeutung von Karl Marx für die Entwicklung der Nationalökonomie und der Philosophie ist wohl schwerlich in Frage zu stellen. Seine Voraussage von der Verwirklichung einer egalitären Wirtschafts- und Gesellschaftsordnung, die, wie er aus seinen Untersuchungen von Vergangenheit und Gegenwart schloß, notwendig eintreten werde, war von Anfang an in Frage zu stellen. Die weitere Entwicklung sollte seinen Irrtum erweisen.

Schließlich sind auf der Suche nach den ideellen Wurzeln des Kommunismus die zahlreichen programmatischen Entwürfe einer auf den Prinzipien der Vernunft beruhenden Gesellschaftsordnung anzuführen. Gelegentlich wurden sie im Zusammenhang mit den bereits erwähnten sozialistischen Ideen entworfen, oft jedoch entstanden sie unabhängig von ihnen und enthielten keine egalitären Elemente. Selten freilich wurde versucht, solche Konzepte zu realisieren. Im allgemeinen handelte es sich um Entwürfe von Gesellschaften, die durch eine Art Soziotechnik von hierzu berufenen Weisen regiert werden sollten. Derartige Gedanken tauchten zum ersten Mal bei Platon auf. Besonderer Popularität erfreuten sich solche Ideen in der Aufklärung und während der Französischen

Revolution (trotz der nicht gerade wohlwollenden Behandlung vieler weiser Leute, die man ihres Kopfes und damit des angeblich für ein gutes Regieren so kostbaren Sitzes der Vernunft beraubte).

Niemals jedoch hat vor dem Auftauchen des Marxismus ein Befürworter einer auf der bloßen Vernunft beruhenden Ordnung behauptet, mit einer globalen wissenschaftlichen Theorie die ganze Welt- und Menschheitsgeschichte, die Gesamtheit von Natur und Gesellschaft, von Vergangenheit, Gegenwart und Zukunft begründen und erklären zu können. In dieser Hinsicht waren die Ambitionen des Marxismus in der Tat maßlos.

Zusammengefaßt läßt sich sagen, daß der marxistische Sozialismus mit seiner Suche nach dem absoluten Guten, nach einer gerechten Ordnung und nach einer vernünftigen Ordnung jahrhundertealte Bestrebungen fortsetzte. Zugleich aber beschritt er vollkommen neue Wege, als er versuchte, ein einheitliches und allumfassendes wissenschaftliches System zu schaffen. Damit übernahm die Wissenschaft, die auf dem aufklärerischen Glauben an die Vernunft beruhte, die Funktion einer Religion. Nur Religionen hatten bisher beansprucht, ein ganzheitliches und verbindliches Lehrgebäude zu errichten.[4] Die Wissenschaft dagegen war seit der Aufklärung darum bemüht, solche Lehrsysteme in Frage zu stellen und ihre Fehlerhaftigkeit nachzuweisen.

Der Anspruch, die einzige Wahrheit zu besitzen, ließ schon bald selbst bei Marxisten gewisse Bedenken aufkommen, aus denen sich in der Folge Konflikte entwickelten. Auf der einen Seite tauchten »Häretiker« auf; manche von ihnen meldeten ihre Zweifel an hinsichtlich der Möglichkeit, ein globales wissenschaftliches System errichten zu können. Sie stellten damit den unmittelbaren Zusammenhang zwischen dem sogenannten dialektischen Materialismus, der sich auf die Natur bezieht, und dem historischen Materialismus, der sich auf die Gesellschaft bezieht, in Frage. Solche Denkrichtungen wurden in dem von den Kommunisten geradezu vergötterten Buch Lenins »Materialismus und Empiriokritizismus« kritisiert, das bereits vor dem Ersten Weltkrieg entstand, bevor der spätere Führer des Kommunismus endgültig mit der Sozialdemokratie brach.[5]

Angesichts der oftmals mit den Marxschen Erwartungen nicht

übereinstimmenden Entwicklung bezweifelten andere gegenüber der offenbarten Wahrheit skeptische Sozialdemokraten, daß sich aufgrund einer Analyse der Vergangenheit und Gegenwart eine mit dem Nimbus der Unfehlbarkeit versehene wissenschaftliche Prognose aufstellen lasse, daß also ein direkter Zusammenhang zwischen Wissenschaft und Politik existiere und daß Politik voll auf wissenschaftliche Grundlagen gestellt werden könne.[6]

Auf der anderen Seite agierten die »Orthodoxen«, die sich bemühten, jedes Wort in den Texten von Marx und seines nicht minder fruchtbaren, wenngleich geringeren wissenschaftlichen Tiefgang erreichenden Freundes Friedrich Engels zu verteidigen. Ebendiese »Orthodoxen« kann man bis zu einem gewissen Grade als die geistigen Vorläufer der Kommunisten bezeichnen, wenngleich deren Treue zu Marx von besonderer Art war. Die Kommunisten betonten, wenn sie die »Klassiker des Marxismus« korrigierten, beharrlich deren Unfehlbarkeit für die Zeit, in der sie schrieben und wirkten; das Recht hingegen, die Ansichten von Marx und Engels zu berichtigen, räumten sie ausschließlich deren Nachfolgern, den neuen Klassikern des Marxismus, Lenin und Stalin, ein.[7]

Auf diese Weise sollte der Marxismus als Wissenschaft seinen Charakter einer absoluten und globalen Wahrheit bewahren, sich aber zugleich entsprechend dem Gang der Ereignisse weiterentwickeln. Eine solche Auslegung fand im allgemeinen bei »Orthodoxen« keinen Beifall (so etwa bei dem bekanntesten, Kautsky). Doch selbst jene Kommunisten, die bereit waren, manches zu überdenken, sahen den Marxismus als die einzige richtige und allumfassende Theorie – eine Sichtweise, die dem Erbe der »Orthodoxen« entnommen war.

Wenn wir nach den sozialen Wurzeln des Kommunismus fragen, so ergeben sich mannigfaltige Probleme. Um hier langwierige terminologische Erörterungen zu vermeiden, sei daran erinnert, daß Marx und Engels ihrer grundlegenden politischen Veröffentlichung den Titel »Kommunistisches Manifest« gaben, daß hingegen die Begriffe Kommunismus und Sozialismus bereits vor der Entstehung des Marxismus mitunter austauschbar benutzt wurden.

Der Vorläufer des Kommunismus, die Sozialdemokratie, entstand und erstarkte im Laufe der Entwicklung kapitalistischer Verhältnisse und der Herausbildung der Arbeiterschaft als zahlenmäßig großer sozialer Gruppe in den höher entwickelten Ländern.
Dabei wurden die Begriffe »Arbeiterklasse« und »Proletariat« (in
Anlehnung an die Kategorie von Menschen, die im antiken Rom
keinerlei Eigentum besaßen) in der Sozialdemokratie praktisch
synonym verwendet. Die Arbeiter im westlichen Teil Europas
strebten in gleichem Maße nach einer Verbesserung ihrer Lebens-
umstände, wie sie Partizipation in den sich allmählich entfaltenden
parlamentarischen und Selbstverwaltungskörperschaften verlangten und den Genuß bürgerlicher Freiheiten für sich in Anspruch
nahmen.

Es liegt nahe, daß die sozialdemokratische Doktrin vom Klassenkampf sich auf den Konflikt zwischen den Arbeitern und der
Bourgeoisie (oder auch sämtlichen besitzenden Klassen) in den
verhältnismäßig hochentwickelten Ländern bezog, in denen viele
Arbeiter an Demokratie und Wohlstand teilhaben wollten. Hierbei gingen sie davon aus, daß beide Ziele nicht getrennt voneinander verwirklicht werden könnten, vielmehr einander bedingten.

Im Endergebnis sollten die Arbeiter eines Tages die Macht ergreifen können, weil sie die Mehrheit der Bevölkerung stellten, also
entsprechend den Spielregeln der Demokratie. Dabei wurde von
Marx und seinen Jüngern der Unterschied zwischen Demokratie
und Diktatur durch die Feststellung verwischt, jedes politische
System unter den Bedingungen einer Klassengesellschaft stelle, unabhängig von seiner äußeren Form, eine Diktatur dar. Eine Herrschaft der Bourgeoisie, wenn sie mit den Regeln der Demokratie
übereinstimme, sei somit eine »Diktatur der Bourgeoisie«, und
ganz genauso solle eine Herrschaft der Arbeiter eine »Diktatur des
Proletariats« sein.

In der Frage, wie eine sozialistische Wirtschaft zu organisieren
sei, gab es in der Sozialdemokratie keine eindeutige Haltung,
wenngleich ein bedeutender Teil der Sozialdemokraten seine Hoffnungen auf den Staat setzte und bereit war, ihm zumindest vorübergehend umfassende Verwaltungskompetenzen einzuräumen.
Im ganzen genommen sollten sich sozialistische Umwälzungen aus

13

ist ausdrücklich so gesagt worden, ein Hauptglied der Fehleinschätzungen

der Erschöpfung weiterer Entwicklungsmöglichkeiten des kapitalistischen Weges ergeben.

Die Kommunisten behaupteten seit ihrer Abspaltung von der Sozialdemokratie, einzig und allein sie würden die Doktrin vom Klassenkampf, den die Arbeiterklasse auszufechten hätte, umsetzen. Die Sozialdemokratie bekenne sich zwar verbal noch zum Klassenkampf, habe ihn in Wirklichkeit aber längst zugunsten einer Versöhnung der Klassen aufgegeben (oder auch: die Arbeiterklasse geradezu verraten). Der Kommunismus verstand freilich etwas vollkommen anderes unter Klassenkampf als die Sozialdemokratie. Trotz all seiner großen Worte betrachtete er Demokratie und bürgerliche Freiheiten als völlig zweitrangig, wenn nicht gar im Widerspruch zu dem von ihm lancierten Vorrang des Klassenkampfs stehend. Und dieser sollte zur totalen Machtergreifung führen.[8] Es ging um die Durchsetzung einer »Diktatur des Proletariats« unabhängig von der zahlenmäßigen Stärke der Arbeiterschaft. Direkte Gewalt und Beseitigung der Demokratie waren dabei eingeplant.

Der Kommunismus siegte zuerst in einem rückständigen Land mit einer überwiegenden, ziemlich verstreut lebenden bäuerlichen Bevölkerung. Auch in den später vom Kommunismus beherrschten Ländern war das ökonomische Entwicklungsniveau meist recht niedrig und die Gesellschaftsstruktur eher traditionell angelegt. Aus diesem Grund sah die Forschung seit langem die sozialen Ursachen für den Kommunismus oft nicht im Entwicklungsstand der Arbeiterklasse und in deren Klassenkonflikten mit der Bourgeoisie, sondern vielmehr in der Spezifik jener rückständigen Länder, die den Weg einer beschleunigten Entwicklung eingeschlagen hatten und in denen sich dadurch mannigfaltige soziale Konflikte zuspitzten. Der Klassenkampf der Arbeiter wäre demnach für die Entstehung des Kommunismus nur ein Faktor unter vielen gewesen, und durchaus nicht der wichtigste. Auf den Zusammenbruch der traditionellen Gesellschaft sei dann, so die weitere Erklärung, mit dem Versuch reagiert worden, die Bevölkerung in eine Zwangsjacke zu stecken. Damit habe man einer durch die Widersprüche verursachten Explosion zuvorkommen und dem Land seine Weiterentwicklung ermöglichen wollen.

Eine besondere Spielart der Konzepte, die das Phänomen Kommunismus mit der Konfrontation von Rückständigkeit und Modernität erklärten, berief sich darauf, daß einstmals in den meisten vom Kommunismus erfaßten Gegenden eine »asiatische Produktionsweise« existiert habe, die Marx selbst gelegentlich erwähnt habe. Der Kommunismus stelle den Versuch dar, dieses System zu erneuern oder weiterzuführen. Zwar habe es vor allem im Altertum existiert, doch seien seine Elemente auch in der sklavenähnlichen rechtlichen und ökonomischen Abhängigkeit der riesigen bäuerlichen Bevölkerungsmehrheit Rußlands von dem mit dem Staatsapparat eng verbundenen Großgrundbesitz, der zugleich den Kern der bürokratischen und militaristischen Kaste gebildet habe, auszumachen.[9]

Dabei wurde auf weitere spezifische Merkmale der russischen Gesellschaftsstruktur hingewiesen, in erster Linie auf die russische Dorfgemeinschaft, die sich jahrhundertelang während der Leibeigenschaft und darüber hinaus bis zum Beginn des 20. Jahrhunderts (also bis kurz vor dem Sieg des Kommunismus) erhalten habe. Diese sogenannte Obschtschina sei nicht nur befugt gewesen, das Recht auf Bodennutzung für die einzelnen Bauernfamilien zu vergeben und zu entziehen, sondern habe mehr oder minder den Charakter einer Produktionsgemeinschaft beibehalten.

Ein weiteres Erklärungskonzept sah die Vorläufer des Kommunismus in sogenannten hydraulischen Gesellschaften. In diesen sei die Wirtschaft aufgrund der erforderlichen Bewässerungtechnik und anderer natürlicher Gegebenheiten zentralistisch organisiert gewesen. Dies habe eine gleichfalls zentralistische Regierungsform erfordert.

Jene »hydraulischen Gesellschaften« sollen im Altertum existiert haben, und nichts deutet darauf hin, daß sich zwischen ihnen und dem Kommunismus eine Brücke schlagen ließe. Darüber hinaus hatten solche Wirtschaftsformen nur einen winzigen Randbezirk der künftigen Sowjetunion erfaßt. Doch dessenungeachtet waren einige Theoretiker von der Einfachheit und Eleganz einer solchen Erklärung der Gegenwart durch die Berufung auf die Vergangenheit fasziniert.

In erster Linie aber war der Kommunismus ein politisches Phänomen. Deshalb muß seiner politischen Genese größere Aufmerksamkeit gewidmet werden. Was weiter zurückliegende Vorläufer anbelangt, so scheiden sich wiederum erneut die Geister. Die Kommunisten selbst beriefen sich am liebsten auf sämtliche revolutionären oder als revolutionär erachteten Bewegungen, angefangen beim Spartacus-Aufstand im alten Rom über mittelalterliche Ketzerbewegungen, Bauernaufstände gegen die Unterdrückung durch den Adel bis hin zur niederländischen, englischen, französischen und der 1848er Revolution.

Diese stolze Ahnenreihe schlossen die Arbeiteraufstände im 19. und zu Beginn des 20. Jahrhunderts ab, wobei die Pariser Kommune von 1871 und die russische Revolution von 1905 besonders hervorgehoben wurden. Die Kommunisten stilisierten sich als die politischen Erben der Sozialdemokratie aus den Zeiten der I. Internationale und der Anfangszeit der II. Internationale. Diese »Genealogie« führte über die linken Abspaltungen der Sozialdemokratie, die mehrere Jahrzehnte innerhalb ihrer Parteien und der II. Internationale gewirkt und mitunter deren gemäßigte Führer heftig kritisiert hatten. Das gilt besonders für die russischen Bolschewiki. Mit der ausschließlichen Bezugnahme auf die sozialdemokratische Linke sollte ein ansonsten schwer erklärbarer Widerspruch aus der Welt geräumt werden, nämlich wieso die Kommunisten gleichzeitig die Erben der Sozialdemokratie und deren erbittertste Gegner sein konnten.

Viele Kommunismusforscher und Sowjetologen, also Experten für die Probleme der Sowjetunion und ihrer Einflußzonen, waren der Ansicht, der Kommunismus stehe in erster Linie in der Kontinuität der Geschichte Rußlands. Argumentiert wurde hierbei mit der Tradition eines russischen (und teilweise noch byzantinischen und mongolischen) Despotismus: Die Bevölkerung sei einer absoluten, oft genug extrem repressiven Herrschaft vollkommen unterworfen gewesen (hier wurde dann sogleich an Iwan den Schrecklichen, aber auch Peter den Großen erinnert), die sich dabei auf einen aufgeblähten, bürokratischen Verwaltungs-, Polizei- und Armeeapparat gestützt habe. Ein weiteres Element in Rußlands politischer Tradition stelle die jahrhundertealte territoriale Expansion in sämtliche Himmelsrichtungen dar, gepaart mit wachsenden

16

Großmachtansprüchen. Die ökonomischen Ressourcen Rußlands, eines im Grunde schwach entwickelten Landes, seien im Vergleich zu anderen Mächten in weitaus stärkerem Maße für militärische und politische Ziele genutzt worden, was dazu geführt habe, daß seine Großmachtstellung in keinerlei Verhältnis zu seiner wirtschaftlichen Situation gestanden habe.

Die Anhänger der These von der ausschlaggebenden Bedeutung der russischen Tradition bei der Entstehung des Kommunismus verwiesen außerdem auf die spezifischen Wesenszüge der russischen sozialistischen Bewegung. Diese Merkmale seien zum Teil eine Folge der Verhältnisse unter der zaristischen Herrschaft, zum Teil auch hätten sie sich daraus ergeben, daß man diesem innerrussischen Gegner ähnlich geworden sei, um ihn bezwingen zu können.[10]

Eine Übereinstimmung bei den Standpunkten zur politischen Entstehungsgeschichte des Kommunismus läßt sich erst feststellen, wenn von den unmittelbaren Voraussetzungen für die Entstehung der kommunistischen Bewegung und die Einführung der kommunistischen Herrschaft in Rußland die Rede ist. Alle sind sich offensichtlich einig, daß sie einerseits in den Aktivitäten der russischen Bolschewiki und andererseits in den Ereignissen des Ersten Weltkriegs zu suchen seien.

Formal wurde die russische Sozialdemokratie 1898 gegründet, bildete jedoch anfangs lediglich ein lockeres Konglomerat illegaler kleiner Gruppen, denen überwiegend junge Menschen angehörten. Diese Gruppen zerfielen schnell wieder; sie wurden von der Polizei ausgehoben, schlossen sich jedoch bald abermals zusammen und organisierten sich aufs neue. Erst auf dem II. Parteitag der Sozialdemokratischen Arbeiterpartei Rußlands 1903 kam es zu einer gewissen Stabilisierung, zugleich aber zu einer Spaltung in zwei Fraktionen, die Bolschewiki (Mehrheit) und die Menschewiki (Minderheit).

Dieser Bruch war noch nicht endgültig, denn zeitweilig arbeiteten die verfeindeten Parteibrüder später wieder zusammen, insbesondere während der Revolution von 1905, als die Sozialdemokratie für einen kurzen Augenblick zu einer Massenpartei wurde. In sämtlichen Grundsatzdiskussionen aber schwelte der Zwist weiter, bis er 1912 zur Gründung einer völlig selbständigen Partei der Bolschewiki führte. Dabei war charakteristisch, daß sie hartnäckig auf ihrer alten Parteibezeichnung bestanden, denn diese legitimierte sie als die wirklichen, mehrheitlichen Sozialdemokraten Rußlands, während doch in Wirklichkeit inzwischen die Menschewiki das zahlenmäßige Übergewicht erreicht hatten.

Die russische Sozialdemokratie war keine demokratische Partei und konnte es auch gar nicht sein, da sie in der Illegalität operierte und ständig von Repressionen bedroht war. Das galt vor allem für die Bolschewiki, die keine Massenpartei sein konnten nach dem Vorbild der legal wirkenden westeuropäischen Sozialdemokraten. Vielmehr waren sie eine kleine Gruppe von Berufsfunktionären (oder auch »Berufsrevolutionären«), zentralistisch und autokratisch organisiert. Ihr Führer, Wladimir Iljitsch Lenin, wurde mit der Zeit bei den Bolschewiki in sämtlichen ideologischen, politischen und organisatorischen Fragen zu einer unangefochtenen Autorität. Der Zentralismus des russischen Vielvölkerstaates führte zu einem spezifischen »Russozentrismus« und damit zur Bekämpfung nationaler und nach Unabhängigkeit strebender Bewegungen, selbst wenn manche von diesen sich auf sozialistische Ideen beriefen.

Ein weiteres Charakteristikum der Bolschewiki war es (das galt jedoch seit langem für die russische sozialistische Bewegung, unter anderem für ihre nichtmarxistische, sogenannte sozialrevolutionäre Strömung), daß sie physische Gewaltanwendung nicht nur für ein zulässiges, sondern geradezu notwendiges und vorrangiges Mittel hielten. Während der Revolution von 1905 wurde Gewalt alltägliche Praxis; man gewöhnte sich daran, und der Gebrauch von Waffen ging in das ständige Arsenal revolutionärer Praktiken ein. So ausgerüstet, gingen die Bolschewiki in den Ersten Weltkrieg, wobei die Partei übrigens keinen breiteren Rückhalt in den russischen Arbeitermassen besaß, obwohl sie sich ständig auf deren Willen berief.[11]

Es ist zwar unumstritten, daß die Ereignisse des Ersten Weltkriegs in Europa erheblich die Entstehung und politische Gestalt des Kommunismus mitgeprägt haben; die Frage jedoch, was eigentlich konkret eine so grundlegende Bedeutung gehabt habe, wird höchst unterschiedlich beantwortet. Die Kommunisten selbst stellten die These auf, der Krieg habe einerseits das ganze Ausmaß der Krise des Kapitalismus deutlich vor Augen geführt und damit dessen Sturz als notwendige Folge auf die Tagesordnung gesetzt, andererseits sei der Verrat der sozialdemokratischen Führer offenbar geworden. Vor dem Krieg hätten diese zwar die Arbeiter aller Völker zum gemeinsamen Kampf gegen die Bourgeoisie (unter der Losung »Proletarier aller Länder, vereinigt euch«) aufgefordert und Kriegsvorbereitungen verurteilt, dann jedoch dem Krieg zugestimmt. Der Krieg habe, so die Kommunisten, den Nachweis dafür erbracht, daß die Sozialdemokratie unfähig sei, sich selbst zu reformieren.

Ebenso wie für die Kommunisten stellte der Erste Weltkrieg für die Kritiker des Kommunismus einen großen moralischen, politischen und wirtschaftlichen Schock dar. Sie stimmten der These zu, daß der Kommunismus unmittelbar aus diesem Schock entstanden war. Allerdings wiesen sie darauf hin, daß der Kommunismus eher eine Fortführung des Krieges als eine Reaktion auf ihn gewesen sei. Der Krieg habe nämlich die auf europäischen und christlichen Traditionen beruhenden moralischen Wertvorstellungen schwer erschüttert und teilweise sogar zerstört. Der Einfluß des Krieges betraf also in erster Linie die Akzeptanz brutaler Gewaltanwendung durch die Kommunisten, einer Gewalt, die von 1914 bis 1918 Millionen von Europäern hatten aktiv oder passiv miterleben müssen und die jetzt gegen die Feinde im eigenen Lande gerichtet wurde.[12]

Ein weiterer wesentlicher Aspekt ist in dem Umstand zu sehen, daß in vielen kriegführenden europäischen Staaten das gesellschaftliche und wirtschaftliche Leben von oben herab organisiert, also vom Staat selbst gesteuert wurde. Zugunsten der Steigerung der Kriegsanstrengungen fand man sich sowohl mit einer Einschränkung der bürgerlichen Freiheiten, insbesondere mit einer rigorosen Zensur, als auch mit einem weitgehenden Verzicht auf die Handlungsfreiheit von Wirtschaftsunternehmen und der mehr oder weniger detaillierten Reglementierung des Arbeitsmarkts und des Warenangebots ab. Der Staatsapparat plante seinen Bedürfnissen entsprechend, was zu produzieren sei, teilte Rohstoffe und Arbeitskräfte zu und regelte mit Lebensmittelkarten und Bezugsscheinen den Verbrauch der Bevölkerung.

Ein anderer Aspekt jener Situation, wie sie in Rußland durch die um die Jahrhundertwende einsetzenden Veränderungen, den Ersten Weltkrieg und die nachfolgenden Ereignisse entstanden war, wird von einigen Anhängern des Totalitarismuskonzepts betont: Sie betrachten das kommunistische System als eine mögliche Form totalitärer Herrschaft (neben der nationalsozialistischen in Deutschland). Ihrer Auffassung nach sei es in Rußland zu einer Zerschlagung der grundlegenden gesellschaftlichen Bindungen gekommen. Die traditionelle Gesellschaft habe zu bestehen aufgehört, eine moderne Gesellschaft der *citoyens* sei aber noch nicht entstanden. Das Gleichgewicht zwischen Staat und Gesellschaft sei erschüttert worden, oder anders ausgedrückt, den Platz der Gesellschaft habe eine gestaltlose Masse eingenommen, die der Staat beliebig formen konnte.[13]

Völlige Übereinstimmung hingegen herrscht darüber, daß der Kommunismus seine Entstehung der Haltung verdanke, die die Bolschewiki und kleine Gruppen sozialdemokratischer Linker in anderen europäischen Ländern eingenommen hätten. Die Bolschewiki sprachen sich unter dem Einfluß Lenins, der sich im Exil in der neutralen Schweiz aufhielt, für die Sabotierung der Kriegsanstrengungen des eigenen Landes aus und setzten alles daran, um Rußlands Niederlage herbeizuführen und diese für ihre Revolution und Machtergreifung zu nutzen. Das erklärten sie auch zum Programm für die linken Sozialdemokraten anderer kriegführender Länder. Die Revolution sollte international sein, und die Bolschewiki waren sich durchaus der Tatsache bewußt, daß sie allein lediglich beschränkten Einfluß auf das Kriegsgeschehen haben würden.

Die Bolschewiki traten also auf als eine sowohl aus Emotion wie aus rationaler Reflexion entstandene moralische, politische und ökonomische Erneuerungsbewegung. Sie behaupteten, sie hätten das Rezept zum Handeln gefunden: Aus dem Weltkrieg solle ein Bürgerkrieg werden, das sei die sozialistische Revolution. Diese Revolution sei ein übernationales gemeinsames Werk, das die Ideologie des Nationalinteresses, mit der dieses Blutbad der Völker legitimiert werde, ablehne. Die Revolution würde die für den Kriegsausbruch verantwortlichen Verbrecher – die Vertreter des Großkapitals und ihre Helfershelfer in den Armeen, Regierungen, Parlamenten und politischen Parteien – bloßstellen und vernichten.

So ganz ohne Bedenken waren die Bolschewiki, als sie diese Thesen verkündeten, durchaus nicht. Die linken Sozialdemokraten in anderen Ländern zögerten noch stärker. Viele von ihnen waren lediglich dazu bereit, den Krieg von pazifistischen Standpunkten aus zu verurteilen. Allmählich jedoch bildeten sich Gruppen, die sich auf den internationalen Konferenzen sozialdemokratischer Kriegsgegner in Zimmerwald (1915) und Kienthal (1916) als sogenannte Zimmerwalder Linke konsolidierten. Sie sammelten sich um ein den Bolschewiki nahestehendes Programm der Revolution, indem sie aus der II. Internationale austraten und ihre eigene, übernationale Organisation gründeten. Eine besondere Rolle unter diesen Partnern der Bolschewiki spielte die in Deutschland gegründete Internationale (die sich später in Spartakusbund umbenannte). Ihre Wortführer, Karl Liebknecht und Rosa Luxemburg, erfreuten sich bei den Sozialdemokraten einer weitaus größeren internationalen Beliebtheit als der außerhalb Rußlands kaum bekannte Lenin.

Die Entstehung des Kommunismus

Die Geburtsstunde der kommunistischen Bewegung und damit gleichzeitig des kommunistischen Herrschaftssystems schlug mit dem Ausbruch der russischen Revolution 1917. Die Bolschewiki waren anfangs, als im März (nach russischem Kalender im Februar) der Zar gestürzt und eine demokratische Republik ausgerufen wurde, konzeptlos und ohne klares Aktionsprogramm – bis Lenin im April aus der Schweiz nach Rußland zurückkehrte. Das geschah nicht ohne Hilfestellung von seiten Deutschlands, wo man damit rechnete, daß seine Anwesenheit zu Chaos und zum inneren Zerfall des Kriegsgegners Rußland beitragen werde.

Lenins wichtigstes Ziel war die Machtergreifung durch die Bolschewiki. Rußlands niedriger Entwicklungsstand und der Zerfall von Wirtschaft und Gesellschaft infolge des Krieges kümmerten ihn dabei wenig. Er ging davon aus, daß die Bolschewiki die Aufgaben eines Sprengzünders der gesamteuropäischen sozialistischen Revolution zu erfüllen hätten, denn nur letztere könne von dauerhaftem Erfolg sein.

Die Verwirklichung von Lenins Plan entpuppte sich als ziemlich kompliziert. Die Bolschewiki erkannten die Schwäche des durch Krieg und Revolution desorganisierten russischen Staatsapparates. Also konzentrierten sie ihre Anstrengungen in zwei Richtungen: Zum einen bemühten sie sich, in den (ähnlich wie 1905 als konkurrierenden Apparat zur staatlichen Exekutive) neugebildeten Räten der Arbeiterdelegierten und der Soldatendelegierten die Oberhand zu gewinnen (in den Dörfern hatten sie allerdings keine Chance, in ähnlichen Räten eine stärkere Position zu erobern), zum anderen bereiteten sie den bewaffneten Staatsstreich vor.

Die allgemeine Unzufriedenheit mit der Regierung der demokratischen Parteien, die sich einerseits weigerten, mit Deutschland Friedensverhandlungen aufzunehmen, andererseits aber nicht imstande waren, dem zunehmenden Chaos und dem Hunger Abhilfe

23

zu schaffen, erleichterte den Bolschewiki ihre Aufgabe. Der erste Putschversuch, im Zusammenhang mit der Revolte einiger Militäreinheiten im Juli 1917, mißlang und führte zum Verbot der bolschewistischen Partei, das von der schwachen Regierung jedoch nicht konsequent durchgesetzt werden konnte.

Den einzigen ernsthaften Gegner stellte die Generalität dar, die, wenngleich nicht immer zu Recht, in Verdacht stand, die Rückkehr zur Zarenherrschaft zu betreiben. Den Bolschewiki gelang es jedoch, in dem aus ihrer Partei, der demokratischen Regierung und den Militärs bestehenden Dreieck die Konflikte zu ihren Gunsten zu entscheiden. Als die Armee unter ihrem Oberbefehlshaber, General Kornilow, im September 1917 den Versuch eines Staatsstreichs unternahm, schlugen sich die Bolschewiki auf die Seite der Regierung. Als Gegenleistung dafür durften sie daraufhin wieder legal agieren und gewannen zugleich praktisch die politische Kontrolle über die immer disziplinloseren Soldaten. Die Bedingungen für einen bolschewistischen Umsturz reiften heran.

In seinem noch vor dem Umsturz verfaßten, doch erst danach veröffentlichen Buch »Staat und Revolution« formulierte Lenin seine Ansichten darüber, wie das Herrschaftssystem nach dem Sieg der Bolschewiki funktionieren solle. Zwei Grundsätze waren dabei von entscheidender Bedeutung: Zum einen wurde die Anwendung von Gewalt im politischen und gesellschaftlichen Leben zu einer Notwendigkeit erklärt, übrigens nicht allein gegenüber den »feindlichen Klassen«, sondern auch gegenüber »Proletariern« ohne Klassenbewußtsein. Zum anderen ging es um eine weitgehende Bürokratisierung. Kern und Angelpunkt der Wirtschaftsorganisation sollten Evidenz und Kontrolle darstellen; als Modell galt die zentralisierte Struktur der Post.[14]

Der bolschewistische Umsturz vollzog sich Anfang November 1917 ohne größeren Widerstand seitens der demokratischen Regierung, deren Premierminister damals Alexander Kerenski war. Am 7. November (nach dem damaligen russischen Kalender am 25. Oktober, daher der Name Oktoberrevolution) entstand in Petrograd unter Lenins Leitung der Rat der Volkskommissare, also die Regierung der Bolschewiki, die noch einige Monate vom radikalen Flügel der agrarischen Sozialrevolutionäre unterstützt wurde.

Erst in den folgenden Wochen, Monaten und Jahren sollte diese Regierung sich das gesamte Territorium Rußlands unterwerfen. Ihre Herrschaft übten die Bolschewiki aus, ohne sich um bürgerliche Freiheiten oder humanitäre Prinzipien zu kümmern. Zwar gestatteten sie noch, die bereits von der demokratischen Regierung ausgeschriebenen Wahlen zur Konstituierenden Versammlung durchzuführen, und ließen diese auch zusammentreten, doch nur, um sie kurz darauf auseinanderzujagen. Schrittweise verboten sie außerdem alle anderen politischen Parteien.

Von Anfang an gehörte zur bolschewistischen Herrschaft (den Begriff »kommunistisch« nahm die Partei erst nach dem Parteitag im März 1918 an) der Widerspruch zwischen öffentlichen Verlautbarungen und der Wirklichkeit sowie den tatsächlichen Absichten. Einerseits wurde unverzüglich die Beendigung des Krieges und das Dekret über den Frieden beschlossen. Man begann Verhandlungen mit Deutschland und seinem Verbündeten Österreich-Ungarn. Im März 1918 akzeptierte das bolschewistische Rußland im Frieden von Brest-Litowsk die ihm auferlegten schweren Bedingungen (die allerdings nur bis zur Niederlage Deutschlands im Ersten Weltkrieg acht Monate später von Bedeutung waren). Andererseits verwandelten die Bolschewiki den Krieg gegen äußere Feinde in einen Bürgerkrieg, wenngleich letzterer im großen Stil erst nach Beendigung des ersteren ausbrach. Im Bürgerkrieg entstand auch die Rote Armee, obwohl als deren symbolisches Gründungsdatum ein Scharmützel mit angreifenden deutschen Truppen im Februar 1918 bei Petrograd, als die Friedensverhandlungen für kurze Zeit ergebnislos abgebrochen worden waren, etabliert wurde. Der eine wichtige Gegner der russischen Kommunisten setzte sich aus sämtlichen politischen und gesellschaftlichen Kräften in Rußland zusammen, die sich mit der bolschewistischen Herrschaft nicht abfinden wollten. Der Erfolg der Kommunisten wurde allerdings erleichtert durch die Zersplitterung zwischen den Anhängern des Zaren und der verschiedenen demokratischen Gruppierungen. Die Kämpfe zogen sich bis 1921 hin. Rußland ertrank im Blut. Anstelle des versprochenen Friedens wurde ihm ein Krieg beschert, der es mit Verwüstung, Hunger und einem von beiden Seiten – wenngleich umfassender von den besser organisierten

25

Bolschewiki – verübten Massenterror überzog. Die Errichtung der kommunistischen Herrschaft in Rußland kostete schließlich viele Millionen Menschen das Leben.

Der andere Gegner waren die dezentralen Nationalbewegungen, die versuchten, die Situation zu nutzen, um sich von Rußland unabhängig zu machen. Die Bolschewiki betrachteten jedoch das von ihnen selbst verkündete »Selbstbestimmungsrecht der Völker bis hin zur Loslösung von Rußland« keineswegs als Hindernis für ihre eigentliche Absicht, nämlich die Wiederherstellung eines zentralisierten Staatswesens. Einerseits berief man sich dabei auf den Willen des Proletariats im jeweiligen Gebiet, andererseits wurden als Maskerade angeblich unabhängige Sowjetrepubliken gegründet, die überall von Vertretern der zentralisierten Partei regiert wurden.

Als krassestes Beispiel dafür, wie einem Volk gegen seinen Willen der Kommunismus aufgezwungen wurde, darf der Überfall auf Georgien im Jahre 1921 gelten. Einem erneuten Anschluß an Rußland entgingen hingegen die baltischen Staaten einschließlich Finnland, vor allem aber Polen, das 1920 der bereits auf Warschau marschierenden Roten Armee Widerstand leistete. 1922 kam es zur formalen Vereinigung Rußlands und der von Kommunisten regierten übrigen Republiken auf dem Gebiet des ehemaligen Zarenreiches in der Union der Sozialistischen Sowjetrepubliken, obwohl sich die Partei erst 1925 in Kommunistische Allunionspartei (der Bolschewiki) umbenannte.

Unmittelbar nach ihrer Machtergreifung erließen die Bolschewiki ihr »Dekret über den Grund und Boden«, wonach Bauern und Landarbeiter das Gutsland unter sich aufteilen sollten. Dieser Schritt widersprach der gesamten sozialdemokratischen Traditionslinie, denn für die Sozialdemokraten stellte der Großgrundbesitz eine fortschrittlichere Wirtschaftsform dar, durch die eine Vergesellschaftung bzw. Nationalisierung erleichtert wurde. Allerdings verhehlten die Bolschewiki keineswegs, daß pragmatische Gesichtspunkte den Erlaß des Dekrets bestimmt hatten, nämlich die Notwendigkeit, die Unterstützung der Landbevölkerung zu gewinnen. So sollte das unter den Kleinbauern aufgeteilte Land Staatseigentum sein, und die Beseitigung der bäuerlichen Einzelwirtschaften blieb weiterhin das Fernziel. Die Übernahme des

Gutslandes war von Verwüstungen und Plünderungen begleitet. Bald darauf kam es zum gewaltsamen Konflikt zwischen den bolschewistischen Machthabern und den Bauern, als nämlich in den Jahren des Bürgerkriegs auf dem Lande Ernte und Vieh völlig willkürlich und ohne jegliche Einschränkung beschlagnahmt wurden. *ja* Der daraufhin geleistete Widerstand wurde mit blutigen Pazifizierungsaktionen gebrochen.

Die Periode des »Kriegskommunismus«, in der sämtliche das Individuum schützende Rechtsnormen, darunter auch das Recht auf Eigentum, faktisch außer Kraft gesetzt wurden, dauerte bis Anfang 1921. Lenin erkannte zu diesem Zeitpunkt, daß die sowjetische Wirtschaft vollkommen daniederlag und sich im ganzen Land die Gefahr einer gewaltsamen antibolschewistischen Revolte zusammenbraute. Wie ernst die Lage war, bewies im März 1921 der Aufstand der Kronstädter Matrosen, die in den letzten Jahren die treueste Garde des Kommunismus gewesen waren. Bereits drei Tage vor der Niederschlagung des Matrosenaufstands, am 15. März 1921, kündigte Lenin die sogenannte Neue Ökonomische Politik (NEP) an. An die Stelle willkürlicher Zwangsabgaben in den Dörfern trat eine kalkulierbare »Naturalsteuer«; Bauern, Handwerker und Kleinproduzenten sollten darüber hinaus über die Produkte ihrer Arbeit frei verfügen können. Wirtschaftlichkeit und größere Entscheidungsfreiheit im Binnenhandel sollten die ökonomische Entwicklung bestimmen. Die NEP stellte jedoch keinen Verzicht auf die Beseitigung der Privatwirtschaft dar. Die Kommunisten sollten sich lediglich ein wenig aus der Wirtschaft zurückziehen, um ihre politische Macht zu retten.

Noch bevor die Kommunisten in Rußland ihre Macht endgültig gefestigt und sich die meisten nichtrussischen Gebiete des einstigen Zarenreiches unterworfen hatten, begann sich der Kommunismus als politische Bewegung auf dem ganzen europäischen Kontinent zu formieren. Organisatorisch hatten sich die kommunistischen Gruppen meistenteils noch nicht von der Sozialdemokratie getrennt, wenngleich um die Jahreswende 1918/1919 schon kommunistische Parteien in Polen und Deutschland entstanden waren. Im November 1918 waren in Deutschland, in Österreich und in Ungarn Revolutionen ausgebrochen, in denen allerdings die dem

Kommunismus abgeneigten Sozialdemokraten den Ton angegeben hatten.

Lediglich in Ungarn gelang es später im Jahre 1919 für einige Monate der sozialdemokratischen Linken unter Béla Kun, die sich inzwischen als kommunistisch bezeichnete, das Ruder an sich zu reißen. In Deutschland versuchte 1919 die aus dem Spartakusbund hervorgegangene Kommunistische Partei trotz der Skepsis ihrer hervorragendsten Führerin, Rosa Luxemburg (die jedoch bereits im Januar 1919 von einer konterrevolutionären Soldateska ermordet worden war), einen Staatsstreich durchzuführen und die demokratische Regierung zu stürzen. Sie erlitt jedoch eine schwere Niederlage.

In Italien kam es 1920 zu einer gefährlichen politischen Krise, in der die Sozialisten (denn eine selbständige kommunistische Partei gab es noch nicht) versuchten, Fabrikräte und eine bewaffnete Rote Garde zu bilden. Nach mehreren Fehlschlägen ebbte die revolutionäre Welle ab. Die mit einer wirksamen Sozialdemagogie agitierenden Faschisten ergriffen die Initiative. Mit ihrem Sieg 1922 mußten die Träume von einer sozialistischen Revolution begraben werden.

Für andere Länder lag eine sozialistische Revolution in noch weiterer Ferne. In einigen Ländern gingen soziale Spannungen mit nationalen Frustrationen einher. Diese entstanden entweder aufgrund der Kriegsniederlage und des Gefühls der Knechtung durch fremde Mächte, wie in Ungarn und Deutschland, oder aufgrund nicht verwirklichter Aspirationen als Siegermacht, wie in Italien. In diesen Ländern konnten sich die Kommunisten stärkeres Gehör verschaffen und mehr Anhänger gewinnen als innerhalb der Staaten, die sich nach 1918 als Sieger fühlten. In letzteren und in den neutralen Staaten sowie vor allem in jenen Ländern, die gerade mit Erfolg einen unabhängigen Staat aufbauten, konnten die Kommunisten nicht davon träumen, die Macht zu ergreifen.

Die Ideen und das Vorgehen der russischen Bolschewiki wurden von denen, die sich selbst als Anhänger des Kommunismus bezeichneten, nicht ohne Vorbehalte akzeptiert. In einigen Punkten wurde besonders starker Widerspruch laut, vor allem hinsichtlich der Aufhebung demokratischer Freiheiten und der Zerschlagung sämtlicher, auch der sozialistischen politischen Parteien. Ein weiterer Streitpunkt betraf den politischen Terror, sowohl als Grundsatzfrage als auch hinsichtlich seines Ausmaßes und seiner Formen. Gralshüter der reinen Doktrin empörten sich außerdem über die Agrarpolitik der Bolschewiki und hielten die Aufteilung des Bodens unter die Bauern für eine Abweichung von Marxismus und Sozialismus. Einen besonderen Platz unter den kritischen Stimmen nahm Rosa Luxemburgs »Über die russische Revolution« ein, wenngleich die Verfasserin selbst zögerte, ihre Arbeit zu veröffentlichen, und die Schrift erst nach ihrer Ermordung erschien.[15]

Trotz derartiger Zweifel und Vorbehalte fühlten sich die Kommunisten außerhalb Rußlands mit den Bolschewiki solidarisch. Zugleich empfanden sie Schuldgefühle, da es ihnen nicht gelungen war, in ihren höher entwickelten Ländern eine erfolgreiche Revolution durchzuführen. So nahmen nach einem gewissen Zögern einige sich als kommunistisch definierende Parteien und Gruppen Lenins Angebot an, im März 1919 auf einem Kongreß in Moskau zusammenzukommen und die Kommunistische Internationale (abgekürzt auch Komintern oder landläufig III. Internationale genannt) zu gründen.

Die größten Vorbehalte gegenüber diesem Vorgang hegten die deutschen Kommunisten. Sie befürchteten, die Schaffung internationaler Organisationsformen würde zur Dominanz der mächtigen und in einem großen Reich bereits herrschenden (wenngleich ständig vom Sturz bedrohten) russischen Partei gegenüber den relativ schwachen, nicht selten verfolgten und mittellosen Parteien in anderen Ländern führen. Letztendlich aber stimmten sie den Moskauer Beschlüssen zu und wurden zu deren eifrigsten Verfechtern.[16]

In der III. Internationale fanden allmählich all jene sozialistischen Parteien und Gruppen zusammen, die mit der Erinnerung an die Weltkriegsteilnahme brechen und den »Sozialimperialismus« aus ihrer Geschichte ausradieren wollten. In vielen Ländern erklärten ganze sozialistische Parteien ihren Beitritt zur Komintern oder begannen mit ihr darüber zu verhandeln. So geschah es in Italien und Frankreich, so verhielt sich in Deutschland die der KPD zahlenmäßig weitaus überlegene Unabhängige Sozialdemokratie (USPD), ja, selbst die britische Labour Party.

Obwohl angesichts des Fehlschlagens vieler revolutionärer Bemühungen zu Hoffnungen auf einen gesamteuropäischen Erfolg kaum mehr Berechtigung bestand, entwickelte sich der Kommunismus zu einer mächtigen politischen Bewegung. 1921 brach die Kommunistische Partei Italiens mit den Sozialisten und organisierte sich als eigenständige Partei. Den größten Erfolg stellte 1920 der mehrheitliche Beschluß der französischen Sozialisten dar, sich in die Kommunistische Partei Frankreichs umzugestalten. Im gleichen Jahr beschloß die Mehrheit der Unabhängigen Sozialdemokraten (USPD) in Deutschland, sich mit den Kommunisten zusammenzuschließen und deren Namen zu übernehmen. In sämtlichen europäischen Ländern entstanden mehr oder minder starke kommunistische Parteien.

Wie die neue Internationale eigentlich aussehen sollte, stand nach ihrer Gründung noch nicht vollkommen fest. Die dafür maßgeblichen Beschlüsse wurden erst auf dem nächsten Kongreß im Juli 1920 gefaßt. Dort wurden das Komintern-Statut und gleichzeitig 21 Bedingungen, die für alle ihr angehörenden Parteien bindend sein sollten, verabschiedet. Im Statut fand sich die Formulierung: »Die Kommunistische Internationale muß wirklich und in der Tat eine einheitliche Kommunistische Partei der ganzen Welt darstellen. Die Parteien, die in jedem Lande arbeiten, erscheinen nur als ihre einzelnen Sektionen.«[17]

In diesem Konzept einer strikten zentralistischen Struktur war dem Exekutivkomitee mit Sitz in Moskau die Rolle des Entscheidungszentrums zugedacht. Zwangsläufig mußte es ins Fahrwasser der russischen Partei geraten.

Untermauert wurde die Unterordnung der kommunistischen Bewegung unter das russische Vorbild durch die »21 Bedingungen«. Sie enthielten neben Organisationsprinzipien, die den in der russischen Partei geltenden entsprachen, politische und ideologische Grundsätze, die jede kommunistische Partei einzuhalten hatte. Dazu gehörte, alle nichtkommunistischen Politiker als Gegner zu behandeln (selbst die Sozialdemokraten, die bis vor kurzem für viele von der Sozialdemokratie übergewechselte Kommunisten noch Parteigenossen gewesen waren), illegale Aktivitäten zu entfalten, einschließlich offener Gewalt, und sich auf die Entfesselung eines Bürgerkrieges vorzubereiten. Um die Umsetzung der »21 Bedingungen« zu gewährleisten, hatten sämtliche Mitgliederparteien in ihren Reihen eine »Säuberung« vorzunehmen. Alle diese Maßnahmen werden als Bolschewisierung bezeichnet.

Bald jedoch kam es sowohl in der Außenpolitik Rußlands als auch in der Komintern selbst zu einiger Verwirrung hinsichtlich der Beurteilung der unmittelbaren Aussichten. Die Hoffnungen auf eine baldige europäische Revolution mußten zurückgeschraubt werden, wozu eine weitere Niederlage der deutschen Kommunisten beitrug, die auf Geheiß der Internationale im März 1921 den bewaffneten Aufstand versuchten. Es mutet wie eine Ironie des Schicksals an, daß gleichzeitig in Rußland gegen die Kommunisten und in Deutschland für den Kommunismus gekämpft wurde – in beiden Fällen mit dem gleichen Ergebnis, nämlich der Niederlage der Aufständischen.

1921 wurde die neue außenpolitische Orientierung Rußlands quasi zum Gegenstück der innenpolitischen NEP: Man gab die Hoffnung auf eine baldige europäische Revolution auf und suchte nach Möglichkeiten, wie der schwache sowjetische Staat mit dem sich stabilisierenden kapitalistischen Europa für längere Zeit koexistieren könne. Daraus ergab sich die Bereitschaft, Handelsbeziehungen und später politische Beziehungen zu den kapitalistischen Staaten anzuknüpfen.

Man schaute sich innerhalb der »kapitalistischen Welt« nach Partnern um, die dazu bereit waren, einer Verständigung mit dem kommunistischen Rußland das Wort zu reden. Als ein solcher Partner entpuppten sich Ende 1922 die bisher so erbittert bekämpften und aufs übelste beschimpften Sozialdemokraten. Die neue Losung von der Arbeitereinheitsfront wurde ausgegeben. Von Anfang an allerdings war nicht so völlig klar, wozu sie eigentlich dienen sollte: ob die Hilfe der Sozialdemokraten gewonnen werden sollte, um die von Rußland so dringend benötigten Handelsbeziehungen anzuknüpfen und es vor militärischer Bedrohung zu schützen, oder ob damit die sozialdemokratischen Parteimitglieder und Sympathisanten erreicht werden sollten, um diese Parteien zu unterwandern.

Tonangebend wurde die letztere Tendenz einer »Einheitsfront

von unten her«. Sie richtete sich gegen die sozialdemokratischen Führer. Waren doch die Funktionäre und Mitglieder der kommunistischen Parteien nur schwer davon zu überzeugen, daß aus den gestrigen Feinden plötzlich wertvolle Bundesgenossen geworden seien. Auch ein anderer Aspekt erlaubte es, hinter die »Einheitsfront«-Linie ein großes Fragezeichen zu setzen: Sie sollte nur dort verwirklicht werden, wo sich die Kommunisten in der Opposition befanden. In Rußland selbst, wo sie regierten, gab es dafür keinen Raum, denn Sozialisten wurden nicht geduldet, sondern weiterhin verfolgt, eingekerkert, verurteilt oder ins Exil gezwungen.

1923 schien die Linie einer »Einheitsfront« offensichtlich zu scheitern, doch dafür ließ eine neue Welle sozialer Unruhen in einigen europäischen Ländern wiederum Hoffnungen auf eine unmittelbar bevorstehende internationale Revolution aufleben. In Deutschland, Polen und Bulgarien kam es zu Erschütterungen unterschiedlicher Art, teils von den Kommunisten angezettelt, teils spontan entstanden. Ihr Scheitern lieferte den Anlaß zu einer weiteren »Bolschewisierung« in einem Klima, das von der Suche nach den Schuldigen für den Mißerfolg bestimmt war. An die Stelle der Losung von der »Einheitsfront« trat wiederum der gnadenlose Kampf gegen die Sozialdemokratie. Entsprechend dem Zeitgeist, der vom Sieg des Faschismus in Italien geprägt war, ließ die Komintern verlauten, Faschismus und Sozialdemokratie, die als Sozialfaschismus bezeichnet wurde, seien nur zwei verschiedene Taktiken, deren sich die Bourgeoisie bediene, um ihren Untergang hinauszuzögern.[18]

Diese »Bolschewisierungs«-Welle hing unmittelbar mit Bestrebungen zusammen, sämtliche kommunistischen Parteien den Interessen Moskaus noch stärker unterzuordnen, und war gleichzeitig ein Teil des Machtkampfes innerhalb der sowjetischen Partei. 1923 bekam die Nachfolgerfrage Brisanz, da Lenin im Sterben lag. In der Parteiführung erfreute sich Leo Trotzki, damals Volkskommissar für Militär und Marine und damit Chef der Roten Armee, der größten Beliebtheit. Er galt neben Lenin als derjenige, der den Sieg herbeigeführt hatte. Allerdings sprach einiges gegen ihn. Er gehörte nicht zum Kreis der Alt-Bolschewiki, denn er hatte sich ihnen erst 1917 angeschlossen und vorher zwischen den verschiedenen Gruppen der russischen Sozialdemokratie laviert. In der Partei verfügte er nicht über eine größere organisierte Hausmacht. Dazu war er Jude, was es seinen Konkurrenten trotz des offiziellen Internationalismus der Bolschewiki leichtmachte, ihn anzugreifen.

Hauptwidersacher Trotzkis war Josef Stalin. Er war weit weniger bekannt als sein Gegner, bekleidete aber das Amt des Generalsekretärs der Partei. Stalin wußte die hierarchische Befehlsstruktur der Partei und deren entscheidende Rolle im System der Machtausübung geschickt zu nutzen, um sich eine breite Basis im Herrschaftsapparat der Sowjetunion zu verschaffen. Da ihm seine relativ geringe Popularität durchaus bewußt war, arbeitete er anfangs in seinem Kampf gegen Trotzki mit zwei anderen hochrangigen Parteiführern, Kamenjew und Sinowjew, zusammen. Dieses »Triumvirat« sollte nach Lenins Tod 1924 über Trotzki siegen.

Von beiden Seiten wurde der Anschein erweckt, daß es bei den innerparteilichen Konflikten um grundsätzliche Auseinandersetzungen über wichtige Prinzipien von Ideologie und Politik gehe. Daran änderte sich auch in der nächsten Etappe nichts, die 1925 einsetzte, als Kamenjew und Sinowjew plötzlich erschreckt bemerkten, wie mächtig Stalin geworden war: Sie beschlossen, sich ihm zu widersetzen und dabei eine taktische Verbindung mit ihrem Gegenspieler von gestern, Trotzki, einzugehen. Stalin indes brauchte nur wenige Monate, um mit der »vereinigten Opposition« fertig zu werden. 1926 entfernte er ihre Mitglieder aus der Parteispitze, 1927 schloß er sie aus der Partei aus, erlaubte aber Kamenjew und Sinowjew, nachdem sie zu Kreuze gekrochen waren, ihr erneut beizutreten.

Bezeichnend ist, daß das »Triumvirat« Trotzki anfangs »Rechtsabweichlertum« in der Partei vorwarf, Stalin ihn anschließend, als er gleichzeitig Kamenjew und Sinowjew bekämpfte, aber des »Linksabweichlertums« bezichtigte. Dabei gab man sich alle Mühe, einen angeblich fundamentalen Unterschied zwischen den Ansichten Stalins und denen seiner Gegner zu formulieren. Danach sei es nach Auffassung des Generalsekretärs durchaus möglich, den Sozialismus in nur einem einzigen Land zu errichten, während seine Opponenten angeblich behaupteten, solange die Kommuni-

sten nicht in einigen anderen europäischen Ländern gleichfalls gesiegt hätten, könne der Sozialismus nicht aufgebaut werden.

Die damals geführte Debatte besaß alle für die Kommunisten
charakteristischen Merkmale des Dogmatismus. Bis zu Beginn der
20er Jahre war es selbstverständlich gewesen, den Ausbruch einer
europäischen Revolution zu erwarten. Das hatte auch Lenin ge-
glaubt. Da dieser Ausbruch jedoch auf sich warten ließ, die Bolschewiki indes in Rußland beziehungsweise später in der Sowjetunion bereits herrschten, mußte eine neue Perspektive gefunden
werden.

Stalin und ebenso seine Widersacher meinten, diese Perspektive
heiße einstweilen »Aufbau des Sozialismus« in dem von ihnen beherrschten Staat, während die europäische Revolution in einer
nicht näher bestimmbaren Zukunft ausbrechen werde. Weitgehend war es ein Streit um Worte. Trotzki erklärte, der Sozialismus
lasse sich in Rußland errichten, doch werde sich das in einem langwierigen Veränderungsprozeß vollziehen, der mit der Machtergreifung durch die Kommunisten eingeleitet worden sei. Das neue System würde aber erst dann triumphieren, wenn die europäische
Revolution gesiegt hätte. Dies war die Theorie von der »permanenten Revolution«.[19] Stalin hielt dagegen, in der Sowjetunion
lasse sich das sozialistische System aufbauen, ohne auf die europäische Revolution zu warten. Der allein dastehende sozialistische
Staat sei allerdings von außen her so lange gefährdet, wie sich ihm
keine von Kommunisten regierten Partnerländer anschlössen. Dies
nannte man die Theorie vom »Aufbau des Sozialismus in einem
Lande«.[20]

In solchen Auseinandersetzungen lassen sich Akzentunter-
schiede erkennen. Auf der einen Seite ging es um den absoluten
Primat der sowjetischen Innen- gegenüber der kommunistischen
Außenpolitik und um die Weiterführung des NEP-Kurses, auf der
anderen Seite um eine stärkere Abstimmung von Innen- und Außenpolitik und eine Drosselung der durch die NEP zugelassenen
marktwirtschaftlichen Elemente, insbesondere in der Landwirtschaft. Normalerweise hätten sich darüber eigentlich Experten
streiten sollen und nicht die Herrscher eines Reiches, in deren Händen Leben und Tod von Millionen Menschen lagen.

Wenn man führende Politiker der zur Komintern gehörenden Parteien maßregelte, gab man ebenfalls ideologische und politische Gründe vor, obwohl man sie in Wirklichkeit in Verdacht hatte, sich Moskau nicht vollständig unterordnen zu wollen, oder sie als Sündenböcke für Niederlagen und Fehlschläge benutzte. Bei den Einmischungen der Komintern, und damit der sowjetischen Partei, in die internen Auseinandersetzungen vieler anderer kommunistischer Parteien ging es also ebensowenig um prinzipielle Inhalte wie bei den Auseinandersetzungen zwischen Stalin und seinen Widersachern. Nach der Niederlage der deutschen Kommunisten 1923 setzte die Komintern die damalige, riskanten bewaffneten Aktionen eigentlich abgeneigte Parteispitze unter Heinrich Brandler kurzerhand als »rechtsopportunistisch« und »Trotzki nahestehend« ab. Ans Ruder kamen die Befürworter eines sogenannten Linkskurses unter Ruth Fischer. Bald verloren auch sie den Boden unter den Füßen; einerseits, weil sie im Verdacht standen, Kontakt zu einem weiteren Stalin-Rivalen, dem Komintern-Vorsitzenden Sinowjew, zu unterhalten, andererseits, weil erneut die Losung von der Bekämpfung linken Abenteurertums galt und man zum Einheitsfrontkonzept zurückkehrte. Als Sinowjew, der jetzt als Bundesgenosse Trotzkis auftrat, unterlag, entließ die Komintern die deutschen »Linksradikalen« aus der Führung und lastete ihnen diesmal »Trotzkismus« an.

Als 1925 die nächste KPD-Spitze eingesetzt wurde, sollte Ernst Thälmann eine bestimmende Rolle spielen. Für ihn sprach seine Bereitschaft, Stalin bedingungslos zu unterstützen und sich sämtlichen Komintern-Direktiven zu unterwerfen. Propagandistisch ausschlachten ließ sich die proletarische Herkunft des neuen Parteichefs, obwohl auch unter den bei den vorherigen Krisen ausgestoßenen Parteiführern »Proletarier« durchaus nicht gefehlt hatten. Genauso wie Thälmann waren auch sie in der Regel Berufspolitiker, die ihre Laufbahn als gewöhnliche Arbeiter begonnen hatten.[21]

Ähnlich vollzogen sich die Vorgänge in der Kommunistischen Partei Frankreichs. Im Januar 1923 zwang die Komintern den relativ gemäßigten Generalsekretär Oscar-Louis Frossard zum Rücktritt. Kurz darauf wurde die gesamte Führungsspitze ausgewechselt. In der neuen Parteiführung hatte zunächst Boris Souvarine das

Sagen, doch schon bald hielt ihn die Komintern für einen Anhänger Trotzkis. Seinen Nachfolger, Albert Treint, entfernte die Komintern 1925 als Sinowjew-Sympathisanten und Trotzkisten. Damit hörten die von der Komintern erzwungenen Umbesetzungen in der Parteispitze keineswegs auf. Sie endeten erst 1930, als Maurice Thorez, ein Politiker mit ähnlichem Lebenslauf und Charakter wie Thälmann, Generalsekretär wurde.[22]

Ganz so genau allerdings nahm man es mit der proletarischen Klassenzugehörigkeit nicht. In Italien war Amadeo Bordiga, der erste Generalsekretär, Anhänger eines »Linkskurses« und damit gegen ein Bündnis mit den Sozialisten. Als die Komintern 1922 erstmals mit der Losung einer »Einheitsfront« aufwartete, wollte Bordiga sich nicht in die neue Linie fügen und wurde daraufhin im April 1923 seiner Funktion enthoben. Auf Rat der Komintern wurden nun die Parteigeschäfte den beiden Intellektuellen Antonio Gramsci und Palmiro Togliatti anvertraut. Der feinnervige Denker Gramsci wurde bereits 1926 von der Mussolini-Regierung verhaftet und erst kurz vor seinem Tod 1937 wieder auf freien Fuß gesetzt. Demnach läßt sich nicht sagen, wie lange ihn die Komintern geduldet hätte. Togliatti hingegen erwies sich als geschickter Politiker und verstand es trotz seiner vertraulichen Kontakte zu Trotzki, Stalin für sich einzunehmen, so daß er in der Komintern fest im Sattel saß.

Mehr oder weniger ähnlich waren die Vorgänge in den anderen europäischen Parteien. Diese waren jedoch weitaus abhängiger von Moskau. Nicht selten entsandte die Komintern eigene, ihr Vertrauen genießende Funktionäre ganz anderer Nationalität, mitunter direkt aus der Sowjetunion, in deren Leitungsgremien. Das betraf insbesondere illegale Parteien, deren Führungen oft im Exil lebten. Ein Beispiel ist die polnische Partei, in der von der Komintern delegierte ukrainische und weißrussische Kommunisten aus der Sowjetunion aktiv waren.

Insgesamt brachte das erste Jahrzehnt des Kommunismus dessen Stabilisierung als Herrschaftssystem in der Sowjetunion und als politischer Bewegung, die mit unterschiedlicher Intensität in allen europäischen Ländern agierte. Allmählich festigte sich in der Sowjetunion die Machtposition Stalins, der sich die Partei- und

Staatsführung unterstellte und den NEP-Kurs weiterverfolgte. In der Komintern konsolidierte sich die Dominanz der sowjetischen Partei, die von den anderen Parteien verlangte, sich den in Moskau bald so und bald anders interpretierten Interessen des ersten sozialistischen Staates, des »Vaterlands des Proletariats der ganzen Welt«, unterzuordnen.

Stalin als Diktator des Kommunismus

Seit 1926 geriet die Verwirklichung des NEP-Kurses innerhalb der Sowjetunion mehr und mehr in eine ernsthafte Krise. Vor allem verstärkten sich inflationäre Tendenzen, und die Preise schnellten in die Höhe. Da sie kein Vertrauen in die Beständigkeit der staatlichen Agrarpolitik hatten, wollten die Bauern weder in ihre Höfe investieren noch ihre Erzeugnisse zu den staatlich verordneten Preisen verkaufen; dementsprechend erlebte die Stadtbevölkerung immer empfindlichere Versorgungslücken.[23] In Stadt und Land wuchs die Abneigung gegen die kommunistischen Machthaber. Diese Situation fand ihren Niederschlag in innerparteilichen Konflikten.

Diesmal waren die Meinungsunterschiede tatsächlich gravierend, obwohl sie direkt mit dem eigentlichen Machtkampf zusammenhingen. Stalin beschloß, den NEP-Kurs abzubrechen und erneut zu einer Militarisierung der Wirtschaft, sogar in noch drastischeren Formen als in den ersten Jahren der Herrschaft der Bolschewiki, zurückzukehren, den Widerstand mit Repressionen zu brechen und gleichzeitig die Situation auszunutzen, um seine eigene, uneingeschränkte Diktatur zu errichten. Sein bisher engster Mitarbeiter, der Chefideologe der Partei, Nikolai Bucharin, der nach der Amtsenthebung Sinowjews Komintern-Vorsitzender geworden war, verteidigte mit seinen Anhängern die NEP-Linie. Seiner Auffassung nach ließen sich die wirtschaftlichen und sozialen Probleme nur bewältigen, wenn der NEP-Kurs konsequent fortgeführt und auf gar keinen Fall durch die Kommandowirtschaft ersetzt würde. Nicht unwesentlich war Bucharins Beliebtheit. Lenin hatte ihn seinerzeit als »Liebling der Partei« bezeichnet. Ende der 20er Jahre war er die einzige noch übriggebliebene herausragende Persönlichkeit in der Parteispitze, die Stalin hätte das Fürchten lehren können.

Im Februar 1929 griff Stalin Bucharin in aller Öffentlichkeit an als Führer des »Rechtsabweichlertums« und entfernte ihn in den nächsten Monaten aus der Führungsriege der Internationale und der sowjetischen Partei. Noch im selben Jahr wurde unter den Parteimitgliedern und den parteilosen Staatsdienern eine »Säuberung« durchgeführt, um Nonkonformisten aufzuspüren und sich all derer zu entledigen, die das Unglück gehabt hatten, im Laufe des Kampfes Stalins um die Macht auf der falschen Seite gestanden zu haben.

Gleichzeitig setzte eine radikale Kursänderung in der sowjetischen Wirtschaftspolitik ein. Es wurde die Erfüllung des ersten Fünfjahresplans verordnet. Sein Hauptziel waren Großinvestitionen in der Schwerindustrie und im Bergbau, um das Rüstungsprogramm zu verwirklichen und die Infrastruktur für das extrem zentralisierte Staatsgefüge zu schaffen. Die Mittel für die Verwirklichung des Plans sollten aus der Landbevölkerung herausgepreßt werden. Also wurde mit brutalen Methoden die Kollektivierung der Landwirtschaft eingeleitet, indem den Bauern ihr Boden und ihr Vieh weggenommen und Kolchosen einverleibt wurden. In der Theorie waren die Kolchosen landwirtschaftliche Produktionsgenossenschaften, in der Praxis hingegen unterstanden sie der Partei- und Staatsverwaltung.

Industrialisierung und Kollektivierung bedeuteten, in Wirtschaft und Gesellschaft weitaus stärkeren Druck, Zwang und Gewalt anzuwenden. Die Arbeiter büßten ihr Recht auf Arbeitsplatzwechsel ein, mußten sich mit niedrigen Löhnen abfinden und bekamen die Grundnahrungsmittel nur noch auf Zuteilung. Mangelhafte Arbeitsdisziplin oder »Spekulationen« mit Lebensmitteln wurden drakonisch bestraft. Demnach wurde in den Städten die persönliche Freiheit ungeheuer beschnitten.

Die Bauern waren von noch härteren Maßnahmen betroffen. Um den Widerstand gegen die Kollektivierung zu brechen, wurde beschlossen, die wohlhabenderen und besser wirtschaftenden Bauern, die sogenannte Dorfbourgeoisie oder Kulaken, mit ihren Familien überwiegend nach Asien in Gebiete zu deportieren, die einer speziellen Überwachung unterstanden. Begehrte ein Bauer auf, so galt er automatisch als »Kulak«. Viele von ihnen wurden zur Abschreckung erschossen. Andere kamen in Konzentrationslager, die »Lagry«. Auf diese Weise vollzog sich die von Stalin proklamierte

»Liquidierung der Kulaken als Klasse«. Ein anderes Verfahren, um den Widerstand der Bauern zu brechen, bestand in der Beschlagnahme sämtlicher vorgefundener Lebensmittel. Besonders in der Ukraine führte das zu einer Hungerkatastrophe mit vielen Todesopfern.

Insgesamt bezahlten etwa 14,5 Millionen Bauern die Kollektivierung mit ihrem Leben.[24] Zweifellos handelte es sich dabei um die bis dahin größte gesellschaftliche Operation in der Geschichte der Menschheit. Innerhalb von vier Jahren veränderte sie auf Dauer das Schicksal von Millionen und Abermillionen Menschen. Der neue Status der Landbevölkerung ließ sie zu einer Gesellschaftsschicht werden, die praktisch in Sklaverei lebte, denn die Kolchosbauern durften ohne die Zustimmung der Verwaltung nicht einmal ihren Wohnort verlassen.

Mit dem Umschwung der innenpolitischen Linie in der Sowjetunion ging zugleich ein neuer Kurs in der internationalen kommunistischen Bewegung einher. Stalin und seine Mitarbeiter hatten dabei ausgesprochenes Glück mit ihren schon seit 1928 verkündeten, weniger neuen als vielmehr aufgewärmten Parolen vom unmittelbar bevorstehenden Zusammenbruch des kapitalistischen Europas und vom Ausbruch der Revolution unter kommunistischer Führung. Denn Ende 1929 setzte tatsächlich die größte Wirtschafts- und Gesellschaftskrise in der Geschichte des 20. Jahrhunderts ein. Seitdem bereiteten sich die Kommunisten mit noch größerer Energie auf den Umsturz in sämtlichen Ländern vor, der den Höhepunkt der sogenannten dritten Phase bilden sollte (die Phase der siegreichen europäischen Revolution nach der ersten, der siegreichen russischen Revolution und der Niederschlagung der Revolutionen in einigen anderen Ländern, und der zweiten, einer vorübergehenden Stabilisierung des Kapitalismus). Noch einmal wurde in den Sozialdemokraten, den »Sozialfaschisten«, der gefährlichste Gegner erblickt, denn als Handlanger der Bourgeoisie würden gerade sie es den Kommunisten schwermachen, die Unterstützung der Mehrheit der Arbeiter zu gewinnen und sie auf die Barrikaden zu führen.

Konfliktfrei ließ sich dieser neue Kurs allerdings nicht durchsetzen. Einerseits nutzte die nunmehr Stalin unterstellte Komintern-

Spitze die Gelegenheit, um all diejenigen Parteiführer in den einzelnen Parteien von den Schalthebeln der Macht zu entfernen, die im Verdacht standen, zu enge Kontakte zu dem der Verdammung anheimgefallenen, ehemaligen Internationale-Vorsitzenden Bucharin zu unterhalten. Andererseits stimmten durchaus nicht sämtliche kommunistischen Führer der Auffassung zu, die Revolution stünde bereits vor der Tür: In Deutschland erstarkte Hitlers Nationalsozialismus, und in vielen anderen Ländern Europas verzeichneten rechtsextreme, nationalistische und Sozialdemagogie betreibende Bewegungen durch die Krise regen Zulauf.

Die nächste »Bolschewisierungs«-Phase wurde zuerst in Deutschland, noch vor dem Angriff auf Bucharin in der Sowjetunion, begonnen. Der führende Kopf einer als Rechtsfraktion in der KPD geltenden Gruppe, August Thalheimer, durchschaute die Hintergründe. Er schrieb aus Moskau an seine Freunde in Deutschland, Ausgangspunkt der Kehrtwende seien die vorbereiteten neuen Auseinandersetzungen und Konstellationen in der sowjetischen Partei.[25] Eine erste Kampagne, in deren Anschluß massenhaft Mitglieder ausgeschlossen wurden, die man des »Rechtsopportunismus« bezichtigte, hatte bereits 1928 eingesetzt.

Ähnliche »Säuberungen« betrafen die französische Partei, wo die schwersten Angriffe gegen ihren Komintern-Vertreter, Jules Humbert-Droz, vorgetragen wurden. In der italienischen Partei wurden deren Vertreter in der Komintern, Angelo Tasca, und der bekannte Schriftsteller Ignazio Silone als »Abweichler« verunglimpft. In Polen wurden nun endgültig die als »Rechtsopportunisten« geltenden Maria Koszutska und Adolf Warski, die bereits 1923 wegen ihrer Nachsicht mit Trotzki ins Kreuzfeuer geraten waren, abgesetzt. In der tschechoslowakischen Partei entledigte sich deren Führer, Klement Gottwald, seiner Rivalen, mußte allerdings zugleich hinnehmen, daß einige namhafte Schriftsteller aus seiner Partei ausschieden.

Sowohl in diesen als auch in anderen Ländern vollzog sich die »Bolschewisierung« ohne größeren Widerstand. Die kommunistischen Parteien waren schon weitgehend an unbedingte Disziplin gegenüber Anweisungen aus Moskau gewöhnt. Stalins persönliche Autorität war in all den Jahren seit Lenins Tod unermeßlich gestiegen, und die Krise des Kapitalismus schien zu beweisen, daß die Befürworter eines Revolutionskurses recht hatten. Die Kommunisten erstarkten in ganz Europa, denn angesichts der Massenarbeitslosigkeit und sich verschlechternder Existenzbedingungen fielen radikale politische Losungen auf fruchtbaren Boden.

In einem Punkte waren sich die Kommunisten einig: Das Land, in dem das Schicksal Europas entschieden werde, sei Deutschland. Das Gefühl nationaler Demütigung nach dem verlorenen Krieg und dem Versailler Friedensvertrag sollte die Verbindung von national und sozial motiviertem Zündstoff schaffen. Die deutschen Kommunisten riefen daher unablässig dazu auf, »die Versailler Ordnung« in Europa sei zu stürzen. Die ungerechten Grenzen müßten revidiert werden und zumindest teilweise die an Polen verlorenen Gebiete an Deutschland zurückgegeben werden. Vor allem aber müsse die Heimat von der Tyrannei des internationalen Kapitals befreit werden, dessen europäische Hochburgen London und Paris seien.

Die Kommunistische Partei Deutschlands konnte in der Weltwirtschaftskrise ihren Einfluß erfolgreich ausbauen. Charakteristisch für sie war gleichzeitig die Radikalität sowohl ihrer Propagandamethoden als auch vor allem der Formen politischen Handelns: nämlich in erheblichem Maße Politik auf der Straße mit bewaffneten Kampfgruppen. In dieser Beziehung ließen sich die Kommunisten auf eine Konkurrenz mit den Nationalsozialisten und deren SA ein, die ihnen zu guter Letzt zum Verhängnis wurde. Als Hitler im Januar 1933 die Macht erhielt, stürzten die Illusionen der Kommunisten wieder einmal in sich zusammen. Ihr Aufruf zum Generalstreik verhallte ungehört. Und schon bald nach dem Reichstagsbrand Ende Februar 1933 (den die Nationalsozialisten den Kommunisten und die Kommunisten mit sicherlich besserer Begründung den Nationalsozialisten anlasteten) wurden sie mit Repressionen zerschlagen, füllten sie die Zuchthäuser und Konzentrationslager, mußten ins Exil oder in den Untergrund gehen oder verstummten.

All das geschah in einer Situation, als die Weltwirtschaftskrise, die ja zum Zusammenbruch des Kapitalismus hatte führen sollen, allmählich abflaute. Die Kommunisten standen vor einer schwierigen Aufgabe. Einerseits hielten es Stalin und seine Mitarbeiter für notwendig, die verstärkte Industrialisierung weiter voranzutreiben und unter Strafandrohung die kürzlich vollzogene Kollektivierung abzusichern. Angesichts der Verelendung der Bevölkerung und aus Furcht vor dem Ausbruch der Unzufriedenheit, besonders im Fall eines eventuellen Konflikts mit einem äußeren Gegner, setzte man eine neue, gewaltige Repressionswelle ins Werk. Andererseits aber hatte Hitler in Deutschland mit der Parole vom Kampf gegen den Kommunismus gesiegt; das konnte eine zunehmende äußere Bedrohung der Sowjetunion bedeuten. Infolgedessen war Stalin bereit, in den Ländern und bei den politischen Kräften nach Verbündeten zu suchen, die als Verfechter demokratischer Ideale jegliche Möglichkeit einer Verständigung mit dem nationalsozialistischen Dritten Reich ablehnten. Unter diesen Kräften waren die in der »dritten Etappe« so heftig bekämpften Sozialdemokraten von ganz besonderer Bedeutung.

In der Sowjetunion wurden nach der 1933 verkündeten erneuten »Säuberung« gegenüber den betroffenen Parteimitgliedern gelegentlich härtere Repressionen als lediglich der Parteiausschluß verhängt. Vereinzelt wurden bereits Anklagen wegen Spionage erhoben und Todesurteile über einige sowjetische Kommunisten und Emigranten, unter anderem aus Polen, gefällt. Dies geschah zunächst noch ohne größeres Aufsehen. Allerdings mußte der Verlauf des XVII. Parteitages zu Jahresbeginn 1934 Stalin beunruhigen. Begeistert beklatscht wurde die Rede seines engen Mitarbeiters, des Chefs der Leningrader Parteiorganisation, Sergej Kirow, der es sich erlaubte, eine gewisse Selbständigkeit an den Tag zu legen. Stalin indes wurde in den geheimen ZK-Wahlen von über 200 Parteitagsdelegierten nicht gewählt.

Im Dezember 1934 wurde Kirow unter ungeklärten Umständen ermordet. Der Attentäter und seine angeblichen Helfershelfer wurden unverzüglich erschossen. Vieles deutet darauf hin, daß dieser Mord eine auf Stalins Betreiben hin inszenierte Provokation war,[26] mit der er zwei Ziele erreichte: Zum einen entledigte er sich eines Rivalen, zum anderen fand er einen Vorwand für die zweite Repressionsaktion nach der Kollektivierung. Sie sollte abermals Millionen Menschenleben verschlingen.

Bis heute sind sich die Historiker nicht einig, welche Absichten hinter dieser »großen Säuberung« standen. Manche versuchen darin nüchternes Kalkül auszumachen,[27] andere erblicken darin lediglich einen Ausdruck von Stalins Verfolgungswahn.[28] Ohne abstreiten zu wollen, daß der Herrscher der Sowjetunion die Menschen haßte, in ständiger Angst lebte, seine Position zu verlieren, und einen Hang zur Grausamkeit besaß, sollte doch nicht übersehen werden, wie gerade die Terrorwelle in der zweiten Hälfte der 30er Jahre seine Machtstellung konsolidierte. Darüber hinaus diente sie dazu, das Bild des mythischen Feindes zu verewigen, der überall in der Welt, vor allem aber im eigenen Lande, die »große Verschwörung« gegen Stalin und die Sowjetunion anzettelte – die Trotzkis und der Trotzkisten.

Von dieser »großen Säuberung« wurden verschiedene Kategorien sowjetischer Bürger erfaßt. Am auffälligsten waren gewiß die Repressionen gegenüber hochrangigen Partei- und Staatsfunktionären. Vier Prozesse im Zeitraum von 1936 bis 1938 wurden sogar propagandistisch vermarktet. Vor Gericht gestellt wurden die ehemaligen führenden Köpfe und Funktionäre der kommunistischen Opposition aus den Jahren 1924, 1925 und 1929, außerdem eine beträchtliche Gruppe weiterer, Stalin bisher ergebener führender Personen aus Partei und Staat sowie hohe Militärs und Sicherheitsbeamte.[29]

Im ersten Prozeß gegen das »Trotzkistisch-Sinowjewistische Terroristische Zentrum« im August 1936 wurde über die Schlüsselfiguren Kamenjew und Sinowjew zu Gericht gesessen (als Führer allerdings galt der im Exil weilende Trotzki). Alle 16 des Mordes an Kirow sowie der Vorbereitung von Attentaten auf Stalin und seine Mitarbeiter beschuldigten Angeklagten wurden zum Tode verurteilt und erschossen. Schon in diesem Prozeß wurde behauptet, die Angeklagten hätten zur Gestapo Kontakt aufgenommen.

Im zweiten Prozeß gegen das »Antisowjetische Trotzkistische Zentrum« im Januar 1937 hatten sich die 17 Angeklagten für Hochverrat im Dienste Deutschlands und Japans, für Spionage und Diversion zu verantworten. Typisch für diesen Prozeß war, daß den Angeklagten überdies die Schuld für Schlendrian, Unfälle und Katastrophen in Industrie oder Verkehrswesen angelastet wurde. In diesem Fall wurden »nur« 13 der 17 Angeklagten erschossen – doch auch die restlichen vier sollten das Licht der Freiheit nicht mehr erblicken.

Diese beiden genannten Prozesse waren öffentlich. Das Verfahren gegen acht hohe Militärs hingegen fand im Juni 1937 hinter verschlossenen Türen statt. Hauptangeklagter war der stellvertretende Volkskommissar für Militärwesen, Marschall Michail Tuchatschewski, der als der hervorragendste militärische Führer der Sowjetunion galt. Alle Angeklagten wurden des Hochverrats und der Spionage zugunsten Deutschlands für schuldig befunden, zum Tode verurteilt und erschossen.[30]

Schließlich fand im März 1938 der letzte große Schauprozeß gegen einen »Antisowjetischen Block der Rechten und Trotzkisten« statt. Der prominenteste der 21 Angeklagten war zwar Bucharin, doch saß diesmal auch der ehemalige Volkskommissar für Inneres, Genrich Jagoda, auf der Anklagebank, der die vorhergehenden Prozesse eingefädelt hatte. Die Bandbreite der Beschuldigungen reichte von Hochverrat über Spionage, Diversion und Terror bis hin zu Mord und Wirtschaftssabotage. Breiter gefächert waren überdies die angeblichen ausländischen Auftraggeber. Zu Deutschland und Japan gesellten sich noch Großbritannien und Polen.

Diese großen Prozesse bildeten allerdings lediglich die Spitze des Eisbergs. Innerhalb von vier Jahren waren Millionen von Menschen von den Repressionen betroffen. Ein Teil von ihnen wurde während der brutalen Untersuchungsverfahren, in denen unter Folter Geständnisse erpreßt wurden, die dann als Beweis der Schuld galten, zu Tode gequält. Andere wurden nach Verhängung der Todesstrafe hingerichtet. Die Masse jedoch ereilte ein anderes Schicksal. Die Beschuldigten wurden in die Straflager deportiert, die quasi einen Staat im Staate darstellten, den Solschenizyn später als »Reich des Gulag« bezeichnete (abgeleitet von der dem NKWD unterstehenden Lagerhauptverwaltung GUL). Dort gingen die meisten aufgrund der fürchterlichen klimatischen Verhältnisse, der Sklavenarbeit, des ständigen Hungers und der dürftigen Bekleidung zugrunde. Die Angehörigen der »Schuldigen« und diejenigen unter den Verurteilten, die ihre Haftzeit im Lager überstanden hatten, wurden zwangsumgesiedelt in Gebiete, in denen sie unter nur wenig besseren Bedingungen als in den Lagern gleichfalls zu Schwerarbeit gezwungen wurden.

Abgesehen von den Schauprozessen drang ansonsten von der »großen Säuberung« wenig an die Öffentlichkeit. Äußeres Anzeichen war lediglich eine lautstarke Propaganda, die Heimat sei angeblich von Spionen, Diversanten und Saboteuren bedroht, und der Klassenkampf werde sich mit zunehmendem Erfolg des Sozialismus zwangsläufig verschärfen. Gleichzeitig verstärkte sich der Kult um den großen und unfehlbaren Führer Stalin. Typisch für das Klima der Einschüchterung, Verlogenheit und gezielten Fehlinformation war, daß während der Anfangsphase des Terrorfeldzugs 1936 die neue Verfassung eingeführt wurde, die prompt als Triumph der Demokratie und der bürgerlichen Freiheiten propagandistisch gefeiert wurde. Tatsächlich enthielt die Stalinsche Verfassung (wie sie offiziell bezeichnet wurde) Artikel, die sämtliche Freiheiten deklarierten, jedoch ohne sie in ausführlichen Gesetzesvorschriften zu verankern.

Der »großen Säuberung« fielen auch zahlreiche kommunistische Emigranten zum Opfer, die sich in der Sowjetunion aufhielten. Im Falle von illegalen Parteien wurden ihre Vertreter mitunter eigens nach Moskau beordert, um sie hier zu verhaften. Am härtesten betroffen war die polnische Partei. Sie wurde unter dem Vorwurf, sie sei von Polizeispitzeln durchsetzt, aufgelöst. Die meisten ihrer Funktionäre wurden entweder hingerichtet oder in die Lager gesteckt. Ein Paradoxon der Geschichte ist es, daß zahlreiche deutsche Kommunisten, die vor den Verfolgungen der Nationalsozialisten geflüchtet waren, in ihrem sowjetischen Exil umgebracht oder in die Lager verschickt wurden.[31] Schwere Schläge trafen außerdem die ungarischen (der ehemalige Volkskommissar Béla Kun und andere wurden ermordet), die jugoslawischen und österreichischen Kommunisten.

Im allgemeinen aber ließen sich die europäischen Kommunisten erstaunlich leicht von der ihnen in Moskau servierten Propaganda überzeugen. Nur wenige verließen ihre Partei, im Gegenteil: In der zweiten Hälfte der 30er Jahre erlebten viele dieser Parteien einen großen Aufschwung. Dies hing unter anderem mit einem veränderten Verhalten der Kommunisten in Europa zusammen. Anders als in früheren Phasen ordnete Stalin jetzt, während der Zeit der extremen Repressionen innerhalb der Sowjetunion, für die kommunistischen Parteien in allen übrigen Ländern Europas einen gemäßigten, auf die Gewinnung von Partnern ausgerichteten politischen Kurs an.

Das erste Signal kam von der französischen Partei, die im Juni 1934 überraschenderweise das Angebot der Sozialisten zur Schaffung einer »antifaschistischen Einheitsfront« annahm. Zwar sollte hier sicherlich der massiven Offensive der extremen Rechten in Frankreich begegnet werden. Doch ist es schwer vorstellbar, daß unter den damaligen Bedingungen der Zentralisierung der internationalen kommunistischen Bewegung und ihrer Abhängigkeit von Moskau ein solcher grundlegender Kurswechsel ohne die Zustimmung oder sogar Anregung Stalins vorgenommen wurde. Allerdings läßt sich nicht beantworten, ob der Beschluß der französischen Kommunisten bedeutete, daß Moskau die neue Linie als obligatorisch für sämtliche Parteien oder nur als Experiment abgesegnet hatte. Wenn Letzteres zuträfe, dann dürfte das Ergebnis in Moskau positiv bewertet worden sein. Die Kommunisten nahmen das Angebot einer Zusammenarbeit an, und bereits einen Monat später wurde eine Vereinbarung zwischen beiden Parteien unterzeichnet.

Im Oktober 1934 ging die KPF noch einen Schritt weiter. Erstmals seit Beginn der kommunistischen Bewegung wurde die Bildung eines breiteren Bündnisses vorgeschlagen, einer »Volksfront« unter Einbeziehung sämtlicher Kräfte, die die parlamentarische Demokratie verteidigen wollten. Einbezogen wurde dabei auch die seit Jahren als Interessenvertreter eines Großteils des französischen Kapitals geltende Partei der Radikalsozialisten (die entgegen ihrem Namen weder radikal noch sozialistisch war). Anfänglich fand dieses Angebot kein Echo, doch im Juli 1935 wurde endlich die Volksfront konstituiert, nicht ohne Hoffnung, die kommenden Parlamentswahlen zu gewinnen.

In anderen Ländern gaben die Kommunisten 1934 ebenfalls zu verstehen, daß sie bereit seien, sich mit den Sozialisten, später auch mit anderen, auf dem Boden der parlamentarischen Demokratie stehenden Parteien, zu verständigen. Appelle, die zur Zusammenarbeit aufriefen, wurden je nach politischer Konstellation im jeweiligen Land an die christlichen, liberalen und bäuerlichen Parteien gerichtet. Im allgemeinen verhielten sich die Sozialisten weitaus zurückhaltender als in Frankreich, und die übrigen Parteien waren selten bereit, mit den Kommunisten zusammenzuarbeiten.

Zu der neuen Bündnispolitik der kommunistischen Parteien mußte auch die Komintern einen offiziellen Standpunkt beziehen. Der emigrierte Führer der bulgarischen Kommunisten, Georgi Dimitrow, der sich als Symbol der neuen Linie bestens eignete, wurde zum Generalsekretär der Komintern berufen. Im nationalsozialistischen Deutschland war er als angeblicher Reichstagsbrandstifter vor Gericht gestellt, dann aber nach einem mißlungenen Schauprozeß mangels Beweisen freigesprochen worden (Hitler hätte damals von Stalin sicherlich lernen können). Auf dem Komintern-Kongreß im Juli 1935 wurden die französischen Kommunisten als gutes Beispiel gelobt, und man beschloß, daß die Volksfront und der Kampf gegen den Faschismus für sämtliche Parteien in den kapitalistischen Ländern als politischer Kurs verbindlich seien.

Frankreich blieb weiterhin das wichtigste Experimentierfeld. Im April 1936 gingen die verbündeten Volksfrontparteien mit einem gemeinsamen Programm in den Wahlkampf und waren insofern erfolgreich, als sie die Mehrheit der Abgeordnetenmandate (wenn auch nicht der Stimmen) gewannen. Im Juni 1936 bildete Léon Blum die Regierung, die von den Kommunisten unterstützt wurde. Sie hatten ihre Mitwirkung abgelehnt und sich das Recht auf Kritik vorbehalten. Davon machten sie auch mehrfach Gebrauch und inszenierten zur Verstärkung ihres Einflusses einige Kabinettskrisen. Schließlich trat im April 1938 die letzte Volksfrontregierung zurück. Dabei verlor das ganze Konzept an Bedeutung.

Neben Frankreich wurde unter dramatischen Umständen Spanien zu dem Schauplatz, auf dem der Gedanke der Volksfront verwirklicht werden sollte. Nach dem Sturz der Monarchie in der ersten Hälfte der 30er Jahre spitzten sich dort die Konflikte zwischen den Rechten und den Linken zu. Nachdem ein von den Sozialisten ausgelöster Aufstand in Asturien blutig niedergeschlagen worden war, kam es Ende 1934 zu einer gegenseitigen Annäherung der Linksparteien, unter ihnen auch die recht schwachen Kommunisten. Im Februar 1936 gingen die (in »orthodoxe« und trotzkistische gespaltenen) Kommunisten gemeinsam mit der ganzen Linken, auch mit Parteien, die von sozialistischen Ideen weit entfernt waren, im Rahmen des Volksfrontblocks in den Wahlkampf. Den trennenden Graben zu den übrigen politischen Kräften in Spanien bildete das Verhältnis zur katholischen Kirche.

Der Sieg der Volksfront erlaubte eine Regierungsbildung durch die Linke, an der sich die Kommunisten nicht beteiligten, die sie aber unterstützten. Ihre Stunde schlug erst im Juli 1936 nach General Francos Militärputsch, der einen langwierigen Bürgerkrieg einleitete. Im September traten die Kommunisten in die Regierung ein. Der Bürgerkrieg bot ihnen die Möglichkeit, zwei scheinbar widersprüchliche Konzepte miteinander zu verbinden: die Anwendung von Gewalt in der Politik und die Verteidigung der Demokratie gegen den Faschismus.

Die Sowjetunion und die Komintern sahen im Spanischen Bürgerkrieg eine doppelte Chance: Zum einen erhielt das Volksfrontmodell ein emotionsgeladenes Beispiel, zum anderen konnte der Kommunismus an dem strategisch wichtigen, von der Sowjetunion aus gesehen anderen Ende Europas eine starke Stellung gewinnen. Zwei Jahre lang konzentrierte sich die kommunistische Propaganda in ganz Europa auf den Spanienkrieg. Einen Hauch von romantischem Idealismus erhielt das Ganze durch die Teilnahme von etwa 35 000 Freiwilligen aus aller Welt mit unterschiedlichen Weltanschauungen, wenngleich die stärkste Gruppe die europäischen Kommunisten bildeten. Sie waren in den Internationalen Brigaden militärisch und politisch tonangebend. Unter den Offizieren befanden sich solche, die sich schon in der Roten Armee ihre Sporen verdient hatten, so Rodjon Malinowski, Kyrill Merezkow oder Pawel Batow, unter den Politikern damals schon bekannte oder erst später bekannt werdende Persönlichkeiten wie Luigi Longo, André Marty oder László Rajk. Durchaus nicht unbedeutend waren die Lieferungen von Waffen und Ausrüstung seitens der Sowjetunion.

Mit Hilfe sowjetischer Unterstützung und dank ihrer eigenen Aktivität wurden die spanischen Kommunisten zur militärischen Führungskraft im »roten« Spanien. Zugleich aber bewirkte die sowjetische Einmischung, daß Spanien in das Räderwerk der in der

Sowjetunion tobenden stalinistischen »großen Säuberung« geriet, denn die politische Polizei in Spanien wurde von sowjetischen Beratern aus dem Sicherheitsapparat kontrolliert. In erster Linie fielen ihr Trotzkisten und Anarchosyndikalisten zum Opfer. Doch auch unter den Kommunisten, Spaniern wie Ausländern, suchte man nach etwaigen »Abweichlern«. Zahlreiche sowjetische Militärs und politische Berater wurden nach Moskau zurückbeordert. Dort wurden die einen hingerichtet, die anderen in die Lager deportiert.[32]

Solche Repressionen trugen zur Desorganisation des »roten« Spaniens und zu dessen Niederlage Anfang 1939 bei. Die Kommunisten aber sollten noch jahrelang der Legende vom Spanischen Bürgerkrieg anhängen. Die meisten ihrer Partner allerdings wurden vom Volksfrontgedanken enttäuscht und sahen keinerlei Möglichkeit mehr, mit den Kommunisten zusammenzuarbeiten.

Unterdessen tauchten in der sowjetischen Politik neue Pläne auf, die zunächst bei verschiedenen politischen Anlässen nur schwach angedeutet wurden. Deutlichere Signale einer Verständigungsbereitschaft mit Deutschland waren aus Stalins Parteitagsreferat im März 1939 herauszuhören.[33] In Moskau wurden verschiedene außenpolitische Varianten erörtert, die auf eine Verständigung entweder mit Deutschland oder aber mit seinen Gegnern hinausliefen. Alle Überlegungen berücksichtigten jedoch die Frage, wie sich die Situation für die Ausdehnung des eigenen Herrschaftsbereichs in westlicher Richtung nutzen ließe.

Die Kommunisten in den anderen europäischen Ländern nahmen die sich abzeichnende Kursänderung nicht wahr, obwohl die Tragweite dieser Signale zumindest den Parteiführern nicht hätte entgehen dürfen (doch im allgemeinen hatten sie sie tatsächlich nicht erkannt, wovon später ihre ersten Reaktionen auf den Kriegsausbruch zeugten). Für die breite Masse der Kommunisten schlug die Unterzeichnung des sowjetisch-deutschen Nichtangriffsvertrags in Moskau am 23. August 1939 wie ein Blitz aus heiterem Himmel ein. Dieser »Ribbentrop-Molotow-Pakt« (so bezeichnet nach den beiden unterzeichnenden Außenministern) wurde noch durch ein geheimes Zusatzprotokoll ergänzt, in dem Deutschland und die Sowjetunion ihre Einflußzonen in Polen und in den baltischen Staaten absteckten.

Das System des Stalinismus

Seit dem Jahre 1917 entwickelte sich in Rußland und anschließend in der Sowjetunion das kommunistische Herrschaftssystem, während im übrigen Europa die internationale kommunistische Bewegung entstand. In den 30er Jahren erreichte das System seine ausgereifte Form. Das Herrschaftssystem innerhalb der Sowjetunion stützte sich auf drei grundlegende Institutionen: die herrschende Partei (eng verknüpft mit dem staatlichen Verwaltungsapparat und mit der Wirtschaftsverwaltung), den Sicherheitsapparat und die Armee. Jede dieser Institutionen spielte eine bestimmte Rolle bei der praktischen Durchsetzung der wesentlichen Charakteristika des Herrschaftssystems, vor allem des Organisationsmonopols, des Informations- und Propagandamonopols und des uneingeschränkten Rechts auf willkürliche Repressionen.

Von diesen Herrschaftsinstitutionen nahm die Partei formal und zu einem gut Teil auch tatsächlich den höchsten Rang ein. Nur wenige Jahre nach der Revolution waren sämtliche übrigen politischen Gruppierungen verboten und durch Repressionen vernichtet worden, nachdem sie zuvor in die Halblegalität oder Illegalität getrieben worden waren. 1921 war dieser Prozeß endgültig abgeschlossen.

Die Anzahl der Kommunisten war relativ gering. 1919 besaß die Partei (die folgenden Zahlen sind den veröffentlichten Parteitagsstatistiken entnommen) 313 000 Mitglieder. Zu diesem Zeitpunkt wurde der Status des Kandidaten eingeführt. Die Kandidaten hatten erst eine Probezeit zu absolvieren, bevor sie in die Partei aufgenommen wurden. Diese »Bewährung« wurde später verlängert bis auf ein Jahr. Vor dem Zweiten Weltkrieg erreichte die Partei im Jahre 1934 mit 1 874 000 Mitgliedern und 935 000 Kandidaten ihren höchsten Stand. 1939 hingegen gehörten ihr nur noch 1 589 000 Mitglieder und 889 000 Kandidaten an.[34]

Die Mitgliederfluktuation hatte verschiedene Ursachen. Mehrfach waren »Säuberungen« durchgeführt worden. Die erste im Jahre 1921 sollte Karrieristen oder all diejenigen aus der Partei entfernen, denen »Demoralisierung« nachgesagt wurde. Zwar wurde bei weiteren »Säuberungen« dasselbe Argument ins Feld geführt, doch ging es vor allem darum, aus der Partei solche Leute zu entfernen, die im Verdacht standen, Anhänger von Widersachern Stalins und seiner Mannschaft zu sein. Im letzten Jahrfünft verursachten nicht nur eine weitere »Säuberung«, sondern ebenso die Massenrepressalien einen Mitgliederrückgang. Viele Parteigenossen verloren ihr Leben. Andere, glücklicher oder unglücklicher, wanderten ohne ihre Parteibücher in die Lager.

Die Parteistatistik verschleierte die Daten über die soziale Zusammensetzung. 1922 stammten nach offiziellen Angaben 44 % der Mitglieder aus der Arbeiterklasse, 27 % aus der Bauernschaft und 29 % aus anderen Schichten. 1932 entsprechend (später wurden keine vollständigen Angaben mehr veröffentlicht): 65 %, 27 % und 8 %.[35] Für diese gewaltige Verschiebung in der Sozialstruktur lassen sich zwei Ursachen anführen:

Erstens wurde in den Statistiken die soziale Herkunft, nicht aber die derzeitige soziale Stellung angegeben. Diese Kategorie der Abstammung konnte sich genausogut auf die Eltern des Parteimitglieds wie auf den Betreffenden selbst beziehen. Zweitens wurde es immer mehr üblich, den Lebenslauf politischen Erfordernissen anzupassen (insbesondere was die Herkunft aus der Arbeiterklasse betraf). Jedenfalls traten Angehörige sämtlicher »Apparate« – der Partei, der ihr untergeordneten Massenorganisationen und der staatlichen Verwaltung (einschließlich der Angehörigen des Sicherheitsdienstes und der Berufsmilitärs) – der Partei massenhaft bei.

Anfangs waren ihre Organisationsformen auf der untersten Ebene nicht klar definiert. Zwar wurden die »Jatschejki« (also Parteizellen) in den Betrieben bevorzugt, aber während einerseits die Wirtschaft kaum funktionierte, stiegen andererseits die Parteimitglieder aus den noch nicht geschlossenen Betrieben rasch im Parteiapparat, in Polizei und Armee auf. Erst mit zunehmender Mitgliederzahl sollten die Betriebsparteizellen in den Städten tatsächlich langsam zur häufigsten Organisationsform auf der untersten Ebene werden.

Innerhalb der Partei herrschte eiserne Disziplin. Bereits 1905 hatten die Bolschewiken einen Beschluß gefaßt, der das Prinzip des sogenannten demokratischen Zentralismus festschrieb. 1917 wurde es im Parteistatut verankert. Demnach waren die nachgeordneten Instanzen verpflichtet, sich sämtlichen Anweisungen von oben unterzuordnen, und den gewöhnlichen Mitgliedern blieb nichts anderes als Gehorsam. Obwohl auf dem Papier sämtliche Leitungsgremien demokratisch gewählt wurden und bis zur Beschlußfassung über alles freimütig diskutiert werden sollte, sicherte der demokratische Zentralismus jedoch in der Praxis innerhalb der Partei eine Diktatur von oben. In diese Richtung ging auch der Beschluß von 1921, innerhalb der Partei jede Fraktionsbildung zu verbieten. Dadurch wurde jegliche Selbstorganisierung gegen den Willen einer höheren Instanz unterbunden. Gleichzeitig entschied man, auf sämtlichen Parteiebenen Kontrollkommissionen zu berufen. Sie hatten über politisches Abweichlertum oder »Demoralisierung« (der Begriff bezeichnete alle Arten von unlauteren Geschäften und von Amtsmißbrauch) zu wachen.

Von Anfang an hatte die kommunistische Partei die besondere Mission ihres Führers unterstrichen. Lenins Autorität allerdings war ohnehin dermaßen groß, daß er in der Partei ohne größere Druckmittel auskam und keine öffentlichen Lobgesänge verlangte. Erst nach seinem Tode setzte die Götzenanbetung ein. 1924 schrieb der Dichter Wladimir Majakowski: »Wir sagen: Lenin – und meinen: die Partei; wir sagen: Partei – und meinen: Lenin.«[36] Der erste kommunistische Führer wurde einbalsamiert und wie eine Reliquie in einem Glassarg im Mausoleum auf dem zentralen Platz der Hauptstadt zur Schau gestellt.

Der Kult um den verstorbenen Führer war das Vorbild für den allgegenwärtigen Kult um den lebenden Führer Stalin. Schon in der zweiten Hälfte der 20er Jahre wurde er auf den Sockel gehoben, aber erst in den 30er Jahren, besonders während der innerparteilichen »großen Säuberung« im zweiten Jahrfünft, blühte die quasireligiöse Verehrung von Stalin richtig auf. Dieser Führerkult hatte wichtige Funktionen zu erfüllen, schützte er Stalin doch vor jeglicher Kritik und gab ihm ein Gefühl der Sicherheit, da es niemand wagen werde, seine Position anzufechten.

Laut Statut waren die Parteitage die höchste Instanz. Anfangs waren sie noch jedes Jahr, später immer seltener einberufen worden, und zwischen den letzten Vorkriegsparteitagen verstrichen schließlich ganze fünf Jahre. Mit der Zeit wurden die Parteitage säuberlich inszenierte Kundgebungen der Stärke und Geschlossenheit der Partei, wobei sich die Debatten in den Sitzungen in eine lange Serie von Huldigungsadressen zu Ehren Stalins verwandelten.

Der Parteitag wählte das Zentralkomitee, dessen Mitgliederzahl allmählich immer weiter erhöht wurde. Er setzte sich aus voll stimmberechtigten ZK-Mitgliedern und nicht stimmberechtigten Kandidaten des ZK zusammen. Je größer ihre Zahl wurde, desto maßgeblicher wurden die seit 1919 aus dem ZK gewählten kleineren Gremien, also das Politbüro, das Organisationsbüro und das Sekretariat. War das Politbüro von vornherein als aus einigen, später mehr als zehn Mitgliedern bestehende eigentliche Führungsspitze konzipiert, so hatten die übrigen Gremien in erster Linie technische Funktionen zu erfüllen.

Es sollte jedoch anders kommen. Dazu trug Stalin als Generalsekretär maßgeblich bei. Er nutzte seine Stellung, um die gesamte Kaderbewegung in Partei und Staat sowie die innerparteiliche Information zu steuern. Außerdem setzte er es durch, daß die Verwaltungs- und Leitungsarbeit in der Partei von Berufsfunktionären übernommen wurde. Entsprechend wurden die Kompetenzen der im Statut vorgesehenen kollegialen Leitungsgremien abgebaut. Auf der anderen Seite aber wurden die verschiedenen staatlichen Behörden durch die ihnen entsprechenden Abteilungen der Parteikomitees verdoppelt.

Das Parteistatut bestätigte 1934 die Arbeitsweise der ZK-Abteilungen, die den Hauptwirtschaftsbereichen entsprachen. Zwar wurde dieser Beschluß 1939 rückgängig gemacht (es blieb lediglich die Abteilung für Landwirtschaft), doch die Zukunft sollte beweisen, daß diese Verdoppelung staatlicher Ämter durch Instanzen der Partei bereits zu einem entscheidenden Organisationsprinzip des Systems geworden war.

Entsprechend der Doktrin von der führenden Rolle der Partei im Staat fiel den Parteifunktionären auch die führende Rolle gegenüber den Staatsbeamten zu, ähnlich wie Stalin selbst Vorgesetzter der Sowjetregierung und sämtlicher zentraler Dienststellen war. Gegenüber den ersten Jahren hatte sich hier die Situation wesentlich verändert. Damals bekleidete der als unbestrittener Parteichef geltende Lenin die wichtigste staatliche Funktion, nämlich die des Vorsitzenden des Rats der Volkskommissare (also Regierungschef). Kennzeichnend war, daß nach Lenins Tod dieses Amt ein Politiker übernahm, der in der Rangstellung weit unter Stalin stand, nämlich Alexej Rykow. Nach dessen Entfernung aus dem Amt wegen seines Zusammengehens mit Bucharin 1930 übernahm einer der Mitarbeiter des Führers, Wjatscheslaw Molotow, das Amt.

Formal gesehen basierte die staatliche »Sowjetmacht« auf von unten her pyramidenförmig aufgebauten Räten. Auf der untersten Ebene sollten sie gewählt werden, wohingegen die Räte der höheren Ebenen sich aus Delegierten zusammensetzten, die von den Räten der niederen Ebenen entsandt wurden. Die Spitze dieser Pyramide bildete laut Verfassung von 1918 der Kongreß der Räte, der das aus 200 Mitgliedern bestehende Zentrale Exekutivkomitee wählte. Dieses sollte die Regierung, den Rat der Volkskommissare, berufen und kontrollieren. Praktisch jedoch erfolgte schon wenige Jahre nach der Revolution die Besetzung sämtlicher »Wahlämter« kraft Beschlüssen von Parteiinstanzen.

Nach der Gründung der Sowjetunion führte die Verfassung von 1924 noch weitaus kompliziertere Prinzipien ein, denn dieser neue Staat sollte ja föderativ aufgebaut sein. Dementsprechend wurde eine Kompetenzaufteilung in Institutionen auf der zentralen und auf der Republiksebene eingeführt und neben dem Zentralen Exekutivkomitee mit seiner bisher einen Kammer eine zweite angesiedelt. Die erste bekam den Namen Unionsrat, die andere Nationalitätenrat. Die Partei behielt jedoch ihr Machtmonopol und blieb bei ihrer strikten Zentralisierung. Den Stellenwert der Partei- und Staatsbehörden bestimmten in erster Linie Bedeutung und Größe des jeweiligen Gebiets und nicht der Status als Republik oder Territorium der mehr als die Hälfte der Gesamtfläche des Staates einnehmenden russischen Republik.

Praktisch spielten die Bestimmungen der sogenannten Stalinschen Verfassung von 1936 kaum eine Rolle. Sie sahen zwar allgemeine und direkte »demokratische« Wahlen zu den Räten auf allen Ebenen bis hin zum Obersten Rat vor und wahrten die Föderationsprinzipien, aber der herrschende Terror erlaubte es, einen strikten Zentralismus, gepaart mit Stalins Diktatur in seiner Rolle als Parteichef, zu wahren.

In der Wirtschaft verschwanden mit der Aufgabe des NEP-Kurses und der Kollektivierung der Landwirtschaft sämtliche legalen marktwirtschaftlichen Elemente. Ab 1929 wurde das Wirtschaftsleben theoretisch von den jeweiligen Fünfjahresplänen bestimmt. Praktisch wurden sie zu keinem Zeitpunkt entsprechend ihren Vorgaben erfüllt. Durch das Planungsprinzip ließ sich die Wirtschaft bürokratisch und zentralistisch bis ins kleinste Detail verwalten. Diese Aufgabe wurde zwar dem Staatsapparat übertragen, die ausschlaggebenden Entscheidungen aber wurden von den Parteiinstanzen gefällt (sowohl für die Staatsbetriebe als auch die formal genossenschaftlich arbeitenden Kolchosen). Nebensächlichere Wirtschaftsfragen wurden oft durch die lokalen Parteileitungen entschieden.

Eine derartig bürokratische Verwaltungsarbeit zwang dazu, immer mehr Mitarbeiter zu beschäftigen, die die Pläne ausdachten, sie koodinierten, Berichte erstellten, die meist wenig mit der Wirklichkeit gemein hatten, und mit ihrer Kontrolltätigkeit Unfähigkeit, Korruption oder gar Sabotage verhindern sollten. Angesichts des permanenten Mangels an grundlegenden Nahrungsmitteln und Industriegütern konnten Partei- und Staatsapparat aus einer solchen bürokratischen Führungsstruktur viele legale oder halblegale Vorteile ziehen, einmal abgesehen von der wuchernden, wenn auch bekämpften Korruption.

Die Partei sollte sämtliche in der Sowjetunion existierenden Organisationen führen. Vor allem im Verhältnis zwischen Partei und Gewerkschaften entwickelte sich ein für das System wichtiges Konzept, nämlich daß Gewerkschaften der Transmissionsriemen der Partei seien.[37] Schon 1921 wurde es als die Hauptaufgabe der Gewerkschaften bezeichnet, die Massenbasis für die Herrschaft der Partei auszubauen und »Schulen des Kommunismus« zu werden. Das bedeutete eine Instrumentalisierung der Gewerkschaften im Interesse der Partei. Dieses Konzept wurde für zahlreiche andere

Massenorganisationen übernommen, besonders für den Komsomol (den Kommunistischen Jugendverband), der anfangs nur eine
kleine Organisation kommunistischer Jugendlicher darstellte und
später faktisch zu einer Pflichtorganisation, wie der Kinderver-
band der Pioniere, werden sollte.

Seit den ersten Jahren nach der Revolution wurden sämtliche bewußtseinsbildenden Medien der Partei untergeordnet. Das betraf
vor allem die Presse. In der Hand der Kommunisten befanden sich
die Tageszeitungen und andere politische Zeitschriften, auch die
unpolitische Presse geriet schrittweise unter ihre Kontrolle. Die in-
terne Beaufsichtigung seitens der kommunistischen Redaktionen
wurde von der allgegenwärtigen Präventivzensur ergänzt.

Allmählich wandelte sich der Inhalt der Propaganda. In den ersten Jahren nach der Revolution gingen mit einem in vereinfachter
Form dargebotenen Marxismus noch internationalistische Gedanken und ein erhebliches Interesse für die Probleme anderer Länder
einher (wenngleich diese Informationen oftmals tendenziös aufge-
macht waren und vor allem dazu dienen sollten, revolutionären
Elan auszulösen). In den 30er Jahren rückte der russische Nationalismus immer stärker in den Vordergrund, was für eine sonderbare
und nicht immer kohärente Mischung sorgte. All das wurde abwechselnd dialektischer und historischer Materialismus, Marxismus oder Leninismus genannt. Damals bürgerte sich auch der
Brauch ein, die »Klassiker« Marx, Engels, Lenin und Stalin wie
eine Bildergalerie kommunistischer Heiliger aneinanderzureihen.

Freilich mangelte es den Kommunisten anfangs noch an Perso-
nal, um die Schulen und Universitäten instrumentell zu nutzen. Da
jedoch jeder öffentliche Widerstand des Lehrpersonals brutal gebrochen wurde, gelang es, Volksbildung und Wissenschaft Schritt
für Schritt gleichzuschalten. Lehrer und Dozenten wurden gezwungen, marxistisch zu unterrichten und die aktuelle Tagespolitik zu
unterstützen. Der Hochschulzugang wurde kontrolliert, um eine
kommunistisch indoktrinierte neue Akademikergeneration heranzuziehen.

In Kultur und Kunst ging die politische Bevormundung einstweilen noch mit völliger Freizügigkeit in der Form einher. So sicherten
sich die Kommunisten die Unterstützung zahlreicher avantgardi-

stischer Künstler. In den 30er Jahren wurde dann der »sozialistische Realismus« obligatorisch, eine Mischung aus Realismus des 19. Jahrhunderts, pompöser Monumentalität und primitiver Propaganda. Ähnlich wie in den Geisteswissenschaften wurde die marxistische Klassenauffassung immer häufiger ergänzt durch Appelle an den russischen Nationalismus.

Um den »Überbau« zu gestalten (so bezeichnete die marxistische Theorie alle bewußtseinsbildenden Bereiche), wurde die Geistlichkeit sämtlicher Konfessionen, besonders aber der russisch-orthodoxen Kirche, dezimiert und ein Pflichtatheismus verordnet. Die schlimmste Verfolgung erlebte die Kirche 1922 kurz nach der Einführung des NEP-Kurses. Um die Repressionen zu rechtfertigen, wurde die grauenhafte Hungerkatastrophe vorgeschoben, die insbesondere das Wolgagebiet heimgesucht hatte. Angeblich hatten sich die Geistlichen geweigert, die Kirchenschätze den Hungernden zu opfern. Später wurden kirchliche Aktivitäten in verkümmerter Form noch geduldet; die wenigen legal wirkenden Priester wurden unter dem Aspekt ihrer Loyalität gegenüber der Partei ausgesucht. Der Terror, mit dem die Geistlichkeit und die offen bekennenden Gläubigen überzogen wurden, förderte die Übernahme religiöser Ersatzfunktionen durch die kommunistische Ideologie.

Die zweite Stütze des kommunistischen Herrschaftssystems bildete der Sicherheitsapparat. Er erlebte allerhand Umbenennungen und Umstrukturierungen, bewahrte aber erstaunliche Kontinuität, was die Grundsätze seiner Arbeitsweise anging. Beim Volkskommissariat für Inneres (im Russischen NKWD abgekürzt), dem die Polizei unterstand, wurde 1917 der politische Sicherheitsdienst, die Allrussische Außerordentliche Kommission zum Kampf gegen Sabotage, Konterrevolution und Spekulation, gegründet. Dieser umständlich lange Name wurde nur selten gebraucht. Häufiger war die Kurzform »Tscheka«.

Der erste Chef des sowjetischen Sicherheitsapparates, Feliks Dzierżyński, war ein Fanatiker ohne persönlichen politischen Ehrgeiz. Die Tschekisten besaßen unumschränkte Macht über Leben und Tod der Menschen, besonders nachdem im September 1918 verkündet worden war, daß die Gegner mit einem breit angelegten »roten Terror« zu bekämpfen seien. In dieser Zeit entstanden schon die ersten Ansätze des künftigen »Archipel GULag«. Ihre Machtbefugnisse sicherten den Funktionären der Tscheka eine Sonderstellung unter den kommunistischen Eliten.

Obwohl der Terror ab 1921 während der NEP quantitativ abflaute, blieb der Sicherheitsdienst eine der Stützen des Systems. Im Februar 1922 wurde die Tscheka in die Staatliche Politische Verwaltung (GPU) und nach der Gründung der Sowjetunion in die Vereinigte Staatliche Politische Verwaltung (OGPU) umgewandelt. Zwar war dies mit gewissen Kompetenzbeschneidungen verbunden, andererseits aber galt die politische Polizei nunmehr als eigenständiges und dauerhaftes Element des Systems (während die Tscheka schon ihrem Namen nach als »außerordentliche« Einrichtung konzipiert gewesen war). Doch bedeutete diese scheinbare Normalisierung keineswegs, daß damit die Repressalien aufgehört hätten. Davon zeugt beispielsweise die Aktion gegen die russisch-orthodoxe Kirche.

Die GPU war das wichtigste Verfolgungsinstrument während der Zwangskollektivierung. Um Massenrepressionen durchführen zu können – oftmals blutige Unterdrückungsmaßnahmen, die unter dem Vorwand der »Pazifizierung« ausgeführt wurden –, verfügte sie über eigene Militäreinheiten, die schon in den 20er Jahren rund 250 000 Mann zählten.

Dzierżyński unterstützte Stalin in seinen Konflikten mit Trotzki sowie mit Kamenjew und Sinowjew, fand sich allerdings nur in Ausnahmesituationen dazu bereit, die GPU bei innerparteilichen Auseinandersetzungen einzusetzen. Das sollte sich nach Dzierżyńskis Tod 1926 ändern. Seine Nachfolger waren weniger unabhängig und unterwarfen sich völlig Stalins Anordnungen. Daher spielte die GPU eine maßgebliche Rolle, als es darum ging, jeglichen Widerstand innerhalb der Partei zu brechen und sie von vermeintlichen Trotzkisten und später von »rechten Abweichlern« zu »säubern«.

Vor der nächsten Terrorwelle innerhalb der Partei entschloß sich Stalin, den Sicherheitsdienst zu reorganisieren. 1934 wurde aus der GPU die Hauptverwaltung für Staatssicherheit, die dem Volkskommissariat für Inneres (NKWD) einverleibt wurde. In Wirklichkeit verhielt es sich gerade umgekehrt. Der Sicherheitsdienst spielte im gesamten Ministerium eine entscheidende Rolle und übte beherrschenden Einfluß auf dessen sonstige Arbeitsbereiche aus. Durch diese Reorganisation ließ sich ein enger Kontakt des Sicherheitsdienstes zu dem vorher dem NKWD unterstehenden »Archipel GULag« herstellen. Hier hatten während der Kollektivierung viele Millionen Menschen Sklavenarbeit zu verrichten. Während der »großen Säuberung« wurde das Lagersystem noch weiter ausgebaut. Da in den Lagern auch hochqualifizierte Spezialisten aus für die militärischen und wirtschaftlichen Interessen der Sowjetunion hochwichtigen Bereichen einsaßen, wurde der Sicherheitsdienst zum Organisator strategischer Forschungen, die von Häftlingen durchgeführt wurden.

Bei der »großen Säuberung« konnte sich der Sicherheitsdienst erstmals eine Vorrangstellung verschaffen, da er die Repressionen im Parteiapparat, in den diesem unterstellten Staatsbehörden und in der Armee durchführte. Diese Störung des Gleichgewichts war jedoch nur vorübergehend. Stalin ist sich sicherlich darüber im klaren gewesen, daß keine der Hauptstützen des Systems über die anderen hinauswachsen durfte. Folglich geriet bereits nach der ersten Etappe der »großen Säuberung« der NKWD selbst in die Maschinerie des Terrors. So wurde unter anderem der NKWD-Chef Jagoda verhaftet und später zum Tode verurteilt. Das wiederholte sich noch einmal zum Abschluß der »großen Säuberung« mit Verhaftungen und Erschießungen, deren Opfer auch der nächste NKWD-Chef, Nikolai Jeschow, wurde. Zwar gelang es dem Sicherheitsdienst nicht, die persönliche Sicherheit seiner eigenen Mitarbeiter zu gewährleisten. Trotzdem waren in dem »ausgereiften System« der 30er Jahre, zu dessen konstitutiven Merkmalen eine extreme Repressivität und die Rotation der Eliten gehörten, die Kompetenzen der Polizei schier unbegrenzt. Sie umfaßten sämtliche Lebensbereiche in der Sowjetunion. Das führte zu einer starken Aufstockung des Personals. Mochte die Partei auch die organisierende Rolle im System spielen, so betraf dies das Millionenheer im »NKWD-Reich« (also alle Mitarbeiter im Bereich dieses Ministeriums einschließlich der in die Hunderttausende gehenden Mitglieder von dessen verschiedenen Militärformationen) genausowenig wie die noch zahlreicheren Häftlinge des »Archipel GULag«.

Die dritte Stütze der kommunistischen Macht stellte die Rote Armee dar. In den Anfangsjahren, während des Bürgerkrieges, genoß sie eine sehr hohe Stellung. Daraus erklärt sich, daß die üblichen Regeln des Systems verletzt wurden. In der Armee wurden in Führungspositionen, ja selbst auf hoher Kommandoebene nicht-kommunistische Spezialisten oder soeben erst zum Kommunismus konvertierte Offiziere geduldet. Gleichzeitig wurden ihnen allerdings zur Überwachung Polit- beziehungsweise Militärkommissare zur Seite gestellt, und später entstand in den gesamten Streitkräften als eine Sondereinrichtung die »Politische Hauptverwaltung«.

Seit 1918 war Leo Trotzki Volkskommissar für Militär- und Marineangelegenheiten. Er nahm einen sehr hohen Rang innerhalb der kommunistischen Führungsspitze ein. Nur Lenin genoß noch höheres Ansehen. Die Bedeutung der Armee ergab sich jedoch vor allem aus der Tatsache, daß sie es war, die den Sieg der Kommunisten in Rußland errungen hatte und garantierte, und daß ihr darüber hinaus bei der Unterstützung der erwarteten europäischen Revolution eine Hauptrolle zugedacht war.

Die innerparteilichen Konflikte in der Sowjetunion ab 1923 hatten die bekannten Auswirkungen auf Trotzkis Schicksal und damit in der Folge auch auf die Abwertung der Roten Armee im kommunistischen Herrschaftssystem. Zuerst wurde Trotzkis Stellung untergraben, indem man die Mitarbeiter, die sein Vertrauen genossen, aus wichtigen Posten entfernte und durch Gegner des Volkskommissars ersetzte. Sodann wurde er selbst 1925 seines Postens enthoben.

Dies war nur die erste Etappe des Prozesses, in dem Stalin sich die Armee unterwarf. Der Trotzki-Nachfolger Michail Frunse genoß ebenfalls nicht das volle Vertrauen des künftigen Diktators und verstarb schon wenige Monate nach seiner Ernennung unter ungeklärten Umständen. Volkskommissar wurde nun auf Betreiben Stalins der unintelligente und farblose, dafür aber Stalin gegenüber absolut loyale Kliment Woroschilow.

Um ein gewisses Gegengewicht zur Bedeutung der Armee im inneren Leben der Sowjetunion zu schaffen, wurden schon in den 20er Jahren gesonderte, der GPU und anschließend dem NKWD unterstehende Formationen gebildet. Dennoch stellte die Rote Armee für Stalins Pläne weiterhin eine Bedrohung dar. Ihre Kader gehörten zu dem Teil der kommunistischen Elite, deren Vertreter sich durch eine spezifische Tradition und ein eigenes militärisches Ethos miteinander verbunden fühlten. Zugleich schlummerte hier nach wie vor eine reale Kraft, die bei einem eventuellen weiteren Machtkampf, von wem auch immer, genutzt werden konnte. Offensichtlich fürchtete der erstarkende Diktator eben diese Kraft am meisten und war daher bereit, sie zu schwächen, obwohl dies zwar ihm persönlich nützte, der Staatsräson jedoch vollkommen widersprach. Besonderes Mißtrauen hegte er gegen den in der Armee beliebten Stellvertreter Woroschilows und Stabschef Tuchatschewski, seit 1935 im Range eines Marschalls.

Damit läßt sich nicht allein die Zerschlagung der Führungskader der Roten Armee erklären, sondern ebenso, daß der »großen Säuberung« Tausende von Offizieren auf allen Ebenen zum Opfer fielen. Einerseits sollte den Offizieren ihr Kameradschaftsgeist ausgetrieben und allgemeine Angst verbreitet werden. Auf der anderen Seite jedoch wurde damit die Schlagkraft der Armee erheblich vermindert, obwohl sie als einer der Hauptpfeiler des kommunistischen Machtgebäudes einsatzfähig bleiben mußte. Die Frage ist hier angebracht, ob nicht die Repressionen der zweiten Hälfte der 30er Jahre die Stellung der Armee derart erschütterten, daß sie vorübergehend ihre Funktion als Hauptstütze des Herrschaftssystems nicht erfüllen konnte.

Die kommunistischen Parteien in den übrigen europäischen Ländern unterschieden sich anfangs ganz beträchtlich voneinander, was innere Organisation, Mitgliederstärke und soziale Zusammensetzung anging. In organisatorischer Hinsicht erfolgte allmählich eine Vereinheitlichung, in anderen Bereichen hingegen erhielten sich grundlegende Unterschiede. Massenparteien wie die französische oder (bis 1933) die deutsche KP besaßen einen starken Einfluß auf die Arbeiterschaft. In vielen anderen, besonders in den illegalen Parteien, fanden sich vor allem Intellektuelle oder Berufsrevolutionäre zusammen.

Abgesehen von Deutschland und Italien, wo kommunistische Aktivitäten mit Terror unterbunden wurden, kam es doch im Laufe der 30er Jahre in gewissem Sinne zu einer sozialen Verbreiterung der kommunistischen Bewegung, anfangs aus sozialökonomischen Gründen während der Weltwirtschaftskrise, später dann aus politischen Gründen angesichts der Offensive der extremen Rechten und der drohenden Kriegsgefahr. In dem Maße, wie die Mitgliederzahlen der kommunistischen Parteien stiegen, häuften sich auch die Versuche, die in der Sowjetunion geltenden Regeln zu übernehmen, also mehr oder weniger kommunistisch gesteuerte Massenorganisationen ins Leben zu rufen.

Schon bald aber wurde die internationale kommunistische Bewegung in anderen Ländern lediglich zu einem Ableger des Herrschaftssystems in der Sowjetunion. Zwar wurden die ausländischen Parteien unmittelbar von der Moskauer Komintern-Zentrale verwaltet. Jedoch auch sie erfüllte nur die Funktion eines »Transmissionsriemens«. Innerhalb der Komintern hatte sich die sowjetische Partei eine Vorrangstellung verschafft, und Stalin galt bald als der keinerlei Kritik unterliegende Führer des Weltkommunismus. Zwei Formeln, die in den 30er Jahren verbreitet wurden, zementierten die absolute Loyalität der kommunistischen Parteien gegenüber Moskau. Zum einen hieß es, die Sowjetunion sei die Heimat des Weltproletariats (in Perioden einer besonderen Übereifrigkeit sogar: die »einzige« Heimat), und zum anderen wurde propagiert, der geniale und unfehlbare Josef Stalin sei »unser Führer«.[38]

Gleichzeitig gestalteten sich viele kommunistische Parteien in »Führer«-Parteien um, deren Führer »leuchteten«, indem sie Stalins Licht reflektierten. Eine derartige Stellung konnten sich insbesondere Thorez in Frankreich und Thälmann in Deutschland sichern. Die »große Säuberung« in der zweiten Hälfte der 30er Jahre ließ in die Steuerung der internationalen kommunistischen Bewegung ein weiteres neues Element einfließen, nämlich die bisher in bedeutend geringerem Maße erfolgte Kontrolle der Komintern und der ihr angehörenden Parteien seitens des sowjetischen Sicherheitsapparats.

Der Kommunismus im Zweiten Weltkrieg

Als 1939 der Zweite Weltkrieg ausbrach, erlebte der Kommunismus einen Wandel, der für einen Teil seiner Anhänger sehr überraschend kam. Das betraf vor allem die Politik der Sowjetunion als Staat. Entsprechend dem Ribbentrop-Molotow-Vertrag (dessen geheimes Zusatzprotokoll niemand außer den Unterzeichnern selbst kannte) marschierten Mitte September 1939 sowjetische Truppen in Polen ein und besetzten seine Ostgebiete.

Estland, Lettland und Litauen wurden gezwungen, sowjetische Garnisonen aufzunehmen. Anschließend wurden die bisherigen Regierungen gestürzt und diese Länder, genauso wie die besetzten polnischen Gebiete, der Sowjetunion einverleibt. Nur Finnland widersetzte sich dem Moskauer Diktat. Der sich daraufhin mehrere Monate hinziehende Krieg machte deutlich, daß die Rote Armee nach der »großen Säuberung« nur über begrenzte Möglichkeiten verfügte. Stalin mußte sich schließlich mit relativ geringen territorialen Zugeständnissen abfinden. Dagegen bewirkten seine Drohungen, daß Rumänien auf Bessarabien und die nördliche Bukowina verzichtete.

Unverzüglich setzte in sämtlichen von der UdSSR annektierten Gebieten ein Terrorfeldzug ein. Hier konnte das NKWD, dessen Apparat bei der Verwaltung dieser Gebiete eine überaus wichtige Rolle spielte, seine in der »großen Säuberung« gesammelten Erfahrungen voll nutzen. Der Terror richtete sich gegen die gesamte Elite: Politiker, Militärs, Beamte, Geistliche, Intellektuelle, Großgrundbesitzer und Unternehmer. Oft blieb es aber – ähnlich wie bei früheren stalinistischen Repressalien – dem Zufall überlassen, wer zum Opfer wurde.

Viele Häftlinge wurden ermordet, so die 1939 in Gefangenschaft geratenen polnischen Berufs- und eingezogenen Reserveoffiziere, aller Wahrscheinlichkeit nach auch die Offiziere aus den baltischen Ländern. Die überwältigende Mehrheit hingegen wurde ähnlich wie die Opfer der »großen Säuberung« behandelt: Die einen deportierte man in die Lager, wo sie durch mörderische Arbeit und unmenschliche Bedingungen rasch dezimiert wurden. Andere wurden zusammen mit ihren Familien in die asiatischen Einöden, überwiegend nach Kasachstan, umgesiedelt, wo viele zwar auch von Hunger und Krankheiten hinweggerafft wurden, aber doch größere Überlebenschancen bestanden.

Den Krieg bezeichnete die offizielle Sowjetpropaganda als »imperialistisch von beiden Seiten« und knüpfte dabei an Lenins Standpunkt aus dem Ersten Weltkrieg an. Unverhohlene Genugtuung empfand Moskau über den Zusammenbruch des zwischen Deutschland und der Sowjetunion aufgeteilten Polen. Premierminister Molotow bezeichnete in einer Rede Polen als »Wechselbalg des Versailler Vertrags« von 1919.[39] Die Verantwortung für den Kriegsausbruch wurde Großbritannien und Frankreich angelastet.

Die Komintern schwenkte rasch auf die neue Linie der sowjetischen Politik ein. Zwar hatten gleich nach Kriegsausbruch die kommunistischen Parteien in Frankreich und Großbritannien zum Kampf gegen das Dritte Reich aufgerufen, doch schon am 6. November 1939 veröffentlichte Dimitrow in einem Organ der Dritten Internationale neue Direktiven, die die offiziellen sowjetischen Ansichten vom imperialistischen Krieg, für den in erster Linie die Westmächte die Verantwortung trügen, nachbeteten.[40]

Kurz darauf erließen die Führungen der drei Parteien, die illegal im deutschen Machtbereich tätig waren (also die deutsche, die österreichische und die tschechoslowakische Partei, denn die polnische war 1938 aufgelöst worden), einen gemeinsamen Aufruf. In diesem Manifest wurde die Loyalität gegenüber der Sowjetunion und Stalin betont, die Annexion der polnischen Gebiete gewürdigt und gerechtfertigt, der Krieg als imperialistisch verurteilt und die Schuld vor allem Frankreich und Großbritannien zugeschoben, während sich die Speerspitze der ideologischen Kritik gleichermaßen gegen den Nationalsozialismus wie die Sozialdemokratie, die den Interessen der westlichen Imperialisten diene, richtete.[41]

Noch deutlicher stimmten diesem Kurswechsel die Parteien in Frankreich und Großbritannien zu. Während letztere aufgrund ihrer Schwäche keine nennenswerte Rolle spielte, konnten die französischen Kommunisten die Kriegsanstrengungen ihres eigenen Landes ernsthaft gefährden. Thorez, der sich anfangs zum Kriegsdienst gemeldet hatte, desertierte und tauchte unter. Die Partei akzeptierte nicht nur den Ribbentrop-Molotow-Pakt, sondern sie rief unumwunden dazu auf, den Krieg zu sabotieren, der eigenen Regierung in den Rücken zu fallen und sich mit den deutschen Soldaten zu verbrüdern, angeblich in der Hoffnung, diese würden sich gleichfalls dazu hinreißen lassen.[42] Diese Propaganda übersah allerdings vollkommen die Geschlossenheit der Wehrmacht, die von eiserner Disziplin zusammengehalten wurde, ja zusätzlich durch die NS-Ideologie zusammengeschweißt war. Die französische Regierung reagierte daraufhin mit dem Verbot der kommunistischen Partei und einer Internierung vieler ihrer Funktionäre.

Bei den einfachen Parteimitgliedern in den Ländern, die gegen Deutschland kämpften, die sich bereits unter nationalsozialistischer Herrschaft befanden oder die bisher noch nicht in den Krieg eingetreten waren, ließ sich eher eine Desorientierung und nachlassende Aktivität beobachten. Hier herrschte Unklarheit darüber, inwieweit dieser neue Kurs lediglich vorübergehend und wie der deutsche Überfall auf Polen zu beurteilen sei.

Ernsthafte Probleme hatten auch die Kommunisten aus der aufgelösten polnischen KP. Der deutsche Besatzungsterror und die Schreckensmeldungen aus den von der Sowjetunion okkupierten Gebieten waren für die meisten von ihnen durchaus nicht dazu angetan, sich für den Ribbentrop-Molotow-Vertrag zu erwärmen. Nur wenige polnische Kommunisten machten sich damals daran, schwache illegale Gruppen zu bilden. Es fehlte ihnen ein klares Programm für die Kriegszeit, und sie begnügten sich im allgemeinen mit der nichtssagenden Formel, die Sowjetunion sei zu unterstützen. Nicht anders sah das in den ersten Besatzungsmonaten in Jugoslawien und Griechenland nach der deutschen und italienischen Invasion im April 1941 aus.

Es läßt sich kaum eindeutig sagen, wie der weitere Kriegsverlauf von Moskau aus gesehen wurde. Bis zur Niederlage Frankreichs 1940 hat man sicherlich mit einem für beide Seiten langwierigen Auszehrungskrieg gerechnet. In seiner Endphase sollte er zum Ausbruch der Revolution führen, die dann von einer bewaffneten Intervention der Roten Armee unterstützt werden würde – mit anderen Worten, man hoffte, daß sich die Situation zu Ende des Ersten Weltkrieges wiederholen werde.

Nach der Niederlage Frankreichs mußten die weiteren Aussichten eher beunruhigen. Denn wenn Großbritannien ebenfalls zur Kapitulation oder zu einem Friedensschluß gezwungen würde, der zwar vielleicht ehrenhaft sei, aber den ganzen Kontinent unter deutscher Herrschaft belassen würde, mußte Hitlers nächstes Angriffsziel die Sowjetunion werden. Auf diese Befürchtungen dürften die zaghaften Anzeichen einer erneuten Kursänderung zurückzuführen sein. Sie wurden erkennbar während der Balkankrise, als Deutschland Jugoslawien und Griechenland überfiel und gleichzeitig Bulgarien, Rumänien und Ungarn dazu zwang, sich als Verbündete seinen Interessen unterzuordnen. Intensiv bemühte man sich darum, die seit der »großen Säuberung« angeschlagene Rote Armee wiederaufzubauen und die Wirtschaft auf den drohenden Krieg vorzubereiten. Trotz aller eingehenden Meldungen, Deutschland plane auch in Richtung Osten loszuschlagen, rechnete man in Moskau nicht mit einem Angriff in allernächster Zeit.

Somit erfolgte der deutsche Überfall am 22. Juni 1941 für die Sowjetunion vollkommen überraschend. Das verdeutlichen die militärischen Niederlagen, die das Land an den Rand des Zusammenbruchs führten. Von einem Tag auf den anderen hieß es nun, die politische Linie von Grund auf zu revidieren. Russischer Patriotismus wurde jetzt zur Leitmelodie der Propaganda, mit panslawischen Akzenten für Ukrainer und Weißrussen. Man bediente sich sogar religiöser Motive, und die russisch-orthodoxe Kirche erhielt etwas günstigere Wirkungsbedingungen als zuvor.

Angesichts der vernichtenden Niederlagen wurden viele Militärs aus ihren verantwortlichen Stellungen entfernt, wobei es sich meist um Offiziere handelte, die während der »großen Säuberung« Karriere gemacht hatten. Die Armee wurde wieder aufgewertet. Militärexperten, darunter viele Offiziere, die eilig aus den Lagern geholt wurden, wurden befördert. Die in den vorherigen Jahren so erniedrigten Streitkräfte avancierten nicht nur zu einer gleichberechtigten, sondern angesichts des Krieges zur wichtigsten Stütze des Systems.

Bei der politischen Kehrtwende galt es, sich auf die neuen Verbündeten einzustellen, auf Großbritannien und die Vereinigten Staaten (die zwar vor dem Dezember 1941 noch nicht aktiv in den Krieg eingetreten waren, allerdings Deutschlands Kriegsgegner unterstützten). Plötzlich war dieser Krieg nicht mehr »imperialistisch von beiden Seiten«, sondern er wurde gegen den Faschismus geführt zur Verteidigung der Demokratie und sämtlicher bedrohten Werte der Menschheit.

Höchst ungern zog die Sowjetunion daraufhin gewisse Konsequenzen in ihrer Polenpolitik. Die Existenz des polnischen Staates wurde anerkannt. Inhaftierte Polen wurden freigelassen (was in der Geschichte des »GULag-Imperiums« beispiellos dastand), und man erlaubte sogar, eine polnische Armee aufzustellen. Allerdings dachte man nicht daran, auf irgend etwas, was in den ersten Kriegsjahren erbeutet worden war, zu verzichten, und so blieb die Frage der an die Sowjetunion angegliederten polnischen Ostgebiete in der Schwebe.

Wie Marionetten schwenkten auch die anderen kommunistischen Parteien Europas ein, die überwiegend in der Illegalität unter der Herrschaft des nationalsozialistischen Deutschland, des faschistischen Italien und deren Verbündeter agieren mußten. Die Instruktionen kamen von der Komintern, doch erste Entscheidungen wurden in den einzelnen Ländern bereits unmittelbar auf die Meldung vom deutsch-sowjetischen Krieg hin gefällt.

In Frankreich verwandelten sich die Kommunisten über Nacht in die aktivsten Gegner der deutschen Besatzer und der mit ihnen kollaborierenden Vichy-Regierung. In Jugoslawien und Bulgarien riefen die Parteien schon im Juni 1941 zum bewaffneten Kampf auf. Ganz besonders in Jugoslawien fand dieser Appell ein lebhaftes Echo. Im September forderten deutsche Exilkommunisten ihre Genossen in der Heimat über den Moskauer Rundfunk zum Kampf gegen das Dritte Reich auf. Im selben Monat bildeten die italienischen Kommunisten mit den Sozialisten und linken Liberalen ein gemeinsames Aktionskomitee. Während in Polen kommunistische Gruppen aktiver wurden, schulte man in der Sowjetunion polnische Exilkommunisten, die, mit Fallschirmen über Polen abgeworfen, Anfang 1942 die Partei wiederaufbauen sollten.

Die Betonung lag jetzt auf dem nationalen Charakter des Kampfes. Geführt werden sollte er in einer gemeinsamen Front (die man nicht Volksfront, sondern Nationale Front nannte) gegen den Faschismus und für die Wiederherstellung der Unabhängigkeit und Demokratie.[43] Diese neue Ideologie verurteilte die Komintern zu einem Schattendasein, obwohl sie noch geraume Zeit tätig war und allerlei Instruktionen, zum Teil als verschlüsselte Funksprüche, in die Welt schickte.

Im Mai 1943 wurde die III. Internationale aufgelöst. Dieser Beschluß wurde mit der notwendig gewordenen Selbständigkeit der einzelnen Parteien begründet. An die Stelle der Komintern-Direktiven traten jetzt überwiegend Anweisungen aus der Abteilung für Internationale Information des sowjetischen Zentralkomitees der Partei oder direkt sowjetischer Spitzenpolitiker. Ihre Übermittlung wurde dadurch erleichtert, daß viele führende kommunistische Funktionäre aus fast ganz Europa sich in der Sowjetunion aufhielten. Trotzdem gewannen die kommunistischen Parteien im Krieg etwas mehr Handlungsspielraum, weniger vielleicht durch die Auflösung der Komintern als vielmehr durch die erschwerte Kommunikation mit der Moskauer Zentrale. Die Umstände zwangen ganz einfach zu selbständigen Entscheidungen.

Ein spezifisches Merkmal der kommunistischen Widerstandsbewegung im besetzten Europa war, daß sie das Hauptgewicht auf den möglichst umfassend geführten bewaffneten Kampf legte. Die Kommunisten verfügten aufgrund ihrer langjährigen Tradition illegaler oder halblegaler Aktivitäten im Vergleich mit sämtlichen anderen politischen Parteien über die besten Voraussetzungen für den Untergrundkampf mit den Besatzern.

Die Aufnahme des bewaffneten Kampfes entsprach zwar nicht immer den in den einzelnen Ländern herrschenden Bedingungen und führte mitunter zu hohen Verlusten, fügte sich aber in die internationale kommunistische Strategie, daß nämlich in erster Linie die Sowjetunion entlastet werden sollte, wo bis zum Herbst 1942 eine deutsche Offensive auf die andere folgte. Später war das Oberkommando der Roten Armee weiterhin daran interessiert, deutsche Kräfte an anderen Fronten zu binden, um die Ostfront zu entlasten. In Ländern, die quasi auf dem Weg zu dieser Front lagen, sollten mit Diversion und Sabotage die Verbindungslinien zwischen Front und Hinterland gestört werden.

In der Sowjetunion geriet in den ersten Kriegsmonaten das Herrschaftssystem ins Wanken, weil es sich zunächst als unfähig erwies, der deutschen Kriegsmacht die Stirn zu bieten. Das sollte sich aber rasch ändern. Dazu trug in hohem Maße die deutsche Besatzungspolitik bei. Das Ausmaß und die Rücksichtslosigkeit des Terrors ließen bei der Bevölkerung eine unverhoffte Sehnsucht nach der kommunistischen Herrschaft aufkommen. Die Partisanenbewegung gewann an Anhang und Ausdehnung. Den Rotarmisten kam zu Ohren, wie die Deutschen ihre sowjetischen Kriegsgefangenen behandelten (von denen tatsächlich Millionen in den Lagern verhungerten oder zu Tode gequält wurden).

Das zentralisierte Sowjetsystem fing sich allmählich wieder und wurde völlig darauf umgestellt, durch die Belieferung der Roten Armee mit Rüstungsgütern und Proviant die Kriegführung zu ermöglichen. Die Versorgung der Armee wurde in bedeutendem Maße durch Lieferungen des amerikanischen Verbündeten ergänzt. Da beinahe in jeder Familie jemand an der Front kämpfte und starb, ertrug die Zivilbevölkerung widerstandslos die sklavereiähnlichen Arbeitsbedingungen und die Hungerrationen, denn man betrachtete das alles als eine Notwendigkeit, bei der auch persönliche Interessen und Gefühle mitspielten.

Mit den militärischen Erfolgen, die im Winter 1942/1943 mit der Zerschlagung einer deutschen Armee bei Stalingrad einsetzten, konnten das kommunistische System und Stalin als Führer, dessen Fähigkeiten die Siege zugeschrieben wurden, die Bevölkerung immer stärker für sich gewinnen. Auch Angst war dabei mit im Spiele, denn in den zurückeroberten Gebieten wurde mit allen, die im Verdacht der Kollaboration standen, blutig abgerechnet.

1943 dachte man in Moskau bereits konkret über eine neue europäische Nachkriegsordnung nach. Als selbstverständlich galt, daß die Sowjetunion ihre Erwerbungen von 1939 bis 1941 unangetastet zurückerhalten werde. Zugleich aber ging man bereits daran, den Boden für eine weitere Expansion vorzubereiten. Eine wichtige Rolle hierbei spielten die Schritte in der polnischen Frage, die schließlich dazu führten, daß die in der UdSSR aufgestellte polnische Armee das Land verließ und daß nach mancherlei provokativen Repressalien im April 1943 die Beziehungen zur polnischen Exilregierung abgebrochen wurden. Zum gleichen Zeitpunkt begann die Aufstellung neuer polnischer Militärformationen in der Sowjetunion, diesmal allerdings unter sowjetischer Kommandogewalt. Politisch kontrolliert wurden sie von polnischen Kommunisten.

Zwar waren die Pläne, Polen in Zukunft unter sowjetische Oberherrschaft zu stellen, noch keineswegs eindeutig formuliert, dennoch wurden Vorbereitungen in dieser Richtung getroffen. Außerdem überlegte man in Moskau, ob und wie man nach dem Kriege die anderen osteuropäischen Länder unter sowjetischen Einfluß bringen könne. Dieser Gedanke nahm um so realere Gestalt an, als die westlichen Alliierten ihre Balkan-Invasionspläne fallenließen. In der zweiten Jahreshälfte 1943 stimmten die Alliierten der ausschließlichen Verantwortung der Sowjetunion für die Auseinandersetzung mit Deutschlands Verbündetem Rumänien zu.

Den kommunistischen Versuchen, in den deutsch und italienisch besetzten Ländern Nationale Fronten zusammenzubringen, war recht unterschiedlicher Erfolg beschieden. Am weitesten kam hier die französische Partei. Sie setzte alles daran, ihre defätistische Politik von 1939 bis 1941 vergessen zu machen, und entwickelte sich schon bald zur stärksten Kraft der Résistance, besonders durch ihre bewaffnete Organisation »Franctireurs et Partisans«. Die französischen Kommunisten mußten in ihrem Kampf gegen die deutschen Besatzer schwere Verluste einstecken. Dadurch konnten sie von sich die Legende von der »Partei der Füsilierten« verbreiten.

Ende 1942 kam es zu einer gewissen Koordinierung der Aktivitäten mit jenen Untergrundgruppen, die General de Gaulle nahestanden, und mit der Résistance-Vertretung in London, dem Nationalkomitee Freies Frankreich. Im Mai 1943 entstand im besetzten Frankreich der aus mehreren Parteien bestehende Nationale Widerstandsrat, und im April 1944 zogen Vertreter der kommunistischen Partei in das Londoner Komitee ein, das sich bereits auf seine Umbildung in die große Regierungskoalition nach der Befreiung vorbereitete.

In Italien gelang es den Kommunisten unmittelbar nach dem Zusammenbruch des Mussolini-Regimes im Juli 1943, gemeinsam mit anderen antifaschistischen Parteien das Komitee für Nationale Befreiung zu gründen. Als Italien kurz darauf kapitulierte und Nord- und Mittelitalien von den Deutschen besetzt wurden, verstanden es die Kommunisten (übrigens gemeinsam mit den Sozialisten) jedoch nicht, mit der antifaschistischen Rechten, die die Monarchie und die Regierung von General Badoglio unterstützte, eine gemeinsame Sprache zu finden.

Für die Kurskorrektur bedurfte es der Rückkehr des Führers der Kommunisten, Togliatti, im März 1944 aus dem Moskauer Exil. Er brachte eindeutige sowjetische Instruktionen mit. Im Namen des Aufbaus der Nationalen Front habe die Partei ihre Opposition aufzugeben und in die Koalitionsregierung einzutreten.[44] Das geschah im folgenden Monat. Die besonders aktive Teilnahme der Kommunisten am bewaffneten Widerstandskampf in den noch von den Deutschen besetzten Gebieten begründete, ähnlich wie in Frankreich, eine spezifische kommunistische heroische Legende.

In anderer Weise konnten die jugoslawischen Kommunisten durchschlagende Erfolge für sich verbuchen. In Jugoslawien war mit der deutschen und italienischen Besatzung ein innerer Konflikt zwischen dem kroatischen, als Satellit der Achsenmächte existierenden Regime der extrem nationalistischen Ustascha-Bewegung und der serbischen, antideutschen und ebenfalls nationalistischen Partisanenbewegung der Tschetniks ausgebrochen. Die Kommunisten stellten eine Alternative dar, nämlich die des gemeinsamen Kampfes gegen die Besatzer und damit zugleich des Kampfes gegen die blindwütigen Nationalismen. Sie verstanden es, eine breite Unterstützung bei der verzweifelten und von allen Seiten her angegriffenen Bevölkerung sowie bei den von den Massakern erschütterten Intellektuellen zu gewinnen. Nicht ganz unwesentlich war zudem die traditionelle Sympathie der Balkanslawen für Rußland.

In vielen europäischen Ländern ähnelte die Situation entweder dem französischen oder dem jugoslawischen Muster. Im besetzten Westeuropa und in der Tschechoslowakei bemühten sich die Kommunisten darum, an breit angelegten Bündnissen beteiligt zu sein. In Griechenland schufen sie die stärkste Widerstandsbewegung, waren aber weder in der Lage, sich mit anderen Gruppierungen zu verständigen, noch sie, wie in Jugoslawien, gewaltsam zu erdrücken. In Bulgarien sowie in begrenztem Maße in Rumänien und Ungarn setzten die Kommunisten alles daran, bei den Versuchen, die prodeutschen Regierungen zu stürzen, die Initiative zu ergreifen und die sich illegal herausbildende demokratische Koalition zu steuern.

Den Kommunisten in Polen gelang kaum etwas. Zwar wurde Anfang 1942 die Partei wiedergegründet, doch mangelte es ihr an breiterem Einfluß. Die Erinnerung an die Repressionen in den 1939 von der Sowjetunion annektierten polnischen Gebieten schuf ein Klima der Feindschaft oder zumindest des Mißtrauens gegenüber dem Kommunismus. Versuche, sich mit den übrigen Untergrundgruppierungen zu verständigen, scheiterten, denn diese verlangten von den polnischen Kommunisten, sich eindeutig von ihrer Vergangenheit zu distanzieren.

Da sich mit dem Vormarsch der Roten Armee auch die sowjetische politische Konzeption änderte, ließen die polnischen Kommunisten ihre bisherige Linie fallen. Die Nationale Front verkam zur bloßen Propagandafloskel. Vielmehr konzentrierten sich die Kommunisten jetzt darauf, gleich nach der Vertreibung der Deutschen unter dem Schutz sowjetischer Bajonette die Macht zu ergreifen. Zu diesem Zweck zerschlug das NKWD in den von der Roten Armee eroberten Gebieten den nichtkommunistischen polnischen Untergrund. Einen empfindlichen Schlag versetzte ihm Stalin, als er im August und September 1944 dem Warschauer Aufstand jegliche Unterstützung verweigerte, was den Deutschen gestattete, Polens Hauptstadt, die Hochburg der nichtkommunistischen Widerstandsbewegung, dem Erdboden gleichzumachen.

Gegen Kriegsende 1944/1945 besetzte die Rote Armee Rumänien, Bulgarien, Ungarn und die Tschechoslowakei. Überall entstanden Regierungen, die zwar formal von mehreren Parteien gebildet, aber von den Kommunisten kontrolliert wurden. Am wenigsten zu bezweifeln war der kommunistische Charakter beim Polnischen Komitee für Nationale Befreiung (Lubliner Komitee), das später in Provisorische Regierung umbenannt wurde. In allen diesen Ländern stellten die Kommunisten den Chef des Ressorts, das den Sicherheitsdienst einrichtete. Obwohl die sowjetischen Truppen nur einen kleinen Teil Jugoslawiens besetzt hatten, waren die Kommunisten hier in der Lage, aus eigener Kraft die Macht zu ergreifen. Mit Unterstützung aus Jugoslawien setzten sich auch die Kommunisten in Albanien durch.

Die Geburt des Blocks

Als der Zweite Weltkrieg vorüber war, konnte sich der Kommunismus als Mitglied der demokratischen Koalition ausweisen. Nicht nur die kommunistische Propaganda in der Sowjetunion und in anderen Ländern verwendete gern demokratische Phrasen. Auch führende westliche Politiker bescheinigten Stalin, für die Demokratie gekämpft zu haben. Das fand bereits in den Beschlüssen, die Roosevelt, Churchill und Stalin im Februar 1945 auf der Konferenz von Jalta fällten, seinen Ausdruck, nämlich daß der Aufbau eines neuen, demokratischen Europas das gemeinsame Werk der Großmächte sein solle.

Die Nachkriegspopularität des Kommunismus ergab sich aus der Überzeugung, daß er sich in seinen Grundkonzepten als konsequenter und siegreicher Gegner des Faschismus erwiesen habe. Besonders unter den Intellektuellen wurde die Vision einer übernationalen Gemeinschaft jener Tragödie entgegengehalten, zu der eine europäische Ordnung geführt hatte, die auf dem Prinzip des Nationalstaats und der Ideologie des Nationalismus beruht hatte. Ebenso lebendig waren die Erfahrungen der 1929 einsetzenden Weltwirtschaftskrise und deren soziale Auswirkungen in Erinnerung geblieben. Im Vorschlag der Kommunisten, die Wirtschaft zu nationalisieren und sie einer strengen Planung zu unterwerfen, erblickten viele Arbeiter und noch mehr Intellektuelle einen Weg in eine bessere Zukunft.

Fast überall, wo die Rote Armee einmarschiert war, begann man damit, kommunistische Veränderungen auf den Weg zu bringen. Der Chef der ungarischen Kommunisten, Mátyas Rákosi, bezeichnete die Vorgehensweise als »Salamitaktik«, nach der man die Gegner in kleine Gruppen spaltete und diese dann nach und nach »scheibchenweise« aufrieb.[45] Diese Taktik vollzog sich nach bestimmten Regeln, die für sämtliche Länder in diesem Teil Europas galten.

Die erste Regel hieß: Abrechnung mit den »Faschisten«. In der sowjetischen Besatzungszone Deutschlands und in dessen ehemaligen Satellitenstaaten traf die Verfolgung all diejenigen, die, gleich auf welcher Ebene, für die Verwirklichung der nationalsozialistischen Politik oder für das Bündnis mit Hitler verantwortlich waren. In anderen Ländern verfuhr man sehr drakonisch mit Kollaborateuren.

Büßen mußte ebenso die deutsche Bevölkerung in der Tschechoslowakei, in Polen und in den Polen angegliederten ehemaligen Gebieten des Reichs. Das entsprach zwar der allgemeinen Stimmung der Bevölkerung dieser Länder, doch gaben die Kommunisten entweder den Anstoß für diese Repressivmaßnahmen oder akzeptierten sie; auf jeden Fall hofften sie, auf diese Weise eine breitere Unterstützung zu finden. Die Deutschen wurden enteignet und ausgesiedelt, nicht selten auch unterschiedlichen Schikanen unterworfen oder mit extremer Brutalität behandelt, wobei man das Prinzip der Kollektivverantwortung praktizierte. In Polen bedienten sich die Kommunisten ähnlicher Methoden gegenüber den Ukrainern, die seit der Zwischenkriegszeit, besonders aber während des Krieges im Konflikt mit Polen gestanden hatten; einige ukrainische nationalistische Gruppierungen hatten mit den Deutschen kollaboriert.

Häufig jedoch rückte man unter dem Vorwand des Kampfes gegen den »Faschismus« und die »Feinde der Demokratie« den Gegnern des Kommunismus zu Leibe, denen in keiner Weise weder Kollaboration mit den Deutschen noch Haß auf die Demokratie vorzuwerfen war. Sämtliche politischen oder bewaffneten Gruppierungen, die versuchten, illegal aktiv zu bleiben, sich mit der Unterwerfung unter Moskau und die örtlichen Kommunisten nicht abfinden wollten, wurden vernichtet.

Anfangs war das Ausmaß der Verfolgungen in Polen am größten, weil sie sich hier zwangsläufig gegen die ganze, außerordentlich starke nichtkommunistische Widerstandsbewegung richteten. Schon in der zweiten Jahreshälfte 1944 wurden Tausende von Untergrundkämpfern aus den zu Kriegsbeginn der Sowjetunion einverleibten Gebieten und aus dem sogar von Moskau als zu Polen gehörend anerkannten, von der Roten Armee besetzten Raum zwischen Bug und Weichsel in die Lager verschleppt. Viele andere wurden ermordet, verhaftet oder interniert. Der Terror ging nach der Besetzung der übrigen polnischen Gebiete in den ersten Monaten des Jahres 1945 weiter. Er hörte auch nicht auf, als die von den Kommunisten dominierte »Regierung der Nationalen Einheit«, in die auf Druck der Westmächte nichtkommunistische Exil- oder Untergrundpolitiker aufgenommen werden mußten, proklamiert worden war.

Ein anderes Land, in dem die Verfolgungen zu Beginn ein riesiges Ausmaß annahmen, war Jugoslawien. Als Kollaborateure wurden nicht nur all diejenigen eingestuft, die tatsächlich mit den Deutschen und Italienern gemeinsame Sache gemacht hatten (vor allem die kroatischen Ustascha, die unter dem Schutz der Achsenmächte während des Krieges ihren eigenen Staat errichtet hatten). Genauso behandelt wurden die Mitglieder der serbischen nationalistischen und monarchistischen Widerstandsbewegung, die Tschetniks, die, von den Kommunisten bekämpft, in der letzten Kriegsphase zu beträchtlichen Kompromissen mit den deutschen Besatzern bereit gewesen waren.

Die zweite Regel für die kommunistischen Umwälzungen hieß: möglichst (unterschiedlich benannte) »Fronten« oder »Blocks« (Nationale, Demokratische und ähnliches) zu schaffen. Darin sollten die schon bestehenden oder von den Kommunisten zumindest konzipierten Nationalen Fronten aus den Kriegsjahren ihre Fortsetzung finden. In diese »Fronten« nahmen die Kommunisten auch von ihnen gesteuerte Zwergparteien und verschiedene Gewerkschaften, Frauen- oder Jugendorganisationen auf, um auf diese Weise das Übergewicht über die nichtkommunistischen Partner zu gewinnen. Diese »Fronten« siegten in den Wahlen oder Referenden, wobei die Abstimmungsergebnisse oft zu ihren Gunsten gefälscht wurden.

Am erfolgreichsten wandelten die jugoslawischen Kommunisten im August 1945 die von ihnen angeführte antifaschistische Bewegung in die Volksfront Jugoslawiens um, die sie völlig dominierten. Als sie im November desselben Jahres die Wahlen gewannen, wurde jegliche politische Aktivität außerhalb der Front verboten. In Albanien wurde im August 1945 die Demokratische Front gebildet, und im Dezember wurden Wahlen durchgeführt. In Bulgarien wies die schon während des Krieges gegründete Vaterländische Front zwar ein breites politisches Spektrum auf, wurde allerdings gleichfalls von den Kommunisten beherrscht. Im November 1945 gewann die Front die Wahlen (die Kommunisten wurden allerdings bezichtigt, die Wahlergebnisse gefälscht zu haben).

Beträchtlich schwächer war die Stellung der National-Demokratischen Front in Rumänien (die im Mai 1946 in den Block der Demokratischen Parteien umgewandelt wurde) und des Demokratischen Blocks in Polen. Folglich wurden die Wahlen vertagt. Schließlich fanden sie in Rumänien im November 1946 statt. In Polen hingegen wurde nach dem Referendum vom Juni 1946 erst im Januar des darauffolgenden Jahres gewählt. In beiden Ländern waren Terror und Wahlbetrug an der Tagesordnung. Daß die Wahlen in diesen Ländern aufgeschoben wurden, stand in gewisser Hinsicht in Zusammenhang mit der Situation in Ungarn, wo es im November 1945 den Kommunisten weder gelungen war, eine »Front« zu bilden, noch die Wahlergebnisse wirksam zu fälschen. Im Ergebnis mußten sie eine haushohe Niederlage einstecken.

Anders wiederum entwickelte sich die Lage in der Tschechoslowakei. In der Nationalen Front hatten sich alle Parteien zusammengeschlossen. Allerdings basierte sie in erster Linie auf dem Zusammenwirken der kommunistischen Partei mit der größten nichtkommunistischen politischen Autorität im Lande, Präsident Edvard Beneš, der selbst ein Befürworter einer engen Verständigung mit der Sowjetunion war. Bei den Parlamentswahlen im Mai 1946 durften die Bürger für eine konkrete Partei stimmen (es gab also nicht wie in anderen Ländern – von Ungarn einmal abgesehen – die von den Kommunisten beherrschte »Front-« oder »Blockliste«). Besonderer Druck wurde nicht ausgeübt, und auch größere Wahlfälschungen kamen nicht vor. Die Kommunisten gingen als die stärkste Partei daraus hervor und übernahmen die Führung in der Koalitionsregierung. Ähnlich wie in Jugoslawien und Bulgarien trug hier die in diesen Ländern traditionelle Sympathie für Rußland und die Russen zur Popularität der Kommunisten bei.

Als dritte Regel wurden die Parteien, die einer entsprechenden »Front« oder einem »Block« beizutreten ablehnten oder, wenn sie dazugehörten, in ihnen die Vorherrschaft der Kommunisten in Frage stellten, zerschlagen. Teilweise geschah das bereits vor den ersten Parlamentswahlen, endgültig aber anschließend. Dabei bediente man sich allerlei Vorwürfe wie Kollaboration mit den Deutschen, Verrat, Spionage oder Diversion. Massenverhaftungen setzten ein, drakonische Urteile wurden gefällt (einschließlich vollstreckter Todesurteile), ganze Landstriche wurden »befriedet« oder heimtückische Morde verübt.

In Jugoslawien hatte der von den Westmächten in Jalta diktierte Kompromiß, wonach Vertreter aus dem nichtkommunistischen Exil im Westen als Mitglieder in der von den Kommunisten beherrschten jugoslawischen Regierung zugelassen werden sollten, nicht lange Bestand. Schon nach den Wahlen vom November 1945, die von den Gegnern einer kommunistischen Herrschaft boykottiert wurden, wurde der in London weilende König entthront. In den nächsten beiden Jahren wurden die von den Kommunisten unabhängigen Gruppierungen zerschlagen. In Albanien lief alles viel unkomplizierter ab, denn außer den Kommunisten waren keinerlei sonstige Parteien aktiv.

In Bulgarien geriet die Vaterländische Front im Frühjahr 1946 in die Krise; zugleich wurde der Druck auf alle die dominierende Stellung der Kommunisten in Frage stellenden Parteien verstärkt. Nach der Volksabstimmung im September 1946 wurde die Monarchie abgeschafft. Im Oktober fanden in einem Klima allgemeinen Terrors die nächsten Parlamentswahlen statt. Im darauffolgenden Jahr liquidierten die siegreichen Kommunisten die Opposition, ließen deren hervorragendsten Wortführer, Nikola Petkov, zum Tode verurteilen und das Urteil vollstrecken.

Ganz ähnlich rollte das Szenario nach den Wahlen in Rumänien ab. Zuerst wurden die Oppositionsparteien, die es ablehnten, in den von den Kommunisten dominierten Block einzutreten, beseitigt und ihre Führer eingekerkert. Die dem Block angehörenden Parteien, die daraufhin Schlimmes ahnten, wurden weich geknetet. Im Dezember 1947 schlug auch hier die Stunde für das Ende der Monarchie.

In Ungarn strebten die Kommunisten nach einer Revanche für die Wahlniederlage. Im Verlaufe des Jahres 1946 gelang es ihnen, eine

Kooperation mit den Sozialdemokraten und einigen kleineren Parteien im Linksblock herbeizuführen; in ihrem Kampf gegen die in der Regierung stärkste Kleinlandwirte-Partei konnten sie darüber hinaus mit der Unterstützung des von den Kommunisten geführten Innenministeriums und sogar direkt der sowjetischen Besatzungsmacht rechnen. Politiker, die als Gegner der Kommunisten galten, wurden verhaftet. Als sich Premierminister Ferenc Nagy im April 1947 zu einem Besuch im Ausland aufhielt, wurde er der Teilnahme an einer antisowjetischen Verschwörung bezichtigt und damit ins Exil gezwungen. In einem Klima des Terrors und durch Wahlbetrug brachten die Wahlen im August 1947 dem Linksblock den Sieg. In nur wenigen Monaten wurden daraufhin die Oppositionsparteien entweder zerschlagen oder zur Unterwerfung gezwungen.

Nach den ebenfalls in einer Atmosphäre des Terrors verlaufenden gefälschten Januar-Wahlen von 1947 konnten die Kommunisten in Polen ihre Politik, alle unabhängigen Gruppierungen auszuschalten, erfolgreich zu Ende führen. Massenverhaftungen war die bäuerliche Polnische Volkspartei ausgesetzt. Im Oktober sah sich ihr Führer, Stanisław Mikołajczyk, gezwungen, das Land bei Nacht und Nebel zu verlassen – eine Entscheidung, zu der die Meldungen über Prozesse und Urteile aus den anderen von den Kommunisten beherrschten Staaten beitrugen. Das Parteiruder übernahmen nun Politiker, die bereit waren, sich den Kommunisten zu unterwerfen.

Als letzte wurden die selbständigen nichtkommunistischen Parteien in der Tschechoslowakei beseitigt. 1947 gingen die Kommunisten in die Offensive, um die Wirkungsmöglichkeiten ihrer bisherigen Koalitionspartner in der Regierung zu beschneiden. Ihren ersten entschiedenen Angriff starteten sie im Herbst 1947 in der Slowakei, wo sie ihren im Vergleich zum tschechischen Landesteil schwächeren Stand aufbessern wollten. Mit Hilfe von Beweismaterial, das von dem kommunistisch kontrollierten Innenministerium vorgelegt wurde und eine angebliche antistaatliche Verschwörung aufdeckte, konnten sich die Kommunisten erfolgreich durchsetzen. Daraufhin bereitete man sich auf die Auseinandersetzung mit den nichtkommunistischen Gruppierungen im tschechischen Landesteil vor.

Das Vorgehen der Kommunisten hatte den Charakter eines Staatsstreichs.[46] Trotz der Proteste der übrigen Parteien wurden im Innenministerium personelle Umbesetzungen vorgenommen, wodurch es noch stärker ins Fahrwasser der kommunistischen Partei geriet. Die meisten der sich dadurch brüskiert fühlenden nichtkommunistischen Minister in der Regierung traten daraufhin zurück. Als Antwort wurde eine bewaffnete »Volksmiliz« gegründet. Gleichzeitig brachten die Kommunisten von ihnen organisierte Massen auf die Straßen. Besonders im tschechischen Landesteil besaßen die Kommunisten damals eine entschiedene Übermacht in den großstädtischen Arbeiterbezirken. Unter dem Druck der Kommunisten wich Präsident Beneš zurück und stimmte einer Regierungsumbildung zu. In den unterlegenen nichtkommunistischen Parteien übernahmen kompromißbereite Politiker das Ruder. Viele Gegner der Kommunisten wurden verhaftet. Andere flüchteten in den Westen.

Die Situation in der Sowjetischen Besatzungszone Deutschlands besaß aus zweierlei Gründen einen spezifischen Charakter. Einerseits griff die sowjetische Besatzungsmacht direkt in das politische Leben ein, erließ Haftbefehle und verbot bestimmte Aktivitäten oder Veröffentlichungen. Viele gefährdete demokratische Politiker flohen in die westlichen Besatzungszonen. Auf diese Weise wurde den Kommunisten bis 1947 das völlige Monopol auf politische Aktivität gewährleistet. Versuche anderer Parteien, eigenes Profil an den Tag zu legen, wurden im Keim erstickt. Andererseits wurde im Ostteil Deutschlands die Reihenfolge des Vorgehens umgedreht, denn schon im April 1946 wurden die Sozialdemokraten dazu gezwungen, sich mit den Kommunisten zu vereinen und damit praktisch sich selbst zu beseitigen.

Die vierte Regel der »Salamitaktik« lautete nämlich, daß meist die Sozialisten oder Sozialdemokraten am längsten als Partner akzeptiert wurden. Man berief sich dabei auf die Gefühle der 30er Jahre mit ihren Volksfront- und Einheitsfrontlosungen (das geschah allerdings nur, soweit sie über ernsthafteren Einfluß verfügt hatten, denn in Jugoslawien und in Albanien hatten sie überhaupt keine Rolle im politischen Leben gespielt). Allerdings wurde auf die Sozialdemokraten Druck ausgeübt, diejenigen Politiker, die mit den Kommunisten nicht zusammenarbeiten wollten, aus ihren Führungsgremien zu entfernen. In der letzten Etappe wurden dann die sozialistischen Parteien ebenfalls beseitigt und zum Zusammenschluß mit den Kommunisten gezwungen, die ihnen ihre organisatorische und ideologische Führung aufzwangen.

Als Modellfall galt die Beseitigung der Sozialdemokratischen Partei in der Sowjetischen Besatzungszone Deutschlands im Frühjahr 1946, wo man sich bei der erzwungenen Fusion von SPD und KPD auf die Losung von der »Einheit der Arbeiterbewegung« berief. Dem wurde hier wie in einigen anderen Ländern durch die Umbenennung der kommunistischen Partei Rechnung getragen, wobei in der neuen Bezeichnung stets die »sozialistische« oder »Arbeiter«-Einheit besonders akzentuiert wurde (Sozialistische Einheitspartei Deutschlands oder Polnische Vereinigte Arbeiterpartei, Rumänische Arbeiterpartei, Ungarische Partei der Werktätigen). Unverschleiert als kommunistisch bezeichneten sich lediglich die Parteien in den Ländern, in denen die Kommunisten die stärkste Position besaßen (Jugoslawien, Bulgarien, Tschechoslowakei). Überall allerdings galt als ideologische Grundlage der Marxismus-Leninismus und als organisatorische der »demokratische Zentralismus«.

Im Verlaufe des Jahres 1948 wurde in sämtlichen Ländern des sowjetischen Blocks die »Vereinigung der Arbeiterbewegung« verwirklicht. Das Schlußlicht dieses Prozesses bildete Polen im Dezember 1948. Da viele Sozialdemokraten sich nicht mit der Beseitigung ihrer Parteien abfinden wollten, wurden sie verschiedenen Schikanen und Repressalien, vor allem aber »Säuberungen« unterworfen. »Einigungs«-Gegner wurden aus den zentralen und lokalen Parteileitungen entfernt und aus der Partei ausgeschlossen, anschließend nicht selten verhaftet und abgeurteilt.

Schließlich gab es noch eine fünfte Regel: Sowohl in den von Anfang an bekämpften als auch in den zu den »Fronten« gehörenden Parteien, einschließlich der sozialistischen Parteien, versuchten die Kommunisten, Gruppen von Leuten zu bilden, die als ihre Agenten arbeiteten, dort also insgeheim eigene Leute einzuschleusen oder aber Sympathisanten auszumachen, mitunter auch einige Politiker aus diesen Parteien durch Druck, Erpressung oder Bestechung willfähig zu machen. Auf diese Weise ließ sich im geeigneten Augenblick die Führung der Partei übernehmen. Notfalls wurde die widerspenstige Partei beseitigt. Geheimgehalten wurde auch die kommunistische Parteizugehörigkeit einiger angeblich parteiloser Politiker.

Ein gesondertes Kapitel bildeten die sowjetischen Agenten, die direkt von Moskau aus angeleitet wurden, sowohl in den verschiedenen Parteien einschließlich der kommunistischen als auch in staatlichen Institutionen, besonders in den Streitkräften und im Sicherheitsdienst. Viele Partei- und Regierungschefs der Volksdemokratien hatten lange Jahre in der Sowjetunion verbracht, sei es als Funktionäre der Kommunistischen Internationale, sei es als Angehörige von Parteiführungen im Exil oder als Flüchtlinge. Als Emigranten waren sie in der Regel von den sowjetischen Sicherheitsorganen überwacht worden.

In den Jahren der kommunistischen Machtübernahme und -ausübung unterstützten zahlreiche, formal nichtkommunistische (oder ihre wahre Parteizugehörigkeit verschweigende) Politiker die Kommunisten oder unterwarfen sich ihren Befehlen. In Polen verhehlten Präsident Bolesław Bierut und Verteidigungsminister Michał Żymierski ihre KP-Mitgliedschaft. In den Leitungsgremien der kleineren, dem Demokratischen Block angehörenden Parteien saßen Vorkriegskommunisten. Sogar unter den sozialistischen Spitzenpolitikern befanden sich getarnte Kommunisten. Mit Drohungen oder Erpressungen wurden einige Oppositionspolitiker fügsam gemacht und anschließend an den Schalthebeln ihrer Parteien eingesetzt.

Nicht anders sah es in den übrigen Ländern aus. In Rumänien wurde bereits Anfang 1945 der kommunistenhörige »Bauernführer« Petru Groza Premierminister. Bei der Zerschlagung der Opposition spielten in den einzelnen Parteien gebildete Splittergruppen eine ausschlaggebende Rolle. In Bulgarien war alles auf eine Politik der Spaltung in den Oppositionsparteien ausgerichtet, während in Ungarn dem Politiker der Bauernpartei, Ferenc Erdei, der ein getarnter Kommunist war, die Leitung des Innenministeriums übertragen wurde. Andere Kommunisten agierten als eifrige Sozialdemokraten. In der Tschechoslowakei hatten der sozialdemokratische Ministerpräsident, ab Mai 1946 Vizepremier (vielleicht vorher als Botschafter seines Landes in Moskau vom sowjetischen Geheimdienst angeworben), Zdeněk Fierlinger, und der bis 1948 formal keiner Partei angehörende Minister für Nationale Verteidigung, General Ludvik Svoboda, der im Krieg das an der Seite der Roten Armee kämpfende Tschechoslowakische Korps befehligt hatte, Schlüsselfunktionen inne.

Bis heute ist nicht ganz geklärt, ob in Moskau (denn dort wurden die grundsätzlichen Entscheidungen gefällt) von Anfang an ein langfristiger Plan existierte, im Ostteil Europas das kommunistische System nach sowjetischem Vorbild einzuführen. Die unter der sowjetischen Hegemonie stehenden Länder wurden als Volksdemokratien bezeichnet, womit der Unterschied ihres politischen und wirtschaftlichen Systems zu dem der Sowjetunion hervorgehoben werden sollte.[47] Zwar wurde der Begriff »Volksdemokratie« bis zum Zusammenbruch des Kommunismus verwendet, doch hörte man bald auf, die Unterschiedlichkeit zum sowjetischen oder sozialistischen System zu betonen, unterstrich vielmehr die grundlegenden Ähnlichkeiten.

Jedenfalls knüpften die sozialen und ökonomischen Umwälzungen in den Ländern des sowjetischen Blocks anfangs nicht ausdrücklich an sowjetische Vorbilder an. Überall wurden radikale Bodenreformen durchgeführt; der Großgrundbesitz wurde unter Landarbeiter und Bauern verteilt. Ebenfalls überall, wenngleich in unterschiedlichem Tempo, wurden zwischen 1945 und 1947 die Großindustrie und die Banken, daneben aber auch ehemals deutscher Besitz und das Eigentum von Kollaborateuren sowie das der ermordeten jüdischen Familien nationalisiert. In Privathand blieben im allgemeinen die Landwirtschaft, das mittlere und kleine Gewerbe und der Handel. Offiziell galt die Doktrin einer beständigen dreisektoralen Wirtschaftsstruktur: staatlich, genossenschaftlich und privat.

Noch deutlicher war der Unterschied im Bereich der Kultur- und Wissenschaftspolitik der »volksdemokratischen« Länder. Die Zensurbeschränkungen hatten hier ausschließlich politischen Charakter. Toleriert wurden verschiedenartige Kunstströmungen und wissenschaftliche Auffassungen, auch solche, die weit vom »sozialistischen Realismus« oder vom Marxismus-Leninismus entfernt waren. Die Kirchen erfreuten sich weitgehender Freiheit, was ihre religiöse Tätigkeit anging, sofern sie sich nicht in die Politik einmischten.

Bereits 1947 gab es erste Anzeichen dafür, daß man sich in Moskau für eine Sowjetisierung der Politik und der Wirtschaft sowie des gesellschaftlichen und kulturellen Lebens in den unterworfenen Ländern entschieden hatte. Zweierlei Gesichtspunkte waren dafür vor allem maßgebend: einmal die Entwicklung der internationalen Lage und zum anderen die innenpolitische Situation in der Sowjetunion.

Unmittelbar nach Kriegsende rivalisierten in Moskau zwei grundlegende Tendenzen miteinander. Erstere griff auf die kommunistische Tradition zurück: Man hoffte, der Kommunismus werde sich in Europa weiter ausbreiten, sein Einfluß werde unter den Bedingungen einer noch aufrechterhaltenen Zusammenarbeit zwischen der UdSSR und ihren Kriegsverbündeten zunehmen und die Weltrevolution später sich vollenden. Die zweite Tendenz knüpfte an die imperialen Traditionen Rußlands an: Ziel war es, die sowjetische Herrschaft in strategisch und politisch wichtigen Räumen aufzubauen und vor allem zu festigen.

Die Hoffnungen auf eine weitere Ausbreitung des Kommunismus waren durchaus nicht ohne Grundlage. Bei den Parlamentswahlen konnten die kommunistischen Parteien erhebliche Stimmengewinne verzeichnen. Für die italienischen Kommunisten stimmten 19 %, für die französischen 29 %, für die finnischen 24 % und für die belgischen 13 %. In den skandinavischen Ländern und in Holland vereinten sie 10 bis 13 % der Stimmen auf sich, sogar in der Schweiz und in Österrreich erreichten sie mehr als 5 %.

Ihre erste Niederlage erfuhr diese revolutionäre Tendenz in Griechenland. Gegen Kriegsende hatten die Kommunisten dort in der Widerstandsbewegung das Übergewicht erlangt. Nach der Landung der britischen Truppen Ende 1944 widersetzten sie sich der Einsetzung einer nichtkommunistischen Regierung unter deren Schutz. Als sie sich nicht durchsetzen konnten, begannen sie 1946 einen drei Jahre dauernden Bürgerkrieg. Die Sowjetunion war jedoch zu sehr damit beschäftigt, ihren Block zu zementieren, als daß sie dazu bereit gewesen wäre, sich gegen ihren Alliierten von gestern zu engagieren. Deshalb endete dieser Krieg mit einer vollkommenen Niederlage der Kommunisten.

In Frankreich und Italien beteiligten sich die Kommunisten an Koalitionsregierungen. Mit ihrer Konzeption einer dauerhaften Zusammenarbeit zwischen den Siegermächten standen sie ebensowenig allein wie mit ihrer Meinung, das sozialökonomische Gefüge müsse auf einer umfassenden Verstaatlichung aufgebaut werden (wenngleich sie hierbei erheblich radikaler waren als die Sozialdemokraten und viele Christdemokraten). Im Mai 1947 mußten sie allerdings aus den Regierungen beider Länder ausscheiden. Das geschah nicht ohne Zutun der amerikanischen Politik, die schon seit 1946 das Ziel verfolgte, der sowjetischen und kommunistischen Expansion Einhalt zu gebieten, einen »Kalten Krieg« in Europa zu beginnen und eine Gemeinschaft von Staaten zu bilden, die sich auf die Prinzipien der Demokratie und freien Marktwirtschaft stützten.

Von noch größerer Tragweite war die Entwicklung der Situation in Deutschland. Entgegen den sowjetischen Hoffnungen und trotz Anfangserfolgen gelang es den Kommunisten nicht, in den westlichen Besatzungszonen eine stärkere Position zu gewinnen. Dazu trugen die Meldungen vom brutalen Besatzungsregime der sowjetischen Zone ebenso bei wie seit 1946 die amerikanischen und englischen Bemühungen, Deutschland in der sich abzeichnenden Front des »Kalten Krieges« auf die westliche Seite zu ziehen, die mit zahlreichen Maßnahmen verbunden waren, dort um Sympathie zu werben.

In Moskau setzte sich die imperiale Tendenz durch. Da die Hoffnungen auf einen Erfolg der Kommunisten außerhalb der sowjetischen Einflußsphäre scheiterten, ging man zur totalen Sowjetisierung dieser Länder über. Einen weiteren Grund stellten bestimmte Tendenzen in der Innenpolitik der Sowjetunion nach dem Krieg dar sowie der Wunsch, allzu krasse Unterschiede zwischen den Lebensbedingungen im eigenen Land und denen in denjenigen Ländern, in denen Hunderttausende sowjetischer Soldaten stationiert waren, zu vermeiden.

Zwar ging das kommunistische System aus dem Krieg gestärkt

als Sieger hervor, und Stalin konnte sich einer abgöttischen Popularität erfreuen. Trotzdem war die sowjetische Führung über einige Dinge höchst beunruhigt. Die wirtschaftliche Lage war katastrophal. Daran konnten nicht einmal die mit extremen Methoden eingetriebenen Kriegskontributionen aus den Gebieten Deutschlands und dessen ehemaliger Bündnisstaaten etwas ändern. In der Ukraine gingen wiederum die Menschen massenhaft am Hunger zugrunde.

Am meisten beunruhigte die sowjetische Führung die Tatsache, daß während des Krieges die Bevölkerung in erheblichem Maße mit den deutschen Besatzungsbehörden zusammengearbeitet hatte. Kollaborateure wurden nach wie vor mit dem Tode bestraft oder ins Lager geschickt. Ebenso harte Strafen trafen die Soldaten, die von den Deutschen aus Kriegsgefangenen oder der Bevölkerung der besetzten Gebiete rekrutiert worden waren. Sie waren aus Angst vor Bestrafung nach Westen geflüchtet, wurden jedoch 1945 von den Engländern und Amerikanern an die sowjetischen Verbündeten ausgeliefert.

Man scheute sich nicht, ganze Völker, die des Verrats beschuldigt wurden, kollektiv zur Verantwortung zu ziehen und sie aus ihrer angestammten Heimat in den asiatischen Teil der Sowjetunion umzusiedeln.[48] Hunderttausende wurden auch aus den 1939 und 1940 der Sowjetunion einverleibten Gebieten (jene Gebiete, die früher zu Polen und Rumänien gehörten, sowie die baltischen Staaten) verschleppt. Dies war oft nicht etwa als Strafe für eine eventuelle Kollaboration gedacht, sondern diente eher dazu, den Widerstand gegen die Kollektivierung und die Schließung der Kirchen zu brechen.

Ebensowenig blieben die sowjetischen Kriegsgefangenen, die die deutschen Gefangenenlager lebend überstanden hatten, oder die sowjetischen, nach Deutschland verschleppten Zwangsarbeiter verschont. Man befürchtete, sie könnten berichten, daß sie – sogar unter solchen Bedingungen – einen ganz anderen Lebensstil und ein anderes Wirtschaftsniveau kennengelernt hätten. In den letzten Kriegsmonaten, nachdem die Rote Armee die sowjetischen Grenzen überschritten hatte, wurden die Offiziere und Soldaten bespitzelt, um herauszufinden, ob Kritik über das kommunistische

System geäußert werde. Verdächtige wurden direkt von der Front ins Lager verschickt (wie zum Beispiel Solschenizyn).

Unmittelbar nach Kriegsende setzte eine ideologische Offensive ein, die möglichen Illusionen intellektueller Kreise vorbeugen sollte, daß man sich in der Atmosphäre des Sieges und dem Gefühl der Geschlossenheit eine größere Meinungsfreiheit erlauben könne. Die führende Rolle spielte hierbei der Sekretär des Zentralkomitees der Partei, Andrej Schdanow, der zwischen 1946 und 1948 rücksichtslos Schriftsteller, Philosophen und Musiker für Abweichungen vom Marxismus-Leninismus und dem sozialistischen Realismus maßregelte.[49] Zwar rollten keine Köpfe, aber Verlagspolitik und Zensur taten das Ihrige, um den Anordnungen der Partei unbedingtes Gehör zu verschaffen. Später wurde dieser Stil, mit Wissenschaft und Kultur umzugehen, als »Schdanowismus« (*Schdanowschtschizna*) bezeichnet.

Anders wurde vorgegangen, um die Rolle der höchsten militärischen Befehlshaber zu beschneiden, denn viele von ihnen hatten während des Krieges persönliche Popularität gewonnen, die nicht auf dem Abglanz Stalins als bloße Vollstrecker von dessen Befehlen beruhte. Diesmal entschied man sich nicht für eine Neuauflage der Repressionen im Stil der 30er Jahre, vielleicht, weil die Kriegserinnerungen der Bevölkerung noch frisch waren, vielleicht aber auch, weil man aus den Niederlagen zu Beginn des Krieges die Lehre gezogen hatte und es notwendig erschien, sich auf einen eventuellen neuen Konflikt vorzubereiten. Die populärsten Marschälle schwieg man in der offiziellen Propaganda jedoch tot, und der einzige, der mit seinem Ruhm für Stalin hätte bedrohlich werden können, Marschall Georgi Schukow, wurde auf einen zweitrangigen Posten abgeschoben.

Da die Volksdemokratien für lange Zeit ein Gebiet werden sollten, in dem sowjetische Truppen stationiert bleiben würden, die dann zwangsläufig in Kontakt mit der einheimischen Bevölkerung und deren Lebensstil kommen würden, mußte im Interesse eines inneren Friedens der Sowjetunion diese Bevölkerung kommunistisch indoktriniert und ihre Lebensbedingungen an die sowjetischen angeglichen werden. Eine gewisse Beunruhigung lösten in Moskau Anzeichen einer Selbständigkeit der kommunistischen Parteispitzen in Ost und West aus. Da sich der »Kalte Krieg« zuspitzte, mußten die Reihen geschlossen und auf eine Linie gebracht werden.

Mit dieser Zielsetzung wurde im September 1947 in Polen in Szklarska Poręba (Schreiberhau im Riesengebirge) eine Konferenz der Führer von neun europäischen kommunistischen Parteien einberufen, aus der Sowjetunion, Bulgarien, Jugoslawien, Polen, Rumänien, der Tschechoslowakei, Ungarn sowie Frankreich und Italien. Sie beschlossen, das Informationsbüro der Kommunistischen und Arbeiterparteien (später landläufig Kominform genannt) zu gründen. Als Sitz seines Sekretariats und der Redaktion seines Wochenblattes »Für dauerhaften Frieden, für Volksdemokratie«, das ein gemeinsames Sprachrohr für die Kommunisten der ganzen Welt darstellen sollte, wurde Belgrad bestimmt.

Die jugoslawische Partei unterstrich damals besonders eifrig die Notwendigkeit, die sowjetischen Vorbilder nachzuahmen und die internationale Aktivität der Kommunisten zu koordinieren. Befürchtungen, daß die Gründung einer neuen Zentrale die (ohnehin geringfügige, da weiterhin durch den auf Moskau ausgerichteten Zentralismus beschnittene) Selbständigkeit der Parteien einschränken würde, regten sich vor allem bei den westeuropäischen und polnischen Kommunisten. Die Beschlüsse der Konferenz sahen nur eine Informations- und – »falls notwendig« – Koordinierungsfunktion des Büros vor.

Die letzten Jahre des Stalinismus

In den ersten Nachkriegsjahren stellten die Verfolgungen in der Sowjetunion keine »Säuberungen« des eigenen Apparats wie in den 30er Jahren dar. Ab 1948 änderte sich das, obwohl niemand an Stalins Führungsanspruch rüttelte und er keinerlei Rivalen zu befürchten brauchte. Man glaubte jedoch, eine Atmosphäre der Gefährdung heraufbeschwören zu müssen, um damit die Entbehrungen und den niedrigen Lebensstandard zu rechtfertigen. Mit Zuspitzung des »Kalten Krieges« erhielt die Rüstung einen immer größeren Stellenwert. Vor allem ging es darum, eigene Kernwaffen zu produzieren. Diese Bemühungen waren 1949 erfolgreich, wenngleich es erst 1953 gelang, den nächsten Rückstand mit dem Bau der sowjetischen Wasserstoffbombe aufzuholen. Nachdem die Blockade Berlins vom Juni 1948 bis zum Mai 1949 gescheitert war, kam es jedoch zu keinerlei direkten Konflikten in Europa mehr. Allerdings belastete der auf Stalins Betreiben 1950 vom Zaun gebrochene Krieg im fernen Korea das Klima.

Ein weiterer Grund für erneute »Säuberungen« waren die zunehmenden Konflikte zwischen einzelnen Fraktionen innerhalb der Partei. In diesen Auseinandersetzungen ging es darum, sich eine günstige Ausgangsposition für die Nachfolge des schon über 70 Jahre alten Diktators zu sichern. Dabei benützte man sein ewiges Mißtrauen oder, wie einige meinen, seinen krankhaften Verfolgungswahn.

Nach dem überraschenden Tod Schdanows 1948 wurden dessen wichtigste Mitarbeiter, so der die Wirtschaftspolitik leitende Nikolai Wosnessenski und andere Funktionäre der sogenannten Leningrader Gruppe, verhaftet und hingerichtet. Den Nutzen daraus zogen in erster Linie der an Schdanows Stelle aufrückende ZK-Sekretär und Vizepremier Georgi Malenkow sowie der für die Sicherheitsorgane zuständige Vizepremier Lawrenti Berija.

In den darauffolgenden Jahren verstärkte sich in der Sowjetunion eine zunächst ohne größeres propagandistisches Aufsehen begonnene, allmählich jedoch immer lautstärkere antisemitische Kampagne (oder, wie es offiziell hieß, der »Kampf gegen Kosmopoliten und Zionisten«). Man bediente sich des Antisemitismus, um die Verantwortung für sämtliche Mißerfolge und vor allem für den niedrigen Lebensstandard der breiten Bevölkerung auf eine erfundene jüdische Diversion abzuwälzen. Die Juden sollten die gleiche Funktion erfüllen wie in den 30er Jahren die Trotzkisten – als verschwörerische feindliche Agenten. Die antisemitische Kampagne erreichte 1952 ihren Höhepunkt, als gegen herausragende Vertreter der jüdischen Kultur in der Sowjetunion Todesurteile vollstreckt wurden und Anfang 1953 gegen eine Gruppe von Regierungsärzten öffentlich die Anklage erhoben wurde, führende Parteipolitiker, unter anderem Schdanow, vergiftet und weitere Mordanschläge, darunter auf Stalin, vorbereitet zu haben (die sogenannte Verschwörung der Kreml-Ärzte).

Der Antisemitismus wurde darüber hinaus gezielt eingesetzt gegen Politiker, die entweder selber jüdischer Herkunft oder mit Personen jüdischer Herkunft familiär verbunden waren, um sie zu entmachten und einer »Verrätern« und »Agenten« zukommenden Behandlung zu unterwerfen. Der Antisemitismus sollte demnach eine breitangelegte »Säuberung« auf der Führungsebene befördern, und davon sollten auch solche Politiker erfaßt werden, die überhaupt nichts mit dem Judentum zu tun hatten.

1948 setzte eine fünf Jahre dauernde Phase ein, die auf eine erneute radikale Zentralisierung des Kommunismus hinauslief. Als wichtiges Aktionsfeld waren diesmal jedoch zur Sowjetunion die von ihr dominierten Satellitenstaaten hinzugekommen. Mit weiteren Erfolgen einer europäischen Revolution rechnete man schon nicht mehr. Daher sollte den westlichen Kommunisten lediglich eine dienende Rolle im »Kalten Krieg«, der ja auf längere Sicht zu einem bewaffneten Konflikt führen konnte, zukommen. Ihre Aufgabe sollte es sein, die Widerstandskraft der europäischen Staaten gegenüber der Sowjetunion zu schwächen und die Geschlossenheit des von den Vereinigten Staaten dominierten westlichen Bündnisses zu untergraben.

Unter den volksdemokratischen Ländern, auf deren vollkommene Unterwerfung die sowjetische Politik abzielte, stand Jugoslawien an erster Stelle, handelte es sich doch um das einzige Land, in dem die einheimischen Kommunisten ohne direkte sowjetische Hilfe an die Macht gekommen waren. In Jugoslawien waren keine sowjetischen Truppen stationiert (ähnlich verhielt es sich diesbezüglich nur in der Tschechoslowakei), und Parteichef Josip Broz-Tito erfreute sich in seiner Partei und im ganzen Lande ungeheurer Beliebtheit. Zu gewissen Spannungen war es zwischen Moskau und Belgrad bereits seit 1945 gekommen, aber die jugoslawische Partei betonte ständig ihre Treue zur Sowjetunion und ihre Bereitschaft, deren Vorbild zu folgen.

Anfang 1948 allerdings spitzte sich die Lage zu, als sowjetische Berater (gewiß nicht ohne die entsprechenden Anweisungen aus ihrer Zentrale) versuchten, sich in die jugoslawische Politik einzumischen. Im Gegenzug beschnitt die jugoslawische Partei ihnen ihre bisherige Handlungsfreiheit, woraufhin die Sowjetunion unverzüglich reagierte und sie abzog. All das geschah, ohne daß darüber eine Information an die Öffentlichkeit gedrungen wäre, während gleichzeitig zornige vertrauliche Schreiben aus Moskau diese Maßnahmen begleiteten. Darin wurden immer neue politische und ideologische Vorwürfe erhoben, obwohl eigentlich nur die allzu große Selbständigkeit Titos und seiner Führungsriege Gegenstand des Streites war.

Im Juni 1948 wurde eine Kominform-Sitzung nach Bukarest einberufen, auf der man sich mit der Führung der jugoslawischen Kommunisten auseinandersetzen wollte. Diese lehnte es jedoch ab, zu den Beratungen zu erscheinen. Auf Verlangen der sowjetischen Delegation wurden daraufhin die jugoslawischen Kommunisten einstimmig verurteilt. Sie wurden beschuldigt, unter trotzkistischem Einfluß zu stehen und in ihrer Partei die demokratischen Prinzipien zu verletzen (als ob letztere in den anderen Ländern eingehalten worden wären).[50] In Moskau spekulierte man darauf, daß sich im traditionell prorussischen Jugoslawien die kommunistische Partei, die schon mehrere stalinistische »Säuberungen« hinter sich hatte und sich ständig auf das Beispiel der Sowjetunion berief, von sich aus ihrer Führungsspitze, die ja Stalins Vertrauen unwürdig war, entledigen würde.

Doch nichts dergleichen geschah. Ganz im Gegenteil, der Konflikt spitzte sich zu. Schrittweise vollzogen die jugoslawischen Kommunisten eine Annäherung an die westlichen Staaten und konnten dank ihrer Wirtschaftskontakte zu ihnen (einschließlich Waffenlieferungen) den vollkommenen Abbruch der Beziehungen zum Sowjetblock überstehen. Alle anderen kommunistischen Parteien warfen ihnen in immer heftigerer Form »Titoismus«, Verrat, Diversion, Faschismus und eine Handlangerrolle für die Imperialisten im »Kalten Krieg« vor.

Die nunmehr isolierten jugoslawischen Kommunisten begannen allmählich, in manchen Bereichen vom stalinistischen Kommunismusmodell abzurücken, wenngleich weder im Staat noch in der Partei demokratische Praktiken Einzug hielten. Als einer der maßgeblichen Politiker, Milovan Djilas, begann, öffentlich das Einparteiensystem zu kritisieren, und vorschlug, eine pluralistische Demokratie einzuführen und abzusichern, wurde er 1954 aus der Partei ausgeschlossen und ein Jahr später eingekerkert. Immerhin wurde aber ein exzessiver Zentralismus vermieden. Ab 1950 wurde die Verwaltung der Wirtschaft dezentralisiert und die Betriebsleitung den Arbeiterselbstverwaltungen übertragen. Später wurden auch die Kompetenzen der territorialen Selbstverwaltung erheblich ausgebaut. Damit wurde die Rolle der zentralisierten Partei eingeschränkt, die sich 1952 in Bund der Kommunisten umbenannt hatte. Unangetastet allerdings blieb die Führungsrolle Titos, dessen Autorität aufgrund seines erfolgreichen Widerstands gegen die Angriffe aus Moskau nur noch stärker wuchs.

Anders sah die Entwicklung in den übrigen Volksdemokratien aus. Die Wirtschaftspolitik wurde vollkommen umgekrempelt. Unter Berufung auf die sowjetischen Erfahrungen begann man einen forcierten Ausbau der Schwerindustrie. Damit ging zugleich eine weitgehende Militarisierung der Produktion einher, denn das Potential des gesamten Blocks sollte bei einem eventuellen künftigen weltweiten Konflikt entsprechend genutzt werden.

Das Kominform ordnete ebenfalls an, in sämtlichen Ländern des Sowjetblocks daranzugehen, privates Eigentum aus allen Bereichen der Wirtschaft zu verdrängen, besonders aber mit der Kollektivierung der Landwirtschaft zu beginnen. Gelang die Verstaatlichung des Handels, des Kleingewerbes und des Handwerks relativ schnell, so vollzog sich der Wandel in der Landwirtschaft doch erheblich schleppender. In einigen Ländern, speziell in Polen, stieß er auf den entschlossenen Widerstand der Landbevölkerung.

Ein wichtiger Bestandteil der Umwälzungen, die sich seit 1948 im kommunistischen Block vollzogen, stellte die völlige Unterwerfung von Wissenschaft, Kultur und Kunst unter die offizielle Doktrin dar. In der Wissenschaft wurde es verboten, andere Konzepte als die »marxistisch-leninistischen« zu lehren oder gedruckt zu veröffentlichen (was im Grunde genommen nur einen Zweitaufguß von Thesen der sowjetischen Wissenschaft bzw. heimischer Parteiideologen bedeutete). Eine primitiv verstandene Klassenauslegung feierte billige Triumphe, oftmals gepaart mit peinlicher Speichelleckerei gegenüber der historischen Rolle Rußlands und der russischen Wissenschaft. In der Kultur wurde der »sozialistische Realismus« obligatorisch, während moderne Kunstströmungen, waren sie gleich himmelweit von irgendwelcher Politik entfernt, als kapitalistische Degeneration verteufelt wurden.

Die Umwälzungen im sowjetischen Block wurden von einem Teil der Bevölkerung unterstützt, ganz besonders von Intellektuellen, deren Phantasie sich von der Perspektive, eine vollkommene Welt einrichten zu können, verführen ließ, und von einer indoktrinierten Jugend. Diese Gruppen unterstützten den Stalinismus aus ideologischen Beweggründen. Die kommunistischen Parteien konnten sich aber zudem der Unterstützung all jener sicher sein, die entweder mit ihrer Hilfe Karriere zu machen gedachten oder aus Angst vor Verfolgungen und aus Erschöpfung nach so vielen Jahren des Krieges und Wiederaufbaus sich danach sehnten, ein ruhiges Leben führen zu können.

In sämtlichen Volksdemokratien setzte ab 1948 erneut eine massive Verfolgungswelle ein. Dieser Terror der Sicherheitsorgane und des Justizapparats richtete sich überwiegend gegen Angehörige nichtkommunistischer Parteien aus der Vorkriegs-, Kriegs- und Nachkriegszeit und der nichtkommunistischen bewaffneten Widerstandsbewegung gegen die Deutschen, gegen marxismuskritische Intellektuelle, gegen die Geistlichkeit sowie enteignete Privatunternehmer und -eigentümer, insbesondere gegen Bauern, die sich der Kollektivierung widersetzten. Sein Ausmaß war in den einzelnen Ländern unterschiedlich, aber in Ungarn, der Tschechoslowakei und Polen traf er Hunderttausende von Menschen, die verhaftet, in Zwangsarbeitslager gesteckt oder zwangsumgesiedelt wurden.

Ab Mitte 1948 setzten auf Anweisung Moskaus hin in den kommunistischen Parteien »Säuberungen« ein. In Polen verliefen sie besonders dramatisch, weil der Generalsekretär der Partei, Władysław Gomułka, indirekt die völlige Unterordnung unter die Sowjetunion in Frage stellte und seine Vorbehalte gegenüber der vom Kominform diktierten politischen Linie nicht verhehlte. Schon vor der »Vereinigung« mit der sozialistischen Partei äußerte er sich im Juni 1948 kritisch zur kommunistischen Tradition der Zwischenkriegszeit: Sie habe den nationalen Interessen Polens nicht genügend Beachtung geschenkt. Positiv dagegen beurteilte er die sozialistische Tradition jener Zeit.[51] Bedenken hegte Gomułka ebenfalls hinsichtlich einer forcierten Zwangskollektivierung der Landwirtschaft und sogar in bezug auf die Kritik an der jugoslawischen Partei.

Wahrscheinlich hoffte Gomułka, daß er in seiner Parteiführung breitere Unterstützung finden und nach dem Zusammenschluß mit den Sozialisten der größere Selbständigkeit erstrebende Flügel stärker werde. Sicherlich aber war er weit entfernt von Sympathien für demokratische Prinzipien in Partei und Staat. Die schwache Basis, über die der polnische Kommunismus verfügte, bildete die Hauptursache für sein Scheitern. Die polnischen kommunistischen Politiker waren sich darüber im klaren, daß sie ohne sowjetische Rückendeckung nicht viel auszurichten vermochten. Daher wurde Gomułka rasch politisch weitgehend isoliert und nach wenigen Monaten zum Rücktritt gezwungen. Später wurde er verhaftet und ein Prozeß gegen ihn vorbereitet.

Die nächsten »Säuberungen« in der polnischen Partei trafen dann insbesondere die Gruppen, die sich der siegreichen Fraktion des neuen Parteichefs Bolesław Bierut widersetzten oder die aufgrund ihrer Vergangenheit verdächtig waren: Mitglieder des kommunistischen Untergrunds im besetzten Polen, die während der Besatzungszeit Gomułka nahegestanden hatten, oder kommunistische Emigranten, die sich vor oder während des Krieges im westlichen Exil aufgehalten hatten, darunter die ehemaligen Kämpfer der Internationalen Brigaden im Spanischen Bürgerkrieg.

Um die Anklage gegen die eingekerkerten Kommunisten glaubwürdig erscheinen zu lassen, warf man ihnen Verrat und Spionage vor. Dies geschah im Zusammenwirken mit hohen polnischen Militärs, die nach dem Krieg aus dem Westen heimgekehrt und in die polnischen Streitkräfte unter kommunistischer Kommandogewalt übernommen worden waren. Vielen dieser Offiziere wurde der Prozeß gemacht, und in öffentlichen, häufiger aber geheimen Verfahren wurden sie zum Tode oder zu langfristigen Haftstrafen verurteilt. In den Verhören zwang man sie unter Folter, sich gegenseitig und auch kommunistische Politiker, deren Prozesse gerade vorbereitet wurden, zu belasten. Letztendlich kam es jedoch nicht zu einer Verurteilung Gomułkas und seiner Mitarbeiter. Wahrscheinlich lag das vor allem an der Halsstarrigkeit des Exparteichefs, der es ablehnte, irgendein Schuldbekenntnis abzulegen. Ein Schauprozeß mit ihm war unmöglich.

Anders sah das in den übrigen Staaten des sowjetischen Blocks aus, wo hochrangige kommunistische Politiker in Schauprozessen verurteilt wurden und meist die Todesstrafe erhielten. Die Verurteilten legten Geständnisse ab und bestätigten die gegen sie erhobenen Beschuldigungen, selbst wenn sie absurd klangen. Es bleibt oft unklar, nach welchen Kriterien die Angeklagten ausgewählt worden waren. Mitunter traf es führende Politiker, denen Moskau in der Vergangenheit oder Gegenwart allzu große Selbständigkeit vorwerfen konnte. Die »Säuberungen« wurden aber auch von miteinander konkurrierenden kommunistischen Fraktionen in den einzelnen Ländern zur Beseitigung der jeweiligen Gegner benutzt.

In Albanien wurde im Frühjahr 1949 der den jugoslawischen Kommunisten nahestehende Innenminister Koçi Xoxe, gleichzeitig der Hauptkonkurrent des Parteichefs Enver Hoxha, in einem Prozeß hinter verschlossenen Türen zum Tode verurteilt. Andere des Titoismus beschuldigte Funktionäre wanderten hinter Gitter. In Bulgarien, wo bereits die Auseinandersetzungen um die Nachfolge des vom Tode gezeichneten Georgi Dimitrow im Gange waren, wurde Vizepremier Traičo Kostov mit dem Vorwurf, dem Titoismus nahezustehen, kaltgestellt, nach Dimitrows Tod im Juli 1949 eingesperrt und einige Monate später in einem mißglückten Schauprozeß (denn der Angeklagte widerrief sein unter der Folter erpreßtes Geständnis) wegen Spionage, Hochverrats und aller nur erdenklicher Verbrechen zum Tode verurteilt.

Besser gelang der Schauprozeß gegen den ungarischen Außenminister (und früheren Innenminister) László Rajk. Er wurde zusammen mit einigen »Komplizen« des Titoismus, der Spionage und des Hochverrats angeklagt. Dieser Prozeß verlief wie geplant, und der Angeklagte bekannte sich schuldig.[52] Wenngleich Rajk in der Vergangenheit Beziehungen zu den Kommunisten im benachbarten Jugoslawien unterhalten hatte (was man beinahe sämtlichen kommunistischen Politikern vorwerfen konnte), ging es bei diesem Prozeß doch in erster Linie darum, daß Rákosi seine Position als Parteichef festigen wollte. Das Terrorregime erreichte unter diesem Führer der ungarischen Kommunisten ungewöhnliche Ausmaße. Unter den gefolterten Haftopfern befand sich auch ein anderer früherer Innenminister, nämlich János Kádár, dem es in seinem geheimen Prozeß allerdings gelang, seinen Kopf zu retten.

In der Tschechoslowakei wurden ebenfalls gegen eine große Anzahl kommunistischer Politiker Schau- und Geheimprozesse inszeniert. Dabei kreuzten sich politische Motivationen mit Auseinandersetzungen zwischen verschiedenen Fraktionen. Parteichef Klement Gottwald erfüllte darüber hinaus sicherlich auch Moskauer Wünsche, als er die namhaftesten Vertreter der tschechischen und slowakischen kommunistischen Widerstandsbewegung aus der Kriegszeit verhaften ließ, entsprach das doch dem allgemeinen Mißtrauen Stalins gegen diese Kategorie von Politikern. Dazu gehörten unter anderem einer der Führer des slowakischen Aufstands von 1944, Gustáv Husák, und ein Führer des Prager Aufstands von 1945, Josef Smrkovský, der vor seiner Verhaftung noch Mitglied des Präsidiums des Zentralkomitees der Partei gewesen war. Stalins Mißtrauen gegen den zum Tode verurteilten ehemaligen Außenminister Vladimír Clementis hatte seine Ursache darin, daß dessen Lebenslauf einen nicht zu tilgenden Makel aufwies: Er hatte den Ribbentrop-Molotow-Vertrag von 1939 zu kritisieren gewagt.

Viele der in der Tschechoslowakei verhafteten und verurteilten

Kommunisten hatten getreu alle Befehle aus Moskau ausgeführt, und nichts deutete darauf hin, daß sie gedachten, irgendwelche Alleingänge zu wagen. Daß sie Opfer der »Säuberungen« wurden, ist sicherlich vor allem der Initiative Gottwalds zuzuschreiben, der sie bei Stalin denunzierte und dessen Einverständnis für ein Vorgehen gegen sie erwirkte. Zu jenen Opfern gehörten Rudolf Slánský, Generalsekretär der Partei und demnach die Nummer zwei nach Gottwald, der verurteilt und hingerichtet wurde, und dessen Stellvertreterin in der Parteiführung, die zu einer langjährigen Haftstrafe verurteilte Marie Švermová.

Der Schlüssel zur Erklärung der politischen Prozesse gegen die tschechoslowakischen Kommunisten läßt sich meist in einzelnen Details ihrer Lebensläufe finden. Die einen waren Spanienkämpfer gewesen, andere hatten den Krieg im westlichen Exil überstanden. Eine nicht unbedeutende Ursache ist schließlich in der jüdischen Abstammung zu sehen, denn zum ersten Mal im kommunistischen Block häuften sich beim Prozeß gegen die sogenannte Slánský-Gruppe 1952 die öffentlich erhobenen Vorwürfe, Verbindungen zu zionistischen Zentren unterhalten zu haben.[53] Damit wurde das Signal zu einer antisemitischen Kampagne gegeben, die allmählich die Ostblockländer erfaßte.

In bescheidenerem Rahmen hielten sich die innerparteilichen Repressionen in der Sowjetischen Besatzungszone Deutschlands und der 1949 daraus hervorgegangenen Deutschen Demokratischen Republik. Erst nach dem Slánský-Prozeß gingen die ostdeutschen kommunistischen Führer mit Wilhelm Pieck und (dem faktisch, wenn auch nicht offiziell, die Hauptrolle spielenden) Walter Ulbricht an der Spitze gegen den während des Dritten Reiches nach dem Westen emigrierten Franz Dahlem und einige andere Genossen vor. Zu Verhaftungen und Prozessen kam es jedoch nicht mehr.

Eindeutig als fraktionell sind die Auseinandersetzungen zwischen den kommunistischen Spitzenpolitikern in Rumänien zu bezeichnen. Im Februar 1948 gelang es Parteichef Gheorghe Gheorgiu-Dej, seinen gefährlichen Widersacher, den Führer des kommunistischen Untergrunds während des Krieges und späteren Justizminister Lucretiu Patrascanu, zu entmachten. Er wurde des

Titoismus beschuldigt und 1954, als sich in Moskau schon ein Kurswechsel abzeichnete, hingerichtet. Bereits 1952 hatte sich der rumänische Parteichef im Zuge des Kampfes gegen den »Zionismus« seiner anderen Konkurrenten entledigen können, der Außenministerin Ana Pauker und des Vizepremiers Vasile Luca. Es blieb aber nicht mehr genügend Zeit, um den Fall mit einem Prozeß abzuschließen.

Die Autonomie der kommunistischen Führungen in den einzelnen Ländern und der Grad ihrer Abhängigkeit von den Moskauer Direktiven werden in der Literatur unterschiedlich beurteilt. Vieles spricht allerdings dafür, daß wichtigere Entscheidungen zumindest der Bestätigung bedurften. Daneben war die Einmischung der sowjetischen Berater in den Streitkräften und Sicherheitsorganen aus der politischen Praxis überhaupt nicht wegzudenken.[54] Auf einem anderen Blatt steht, daß manch eine Parteiführung besondere Initiative und Übereifer bei der Übernahme der sowjetischen Vorbilder für das eigene Land entwickelte, während andere nur das taten, was von ihnen erwartet und verlangt wurde.

Auch die europäischen kommunistischen Parteien außerhalb des sowjetischen Hegemoniebereichs schwenkten auf den politischen Kurs des »Kalten Krieges« ein. Abgesehen von Frankreich und Italien bedeutete dies jedoch, daß ihr Einfluß zurückging. Eine nennenswerte Rolle spielten die Kommunisten im politischen Geschehen Finnlands, in gewissem Maße auch der skandinavischen Länder und, wenngleich hier in der Illegalität, in Spanien und Griechenland.

Überall betonten sie neben ihrer Unterstützung für den »genialen Führer Stalin« und »die Heimat des Proletariats, die Sowjetunion« ihre Ablehnung der imperialistischen Expansion der USA und des Wiederaufbaus des europäischen Kapitalismus. Im Vordergrund stand dabei der Kampf um den Frieden, der durch die Vorbereitungen der Amerikaner auf einen Atomkrieg und durch den wiedererstehenden deutschen Militarismus bedroht sei. Der westeuropäische Kommunismus verknüpfte auf eine besondere Art und Weise Servilität gegenüber der Moskauer Politik (einschließlich der Billigung sämtlicher »Säuberungen« sowie der antijugoslawischen und antisemitischen Kampagnen) mit dem Bemühen, einen antiamerikanisch und antideutsch geprägten Nationalismus auszunutzen.

Seit dem Weltkongreß der Intellektuellen im August 1948 in Breslau, an dem viele namhafte Vertreter der westeuropäischen (doch auch osteuropäischen) Wissenschaft und Kultur teilnahmen, entwickelte sich eine »Weltfriedensbewegung«. 1949 nahm sie feste organisatorische Formen an. Über einen 1950 einberufenen und sich weitgehend aus Intellektuellen zusammensetzenden Weltfriedensrat wurde diese internationale Organisation aus dem Hintergrund von Kommunisten gesteuert. Die »Friedenskämpfer« übten erheblichen Einfluß auf die öffentliche Meinung aus, vor allem indem sie die amerikanische Politik anprangerten und eine Reihe Appelle veröffentlichten, in denen 1950 ein Kernwaffenverbot verlangt, 1951 für einen Friedenspakt der Großmächte plädiert und 1952 die Beendigung des Koreakriegs sowie der Abschluß eines Friedensvertrags mit Deutschland verlangt wurden.

Die französischen und italienischen Kommunisten wahrten ihren starken Einfluß in der Bevölkerung ihrer Länder. Dazu trug die Rolle, die sie in den letzten Kriegsjahren gespielt hatten, ebenso bei wie der Umstand, daß sie ihre Massenparteien und die von ihnen beeinflußten Gewerkschaften ausgebaut hatten. In Frankreich kam den Kommunisten neben verbreiteten antiamerikanischen und antideutschen Vorbehalten die Unzufriedenheit mit dem Kolonialkrieg in Indochina und den dort erlittenen Niederlagen zugute. In Italien hingegen gelang es den Kommunisten, ihr Bündnis mit der starken linkssozialistischen Partei Pietro Nennis aufrechtzuerhalten. In beiden Ländern stellten die Kommunisten die Alternative zu den herrschenden Rechts- und Zentrumsparteien dar, während die Sozialisten eine erheblich geringere Rolle im politischen Geschehen spielten.

In den kommunistischen Parteien außerhalb des sowjetischen Hegemoniebereichs wurden im Prinzip keine »Säuberungen« im Stile der 30er Jahre mehr durchgeführt. Das lag in erster Linie daran, daß inzwischen eine fast vollständige Disziplin durchgesetzt worden war, sowohl der Parteiführungen gegenüber Moskau als auch der Parteimitglieder gegenüber ihrer jeweiligen Parteiführung. Jegliche Zweifel an der Richtigkeit der sowjetischen Politik oder der eigenen Parteiführung wurden allerdings mit Parteiausschluß geahndet. Dieses Schicksal ereilte einen der bekanntesten Kommunisten in Frankreich, André Marty, der es wagte, den Kurs von Maurice Thorez als zuwenig revolutionär zu kritisieren.

Nichts schien in den letzten Jahren vor Stalins Tod die heraufziehenden Erschütterungen anzukündigen. Der Führer sonnte sich in seinem Ruhm und veröffentlichte kleine Abhandlungen, die ein neues Zeitalter in der Sprachwissenschaft (1950) und der Ökonomie (1952) einläuten sollten.[55] Die gesamte kommunistische Weltbewegung zelebrierte den 1952 erstmals seit 13 Jahren wieder einberufenen Parteitag der KPdSU. Kaum jemand schenkte dabei den recht versöhnlichen Tönen gegenüber dem Westen in Stalins Parteitagsrede größere Beachtung, obwohl man daraus hätte entnehmen können, daß sich der Diktator der Niederlage, die die Kommunisten bis dahin im »Kalten Krieg« hatten einstecken müssen, durchaus bewußt war.

Die erste Krise

Am 5. März 1953 starb Stalin. Es gibt Gerüchte, man habe ihm absichtlich ärztliche Hilfe vorenthalten, weil seine engsten Mitarbeiter befürchtet hätten, der nächsten »Säuberung« zum Opfer zu fallen.[56] Beweise hierfür liegen bisher nicht vor, und man weiß nicht, ob sie jemals auftauchen. Was man dagegen weiß, ist die Tatsache, daß zwar beim Tod des Diktators und während der Beisetzungsfeierlichkeiten tiefe Trauer herrschte, daß man aber in Moskau sofort daranging, die Grundlagen für eine neue Machtverteilung festzulegen.

Entsprechend dem Willen des Verstorbenen rückte Malenkow als Ministerpräsident an die Spitze, zugleich aber wurde er seines Postens als Sekretär der Partei, in der er bisher faktisch die Nummer zwei nach Stalin gewesen war, entbunden. Da sich Stalins Erben darüber im klaren waren, daß die Einsetzung eines neuen Generalsekretärs bedeutet hätte, sich darauf festzulegen, wer die Nachfolge des Verstorbenen antreten werde, wurde einstweilen kein diesbezüglicher Beschluß gefaßt. Als einziger Angehöriger der engeren Parteispitze, des aus zehn Mitgliedern bestehenden ZK-Präsidiums, blieb Nikita Chruschtschow Sekretär. Die übrigen Mitglieder des Präsidiums, darunter die vier »ersten Vizepremiers« Molotow, Berija, Bulganin und Kaganowitsch, übten ausschließlich staatliche Funktionen aus. Neben Malenkow hatte Berija, der jetzt das Innenministerium übernahm, eine Schlüsselposition inne.

Alle Mitglieder der Parteispitze waren sich darüber im klaren, daß die innen- und außenpolitische Lage der Sowjetunion und des Ostblocks eine grundlegende politische Kursänderung erforderte. Mit den bisherigen Methoden exzessiver Zentralisierung und Repressivität, gepaart mit einer zunehmenden Militarisierung der Wirtschaft, hatte man es nicht vermocht, den Lebensstandard der Bevölkerung zu gewährleisten. Ebensowenig hatte sich ein technischer Aufschwung in Gang setzen lassen, der es erlauben würde, daran zu denken, den »Kalten Krieg« in eine globale militärische Auseinandersetzung zu verwandeln, bei der man Chancen auf einen Sieg hätte. Es galt Reserven zu finden, mit deren Hilfe auf der einen Seite Revolten der unzufriedenen hungernden Bevölkerung vorgebeugt werden konnte und mit denen man auf der anderen Seite den »Kalten Krieg« auf die Ebene eines langfristigen Wettbewerbs verlegen konnte, ohne Gefahr zu laufen, daß ein nuklearer Konflikt ausbrechen werde.

Entscheidender für die Bereitschaft zur politischen Wende war jedoch das Bedürfnis des Partei- und Staatsapparats (angefangen bei der Partei- und Staatsführung) nach einer Absicherung der unter Stalin ständig bedrohten persönlichen Sicherheit, also nach einer Art kommunistischer »Magna Charta«. Von diesem Bedürfnis war die erste Auseinandersetzung in der sowjetischen Elite bestimmt. Es ging darum, die Rolle der Sicherheitsdienste einzuschränken, die im Innenministerium unter der Kontrolle Berijas konzentriert waren. Es reichte nicht, daß Berija erklärte, er werde alle Bemühungen, der noch zu Lebzeiten Stalins eingeleiteten »Säuberung« Einhalt zu gebieten, unterstützen. Die sowjetische Führung zog die Anklagen gegen die »Kreml-Ärzte« öffentlich zurück und bremste die antisemitische Kampagne.

Unter strikter Geheimhaltung formierte sich eine gemeinsame Front sämtlicher übrigen Mitglieder der sowjetischen Führung gegen Berija. Er wurde überrumpelt und dank der Unterstützung einiger hoher Militärs während der ZK-Präsidiumssitzung im Juli 1953 verhaftet.[57] Unverzüglich wurde überdies eine stattliche Gruppe von Funktionären des Sicherheitsapparats festgenommen. Sie alle wurden zusammen mit ihrem Chef im Anschluß an geheime Prozesse hingerichtet (Berija selbst vermutlich noch im Dezember 1953). Dies war die letzte blutige Auseinandersetzung innerhalb der sowjetischen Machtelite. Sicherlich beschlossen die übrigen sowjetischen Führer damals, daß innerparteiliche Streitigkeiten künftig weder Verhaftungen noch gar den Tod der Unterlegenen nach sich ziehen sollten.

Nach der Beseitigung Berijas begann sich in der Parteispitze eine neue Hierarchie herauszubilden. An die Spitze trat jetzt Chruschtschow, der Hauptorganisator der Verschwörung gegen

Berija. Im September 1953 wurde er als Erster Sekretär zur wichtigsten Figur in der Partei, wenngleich Ministerpräsident Malenkow als die Nummer eins im Staat weiterhin eine gleichrangige Position innehatte. Der zuvor von seinen Partnern und gleichzeitigen Rivalen als primitiver »Apparatschik« geringgeschätzte Chruschtschow bewies eine ungeheure Dynamik und Geschicklichkeit in den Auseinandersetzungen um die Macht.

Damals tauchten in der Parteipropaganda zwei negative Begriffe auf. Der eine hieß »Berija-Methoden« (*Berijowschtschizna*). Allerdings bezeichnete er nicht die »Säuberungen«, die Millionen von Menschen erfaßt hatten (wobei die früheren nicht auf Berijas Konto gingen), sondern den Terror gegenüber den Parteikadern und den Versuch, das gesamte kommunistische System der Kontrolle des Sicherheitsapparats zu unterwerfen. Der andere Begriff lautete »Personenkult«. Er betraf Stalin, wenngleich nicht offen und deutlich ausgesprochen wurde, was man ihm eigentlich vorwerfe, außer daß er um seine Person eine Aura der Unfehlbarkeit geschaffen, keinerlei Kritik erlaubt und die »Berija-Methoden« zugelassen habe.

Allmählich wurde aber auch Stalin selbst die Verantwortung für die »Mißbräuche« angelastet, während ihm jedoch seine Verdienste als Architekt der Größe der Sowjetunion und als versierter Stratege in der Innenpolitik (Auseinandersetzung mit dem Trotzkismus und Bucharinismus, die Industrialisierung und Kollektivierung) und in der Außenpolitik (Kampf gegen den Faschismus, Oberkommando während des Krieges, Bildung des kommunistischen Blocks) weiterhin gutgeschrieben wurden.

Wie weit die vorgesehenen Reformen gehen sollten, stand nicht eindeutig fest. Zwar wurden faktisch und teilweise auch formal die Kompetenzen der Sicherheitsorgane beschnitten, doch hatte man es nicht sonderlich eilig, die Opfer der »Säuberungen« wieder auf freien Fuß zu setzten. Man befürchtete negative Auswirkungen auf die allgemeine Stimmung, wenn in kurzer Zeit Hunderttausende, wenn nicht gar Millionen Menschen auftauchen würden, die von willkürlichen Verhaftungen, von Folter während der Verhörc, von den Qualen und Massenmorden im »GULag-Imperium« berichten würden. Erst unter dem Eindruck von sich seit 1953 wiederholenden und blutig niedergeschlagenen Lagerrevolten wurden Amnestiedekrete erlassen, die nach und nach unterschiedliche Häftlingskategorien erfaßten. In der Regel verlangte man von den Freigelassenen, sich in weitab vom Zentrum gelegenen Regionen anzusiedeln. Es wurde ihnen verboten, ihren Wohnsitz zu verlassen, und sie unterlagen einer strikten administrativen Überwachung.

In einem anderen reformbedürftigen Sektor, der Wirtschaft, kam es zu Streitigkeiten zwischen Chruschtschow und Malenkow. Der weitere Gang der Ereignisse zeigte jedoch, daß es dabei eher um einen Machtkampf ging, als daß es sich um tatsächliche sachbezogene Meinungsverschiedenheiten gehandelt hätte. Chruschtschow legte besonderes Gewicht auf die Weiterentwicklung der Landwirtschaft und war sich mit Malenkow einig, daß die Ausbeutung der Kolchosen verringert werden müßte. 1954 forcierte er (gegen die Bedenken Malenkows) seinen Plan, riesige Steppengebiete im asiatischen Teil der Sowjetunion, vor allem in Kasachstan, urbar zu machen.

Malenkow hingegen stellte die These Stalins von der Priorität des Ausbaus der Schwerindustrie (die in Wirklichkeit direkt oder indirekt der Aufrüstung diente) in Frage und setzte sich für einen raschen Ausbau der Konsumgüterindustrie ein. Damit brachte er allerdings die Mehrheit der Parteiführung gegen sich auf, die in der Beibehaltung des Rüstungstempos eine Voraussetzung für die Wahrung des Großmachtstatus der Sowjetunion sah. Nikita Chruschtschow nutzte das geschickt für seine Kritik aus. Im Februar 1955 wurde Malenkow gestürzt. Seinen Platz nahm der konservative, beträchtlich schwächere Bulganin ein. Seitdem war der Erste Sekretär der Partei unangefochtener Führer der Sowjetunion.

Noch zwei weitere Aspekte verdienen im Zusammenhang mit Malenkows Sturz Beachtung. Zum einen begann Chruschtschow bald, hier in die Fußstapfen seines besiegten Rivalen tretend, die Notwendigkeit zu unterstreichen, den Konsumbedürfnissen der Bevölkerung entgegenzukommen. Zum anderen blieb der abgesetzte und kritisierte Malenkow entgegen der bisher üblichen Verfahrensweise auf freiem Fuß, er war sogar weiterhin Mitglied des Präsidiums des Zentralkomitees und Vizepremier. Darüber hinaus mußte Chruschtschow damit rechnen, daß die Mehrheit der übrigen Parteiführung danach trachten werde, seine Macht einzuschränken.

Ab 1953 bemühte sich die sowjetische Führung, neue außenpolitische Akzente zu setzen. Berija werden Versuche in Richtung auf eine flexiblere Deutschlandpolitik zugeschrieben. Das habe zum Ausbruch des Aufstands vom 17. Juni 1953 in der DDR beigetragen.[58] An einem weit explosiveren Abschnitt, im seit drei Jahren vom Krieg heimgesuchten Korea (in diesem Krieg hatte die Sowjetunion sich wirtschaftlich engagiert und auch nicht mit Hilfe in Gestalt militärischer Ausbildungskader gespart), setzten im April 1953 Verhandlungen ein, und im Juli wurde das Waffenstillstandsabkommen unterzeichnet. Schon 1953 wurden außerdem die diplomatischen Beziehungen zu Jugoslawien wiederaufgenommen.

Bei der Auseinandersetzung mit Malenkow, der Entspannungsbereitschaft im »Kalten Krieg« hatte durchblicken lassen, war Chruschtschow noch eher dafür gewesen, ihn fortzusetzen. Kaum aber hatte er sich seines Rivalen entledigt, nahm er selbst dessen Standpunkt ein. Im Mai 1955 unterzeichnete die Sowjetunion gemeinsam mit den Westmächten den Staatsvertrag mit Österreich und begann mit dem Abzug ihrer Truppen aus der Besatzungszone dieses Landes. Im Juni trafen sich Chruschtschow und Bulganin mit Tito in Belgrad. Sie ließen die Vorwürfe, jener habe den Sozialismus verraten, fallen und gestanden trotz einer gewissen Zurückhaltung der Formulierungen im Grunde Jugoslawien zu, im jetzt beigelegten Streit recht gehabt zu haben. Im Juli verhandelte Bulganin in Genf mit den Regierungschefs der Westmächte.

Trotz alledem deutete nur wenig darauf hin, daß in der Politik des internationalen Kommunismus jene Wende bevorstehe, als die der im Februar 1956 einberufene XX. Parteitag der Kommunistischen Partei der Sowjetunion in die Geschichte eingegangen ist. Zwar waren bereits einige aus der Lagerhaft entlassene Kommunisten ebenso wie einige der unter Stalin hingerichteten Parteimitglieder rehabilitiert worden, doch war dies ohne öffentliches Aufsehen vonstatten gegangen. In seinem in öffentlicher Sitzung des Parteitags vorgetragenen und anschließend publizierten Referat unterzog Chruschtschow unter Berufung auf leninistische Grundsätze

Stalin und seine Herrschaft einer schärferen Kritik, als es bisher üblich gewesen war. In der Diskussion unterstützten ihn einige Redner, besonders der zur engeren Parteispitze gehörende Vizepremier Anastas Mikojan.

Der Blitz schlug erst während einer nichtöffentlichen Sitzung des Parteitags ein, als der Erste Sekretär der Partei in seinem Referat Stalin beschuldigte, in den 30er Jahren und in der Nachkriegszeit Parteikader ermordet zu haben, um sein Machtmonopol abzusichern.[59] Zwar benutzte Chruschtschow weiterhin den Begriff »Personenkult«, gebrauchte ihn aber umfassender in dem Sinne, daß er die von ihm beschriebenen Verbrechen darin einbezog. Es ist nicht gänzlich geklärt, welche Intentionen Chruschtschow bei seinem Vorgehen leiteten. Bei seiner Verdammung Stalins bezog er sich fast ausschließlich auf die gegen Kommunisten verübten Verbrechen. Er überging dabei die Trotzkisten und Bucharin-Anhänger, als ob er gewissermaßen die gegen sie erhobenen Anklagen für gerechtfertigt erklären würde. Nur am Rande erinnerte er an die unter dem Vorwurf angeblicher Kollaboration gegen Ende des Zweiten Weltkriegs verfolgten Völker und an die Repressionen gegen die Ukrainer die, wie er meinte, nur deshalb dem gleichen kollektiven Schicksal entgangen wären, weil sie »zu viele« waren. Die Geheimrede wurde anschließend an die Parteiinstanzen weitergeleitet, damit sich zuerst der Apparat und die aktiven Funktionäre und erst anschließend die Parteimitglieder mit ihr vertraut machen konnten.

Für Chruschtschow stellte die Abrechnung mit dem Stalinismus (diesen Terminus hat er übrigens niemals benutzt) ein Instrument im Kampf mit seinen Rivalen in der Partei dar, die gern für die Fortsetzung einer konservativeren Politik im Innern und nach außen plädierten. Er bemühte sich, die Massen der Parteimitglieder in der Sowjetunion selbst zu mobilisieren und die Unterstützung der kommunistischen Eliten in den Ländern des Sowjetblocks zu gewinnen. Seine eigene politische Erfahrung legte für ihn die Schlußfolgerung nahe, daß sich die Parteikader und Mitgliedermassen steuern ließen und daß aus der seit über vierzig Jahren von Kriegen, Revolutionen und »Säuberungen« heimgesuchten Bevölkerung der Sowjetunion keine spontanen und für das kommunistische System gefährlichen Aktivitäten zu befürchten seien.

Diese Erfahrung übertrug Chruschtschow auf die Länder des sowjetischen Blocks. Dort wurde seit elf Jahren das kommunistische System aufgebaut, und erst seit einigen Jahren funktionierte es in einer dem sowjetischen Modell angenäherten Form. Die Unterdrückung hatte noch nicht so lange gedauert, daß sie bereits das Bewußtsein einer ganzen Generation hätte deformieren können. Zwar hatte es breiten Terror gegeben, doch dieser ließ sich keineswegs mit den »Säuberungen« in der Heimat des Kommunismus vergleichen. Einige dieser Länder besaßen andere politische, juristische, wirtschaftliche und kulturelle Traditionen, die sich von den sowjetischen sehr unterschieden. Schließlich spielten auch nationale Emotionen keine nebensächliche Rolle, und ebendiese waren in den vergangenen Jahren von den herrschenden Kommunisten und ihren sowjetischen Beschützern oftmals mißachtet worden.

Nach dem XX. Parteitag wurde beschlossen, das durch den Kampf gegen den »Titoismus« kompromittierte Kominform aufzulösen. In Moskau bemühte man sich, neue Rahmenbedingungen für die Beziehungen innerhalb des kommunistischen Blocks zu entwickeln. Die bisherigen Direktiven sollten durch Entscheidungen, die in entsprechenden gemeinsamen Institutionen getroffen wurden, ersetzt werden. 1956 steckten diese Vorstellungen aber noch in den Kinderschuhen. Zwar existierte schon seit 1949 der Rat für Gegenseitige Wirtschaftshilfe (landläufig Comecon) für den gesamten kommunistischen Block. Er begann aber erst ab 1954, mit ersten Projekten einer Koordinierung der Pläne auf sich aufmerksam zu machen. 1955 entstand eine neue Institution von weit größerer Bedeutung, der militärische und politische Warschauer Pakt. Sowohl das Comecon als auch der Warschauer Pakt wurden von der Sowjetunion dominiert.

Erste Anzeichen aus den europäischen kommunistischen Ländern, welche Gefahren eine sowjetische »Entstalinisierung« mit sich bringe, waren schon frühzeitig erkennbar. Der Volksaufstand vom 17. Juni 1953 in der DDR ist schon erwähnt worden. Die Repression war dort in den letzten Jahren gewiß nicht stärker als in den anderen Ländern, doch blieb der Lebensstandard nach den Verwüstungen des Krieges und den Reparationen auf einem auffallend niedrigen Niveau im Vergleich zu dem in der Bundesrepublik

Deutschland, die durch ihre eigene Wirtschaftspolitik und die Marshallplan-Hilfe rasch wieder auf die Beine kam. Eine wesentliche Rolle für die Stimmung der Bevölkerung spielte das faktische Fehlen einer Grenze zwischen beiden Ländern in dem in Sektoren aufgeteilten Berlin.

In der DDR versuchte die SED im Juni 1953, eine Veränderung der politischen Linie durch die Proklamierung eines »neuen Kurses« herbeizuführen.[60] In der Wirtschaft sollte das Hauptgewicht vom Ausbau der Schwerindustrie auf eine rasche Hebung des Lebensstandards verlagert werden. Andeutungsweise gab man zu verstehen, daß die bisherigen Massenrepressalien eingestellt werden müßten. Der »neue Kurs« war in Moskau ausgedacht worden. Dessen wichtigster »Urheber« sei, so wurde behauptet, angeblich Berija (später sagte man auch Malenkow) gewesen. In der DDR stand er im Zusammenhang mit der Auseinandersetzung zwischen der reformfreudigeren Fraktion um Wilhelm Zaisser, dem Minister für Staatssicherheit, und der bisherigen Führungsgruppe um Ulbricht.

Kaum war die politische Kurskorrektur durchgesickert, reagierte die Bevölkerung Berlins und anderer Städte mit Kundgebungen, die die Kommunisten nicht in den Griff bekommen konnten. Den Anlaß boten Heraufsetzungen der Arbeitsnormen. Sowjetische Besatzungstruppen griffen ein. Es gab Tote, Tausende wurden verhaftet. Tausende andere flüchteten in die Westsektoren Berlins. Anstatt einer Liberalisierung fand jetzt eine Verschärfung des repressiven Kurses statt, und die Ulbricht-Fraktion hielt sich an der Macht. In der Wirtschaftspolitik allerdings wurde schon nach einem Monat eine Korrektur vollzogen. In den nächsten Jahren war man sehr um eine Verbesserung des Lebensstandards bemüht, unter anderem mit Hilfe gewisser Privilegien, die die Sowjetunion und die übrigen Ostblockstaaten dem »Schaufenster« des Kommunismus zubilligten.

Die Ereignisse in der DDR waren ein deutliches Signal dafür, wie unterschiedlich die Lage in den Volksdemokratien gegenüber jener in der Sowjetunion war. Sie wurden allerdings aus den spezifischen Verhältnissen in einem geteilten Land mit offener Grenze und einstmals hohem Lebensstandard erklärt. Trotzdem ließ man in den nächsten Jahren größere Vorsicht in der Politik der Blockländer walten, obwohl es weiterhin an Spannungen und Auseinandersetzungen zwischen einzelnen Parteifraktionen nicht mangelte.

Ganz besonders betraf das Ungarn, das neben der DDR von der sowjetischen Führung im Juni 1953 dazu auserkoren worden war, den »neuen Kurs« zu erproben. Das war durchaus kein Zufall, denn gerade dort schien ein Ausbruch bedrohlich nahe. Das lag sowohl an dem qualitativ wie quantitativ ungewöhnlichen Ausmaß an Repressivität des Regimes als auch am Einbruch des Lebensstandards infolge ungeheurer Industrieinvestitionen und der Vernichtung der Landwirtschaft durch eine überhastet durchgeführte Zwangskollektivierung.

Die Durchführung dieser Veränderungen wurde dem Rivalen Rákosis in der Parteiführung, dem neuen Premier Imre Nagy, übertragen. Da Rákosi weiterhin Parteichef blieb, führte dies zu einer gefährlichen Doppelgleisigkeit der politischen Linie und zur Destabilisierung des ungarischen Kommunismus. Nagy sollte seine Tätigkeit auf die Wirtschaftsreform beschränken. Aber schon bald wartete er mit der These auf, die Repressalien müßten aufhören, ihre Opfer rehabilitiert und der »Kalte Krieg« beendet werden.

In Moskau wurde das so ausgelegt, daß sich Nagy in den dortigen Fraktionsauseinandersetzungen für Malenkow ausspreche. Als Chruschtschow seinen Widersacher besiegt hatte, führte das innerhalb von zwei Monaten im April 1955 zur Enthebung Nagys von allen seinen Ämtern in Ungarn. Rákosi erhielt mit dem Segen Moskaus die uneingeschränkte Macht in Ungarn zurück.

Der Verlauf der Ereignisse in Ungarn zeugt davon, wie instrumentell damals in der sowjetischen Führung Entscheidungen gefällt wurden, ohne sich die bedrohlichen Auswirkungen zu vergegenwärtigen. Im allgemeinen jedoch war man in Moskau nicht mehr darauf bedacht, personelle Veränderungen in den Ländern des Ostblocks herbeizuführen. Chruschtschow reichte es aus, daß ihm Parteichefs wie Gheorghiu-Dej in Rumänien, Hoxha in Albanien oder der Nachfolger des verstorbenen Gottwald, Antonín Novotný in der Tschechoslowakei, bereitwillig gehorchten und sich bemühten, eine flexiblere Wirtschaftspolitik zu betreiben. Die Verantwortung für die Fehler der Vergangenheit lasteten sie ihren noch lebenden oder ermordeten Rivalen an. In Bulgarien unterlag der bisherige Parteichef Vulko Červenkov, obwohl er den Kostow-Prozeß auf dem Gewissen hatte, erst nach dem Moskauer XX. Parteitag dem geschickteren Todor Schiwkow.

Komplizierter gestaltete sich die Entwicklung der Ereignisse in Polen. Die Verfolgungen waren hier zwar in den letzten Jahren im Verhältnis gesehen weniger repressiv ausgefallen als woanders, und auch die Kollektivierung der Landwirtschaft war im Vergleich zu anderen kommunistischen Ländern gemäßigter betrieben worden, doch blieb die brutale Pazifizierung des Landes unmittelbar nach dem Kriege weiterhin unvergessen. Von großer Bedeutung war der Kampf gegen die katholische Kirche, der 1953 in der Verhaftung des Primas von Polen, Erzbischof (später Kardinal) Stefan Wyszyński, seinen Höhepunkt fand. Einen zusätzlichen Einfluß auf die Gefühle der Bevölkerung übten historisch verwurzelte antirussische Ressentiments aus.

Anfangs gab die Parteiführung Schritt für Schritt nach. Schon bald aber stand sie unter dem Druck zweier Fraktionen, die auf unterschiedliche Weise die Krise zu überwinden gedachten. Die erstere stand in Verbindung mit intellektuellen Kreisen und drängte darauf, sich mit der stalinistischen Vergangenheit auseinanderzusetzen und Elemente innerparteilicher Demokratie einzuführen (obgleich sie weit davon entfernt war, an Freiheiten für Nichtkommunisten zu denken). Noch weiter gingen einige der Partei angehörende Intellektuelle, die nicht nur nach dem Beispiel Jugoslawiens eine größere Selbständigkeit gegenüber Moskau, sondern auch die Übernahme des jugoslawischen Modells der Arbeiterselbstverwaltung in den Betrieben einforderten.

Die andere Fraktion schlug egalitäre, antiintellektuelle und oft auch antisemitisch gefärbte Töne an, empfahl jedoch nur kaum nennenswerte Abänderungen in der Funktionsweise des Systems. Sie distanzierte sich von den Verbrechen des Stalinismus, wälzte die Verantwortung dafür aber auf die engere Führungsspitze und auf Funktionäre jüdischer Herkunft im Partei- und Sicherheitsapparat ab, die sich angeblich nicht mit den Interessen der Nation identifizieren würden. Zum ersten Mal tauchte damit in einem Land unter sowjetischer Hegemonie die starke Tendenz auf, Kommunismus

116

und Nationalismus, der nicht nur antideutsch war, zu verbinden, wenngleich sich dieser Nationalismus nicht auf das (weiterhin unterwürfige und disziplinierte) Verhältnis zu Moskau bezog.

Anfangs stand der zuvor in Haft gehaltene Gomułka mit der winzigen Gruppe seiner Anhänger, die wie er Repressionen ausgesetzt gewesen waren, abseits. Allmählich aber begannen beide Fraktionen einzusehen, daß er als Opfer des Stalinismus bei der breiten Bevölkerung ungeheure Popularität gewonnen hatte. Zu einer Kontaktaufnahme mit Gomułka konnte man sich nur sehr zögernd durchringen, weil man seinen aus der Nachkriegszeit bekannten Autokratismus ebenso fürchtete wie seinen Groll auf die Genossen, die ihn in schwierigen Augenblicken im Stich gelassen hatten.

Nach dem Moskauer XX. Parteitag aber begannen sich die Ereignisse geradezu zu überschlagen. Dazu trug der plötzliche Tod des Parteichefs Bolesław Bierut bei, der während des Parteitags erkrankte und aus Moskau nicht mehr lebend zurückkehrte. Von noch größerer Tragweite freilich war der Beschluß, den Parteimitgliedern Chruschtschows Geheimrede in polnischer Übersetzung zugänglich zu machen.

Praktisch kursierte der Text weitgehend unkontrolliert, geriet in Polen auch in die Hände von Parteilosen und durch polnische Vermittlung über westliche Korrespondenten an die Weltöffentlichkeit. Vieles spricht dafür, daß dies mit Zustimmung Chruschtschows geschah, denn der Zufall wollte es, daß er sich kurz vor dem Beschluß der polnischen Parteiführung, den Text drucken zu lassen, in Warschau aufhielt.[61] Für den in Moskau von seinen Gegenspielern unter Beschuß genommenen sowjetischen Parteichef war es hilfreich, wenn die Anklagen gegen den Stalinismus bekannt wurden, und er benötigte die Unterstützung der kommunistischen Parteien im Sowjetblock und im Westen.

In Polen erregte der Inhalt des Referats weitaus stärker die Gemüter als in der Sowjetunion. Der Parteiapparat und vor allem die Sicherheitsorgane gerieten in einen Zustand, den man als Zerrüttung bezeichnen könnte. Die allgemeine Unzufriedenheit im Lande nahm zu und explodierte im Juni 1956 im Posener Arbeiteraufstand. Obwohl der Sicherheitsdienst hilflos reagierte, wurde der

Aufstand unter Hinzuziehung der Armee blutig niedergeschlagen. Versuche, die Ereignisse als Inszenierung einer feindlichen Diversion darzustellen, waren zum Scheitern verurteilt. Aus Furcht, daß sich die Protestbewegung nicht mehr kontrollieren lasse und heftigere Ausbrüche bevorstünden, bemühten sich beide Fraktionen der Partei um eine Verständigung mit Gomułka. Dieser verbündete sich nach einigem Zögern mit der Fraktion, die eine Abrechnung mit dem Stalinismus und die Demokratisierung des Parteilebens für notwendig hielt und parallel zur Zuspitzung der Situation größere Selbständigkeit von Moskau forderte.

Dadurch, daß sie Gomułka auf ihre Fahnen schreiben konnten, waren die polnischen Kommunisten imstande, die sich ihrer Kontrolle entziehende Massenbewegung wieder in den Griff zu bekommen. Im Oktober 1956 nahmen sie Umbesetzungen in der Parteiführung vor, verurteilten den Stalinismus und kündigten eine neue, gegenüber der Sowjetunion selbständigere und gegenüber der Bevölkerung weniger repressive Politik an. Sie verzichteten auf die Zwangskollektivierung und fanden bald einen Weg, mit der katholischen Kirche zu einer Verständigung zu kommen. Gomułka wurde Erster Sekretär, und in die engere Parteiführung zogen neben seinen politischen Freunden Vertreter der beiden miteinander verfeindeten Fraktionen ein.

Die sowjetische Führung war desorientiert. Aus den sowjetischen Militärbasen in Polen brachen Abteilungen der Roten Armee auf. Gleichzeitig wollte man die polnische Armee zu einem gemeinsamen Vorgehen bewegen. Mehrheitlich sprachen sich die polnischen Militärs jedoch für die neue Parteiführung aus. Daraufhin landete eine hochrangige sowjetische Delegation unter Chruschtschows Leitung in Warschau, die sich aber nach dramatischen Verhandlungen dazu bereit erklärte, den Stand der Dinge anzuerkennen, und das Militär in die Kasernen zurückzog. Gomułka hatte es vermocht, seine Verhandlungspartner davon zu überzeugen, daß er in Polen das kommunistische System aufrechterhalten und die Interessen der Sowjetunion und des gesamten Ostblocks respektieren werde. Eine nicht unbedeutende Rolle spielte dabei die Unterstützung, die er von den chinesischen Kommunisten erhielt.

Einen anderen Verlauf nahmen die Ereignisse in Ungarn.[62] Nach dem XX. Parteitag der KPdSU geriet die Parteiführung unter Rákosi in wachsenden Zugzwang. Ähnlich wie in Polen ging dieser Druck überwiegend von Intellektuellen innerhalb der Partei aus. Rákosi mußte einer Rehabilitierung der kommunistischen Opfer, unter anderem László Rajks, zustimmen und bald darauf im Juli sein Amt als Parteichef niederlegen. An seine Stelle trat einer seiner engsten Vertrauten, Ernö Gerö. In der Parteispitze fehlte eine Gruppe, die es wie in Polen verstanden hätte, die wachsende Bewegung in den Griff zu bekommen und in eine bestimmte Richtung zu lenken. Die noch immer stärkste kommunistische Autorität, Imre Nagy, stand abseits.

Auf die Nachricht von den Veränderungen in Polen hin kam es am 23. Oktober 1956 zu einer gewaltigen Massenkundgebung in Budapest. Einheiten des Sicherheitsdienstes eröffneten das Feuer auf die Demonstranten. So wurde aus der Kundgebung ein elementarer Volksaufstand. Jetzt erst wurde Nagy als neuer Premierminister zusammen mit einigen seiner Anhänger in die Parteiführung kooptiert. Gerö blieb aber weiterhin Erster Sekretär und rief die in Ungarn stationierten Einheiten der Roten Armee zu Hilfe. Der terrorisierte Nagy übernahm in einer Rundfunkrede die Mitverantwortung für die sowjetische Intervention und rief die Aufständischen zur Kapitulation auf.

Als Sicherheitskräfte erneut am 25. Oktober eine weitere Demonstration in Budapest beschossen, erfaßte die Erhebung das gesamte Land. Es entstanden Arbeiterräte, die versuchten, die handlungsunfähige Verwaltung zu ersetzen. Die Partei befand sich im Zustand völliger Auflösung. Sämtliche Schachzüge verfehlten ihre Wirkung. Es half nichts, daß Gerö abgesetzt und János Kádár, ein ehemaliger Häftling des Stalinismus, an seine Stelle berufen wurde, noch daß man die bisherige Partei auflöste und gleichzeitig eine Nachfolgepartei unter neuem Namen gründete. Herr der Lage wurde nicht einmal die neugebildete Koalitionsregierung von Imre Nagy unter Einbeziehung in der Vergangenheit verfolgter nichtkommunistischer Politiker.

Den stärksten Zündstoff lieferte die Anwesenheit der sowjetischen Interventionstruppen in Budapest. In Moskau zögerte man mit weiteren Entscheidungen. Am 30. Oktober wurde der Abzug der Truppen aus Budapest gemeldet. Dabei handelte es sich allerdings lediglich um ein Manöver, wie sich später herausstellen sollte, um die Ungarn und die Weltöffentlichkeit zu beruhigen. Bereits in der folgenden Nacht marschierten beträchtliche sowjetische Truppenkontingente in Ungarn ein. Als Imre Nagy davon erfuhr, proklamierte er Ungarns Austritt aus dem Warschauer Pakt. Gelegentlich wird die Meinung vertreten, gerade dies sei der Grund für Moskaus endgültige Entscheidung gewesen, die Revolution niederzuschlagen, aber es spricht mehr dafür, daß sie davon unabhängig gefällt worden ist.

Zwei Tage später verschwanden einige kommunistische Minister und andere Politiker aus Budapest. Am 4. November begannen die sowjetischen Truppen ihre große Intervention. Man gab bekannt, unter sowjetischem Schutz habe sich eine »revolutionäre Arbeiter- und Bauernregierung« unter der Führung von János Kádár gebildet. Nagy suchte mit seinen engsten Mitarbeitern Zuflucht in der jugoslawischen Botschaft. Als er diese unter der Zusicherung persönlicher Immunität verließ, wurde er verhaftet. Andere Kommunisten, die sich Moskau nicht unterwerfen wollten, wurden sofort festgenommen oder versteckten sich und versuchten, aus Ungarn zu fliehen. Die Kämpfe in Ungarn zogen sich noch eine Woche hin. Insgesamt kosteten sie Tausende von Menschenleben. Weitere Tausende wurden verhaftet (einige anschließend erschossen) oder in der Sowjetunion interniert.

Die »Entstalinisierung« und die Niederschlagung der ungarischen Revolution erwiesen sich als ein schwerer Schlag für die europäischen kommunistischen Bewegungen außerhalb des sowjetischen Hegemoniebereichs. Bereits die ersten Nachrichten über den »Personenkult« und die »Berija-Methoden« hatten in den westlichen Parteien und besonders bei den vom Kommunismus faszinierten Intellektuellen erhebliche Unruhe hervorgerufen. Man bemühte sich jedoch, die Bedeutung der »Fehler und Abweichungen« noch herunterzuspielen. Nach dem XX. Parteitag änderte sich die Situation. Die ausländischen Delegationschefs erhielten den Wortlaut der Geheimrede Chruschtschows. Als der Text dann in der westlichen Presse veröffentlicht wurde, gestanden einige Parteien, wenn auch nur in Andeutungen, dessen Glaubwürdigkeit ein, während andere (und am konsequentesten die Führung der französischen Kommunisten) die imperialistischen Spionagezentralen der Fälschung und Diversion beschuldigten.

Einzig und allein die italienischen Kommunisten unter Togliatti bemühten sich, auf die Situation angemessen zu reagieren. Sie verhehlten durchaus nicht ihr Entsetzen über Stalins Verbrechen, von denen sie angeblich vorher nichts gewußt hätten. Sie kritisierten aber auch Chruschtschows Rede, in der ihnen eine Analyse der Ursachen für die Tragödie fehlte. Im Juni 1956 nahm Togliatti in einem ausführlichen Interview Stalin einerseits in Schutz: Er habe zwar Fehler begangen, sei jedoch ein großer Führer des Kommunismus gewesen. Andererseits aber verlangte Togliatti, die Grundlagen, auf die sich das kommunistische System stütze, zu überprüfen, um die Gründe für die Auswüchse ausfindig zu machen und ihnen künftig vorbeugen zu können.[63]

Das stärkste Echo jedoch löste die Forderung aus, die Funktionsprinzipien des Weltkommunismus zu verändern, das Recht der einzelnen Parteien auf Selbständigkeit anzuerkennen und mit deren Unterordnung unter Moskau endlich Schluß zu machen. Auf dieses polyzentrische Konzept reagierten die sowjetischen Kommunisten mit unverhohlener Verärgerung und fanden dabei die Unterstützung der französischen Partei und einiger kleinerer Parteien, deren Existenz von der sowjetischen Unterstützung abhing.

Noch bevor diese Debatte so recht ins Rollen gekommen war, brachen die Kämpfe in Ungarn aus. Die kommunistischen Parteiführungen in den westlichen Ländern stimmten dem sowjetischen Einmarsch »zum Schutze des Sozialismus« zwar zu, taten das jedoch in unterschiedlicher Weise. Einige begeistert, andere, wie etwa die Italiener, mit Bedauern, als eine unvermeidbare Notwendigkeit und das kleinere Übel. Anders reagierten bisher mit dem Kommunismus sympathisierende Intellektuelle. In einigen Ländern stellten sie das Rückgrat der kleinen Parteien dar, und dort hörte der Kommunismus nach 1956 auf, irgendeine Rolle zu spielen. In Frankreich, Italien oder Österreich besaß der Kommunismus eine breitere Basis, konnte also diese Erschütterung, wenngleich erheblich geschwächt, überstehen.

In spezifischer Weise erlebten die jugoslawischen Kommunisten die Ereignisse des Jahres 1956. Der »Entstalinisierung« konnten sie aus vollem Herzen quasi als Bestätigung ihrer seit langem vertretenen Thesen zustimmen. Mit Sympathie verfolgten sie die auf eine Reform des Kommunismus abzielenden Bestrebungen in Polen und Ungarn, besonders, da sich dort einige Gruppen auf die jugoslawischen Erfahrungen mit den Arbeiterselbstverwaltungen und der Dezentralisierung zu berufen versuchten. Als jedoch in Ungarn die Revolution ausbrach, obsiegten in Belgrad Befürchtungen um das eigene Schicksal. Schon vor der Intervention akzeptierte Tito auf einem Geheimtreffen mit Chruschtschow das sowjetische Eingreifen, wollte allerdings nicht, daß seine Zustimmung öffentlich bekannt werde.[64] Gewisse Spannungen in den Beziehungen zwischen Belgrad und Moskau löste allerdings der sowjetische Wortbruch aus, als Nagy und seine Mitarbeiter trotz der versprochenen Sicherheitsgarantien nach dem Verlassen ihres Asyls in der jugoslawischen Botschaft verhaftet wurden.

Die erste Krise des Kommunismus, ein Zeitraum, der mit Stalins Tod begann, fand in der ungarischen Revolution und deren blutiger Niederschlagung ihren Abschluß. In der sowjetischen Führung setzte sich die Überzeugung durch, daß größere Veränderungen zu vermeiden seien und statt dessen eine Stabilisierung angestrebt werden müsse. Man zog seine Schlußfolgerungen aus den polnischen und ungarischen Ereignissen, obwohl deren Auswirkungen höchst unterschiedlich waren. Auf jeden Fall aber hatte sich das kommunistische System in den Ostblockstaaten als erheblich instabiler erwiesen als in der Sowjetunion. Damit mußte man in der Zukunft rechnen.

Der Kommunismus der Chruschtschow-Ära

In gewissem Sinne hatte Chruschtschow mit seiner »Entstalinisierung« eine Niederlage erlitten, damit im Ostblock Verwirrung ausgelöst und die kommunistische Bewegung in Westeuropa geschwächt. Seine Rivalen fühlten sich von ihr bedroht und meinten nicht ganz grundlos, daß sie stärker gegen sie selbst gerichtet war als gegen den Schatten des toten Diktators. Molotow, Malenkow, Kaganowitsch und Woroschilow hatten zu Stalins Zeiten weitaus exponiertere Stellungen als Chruschtschow bekleidet, obwohl man auch ihn selbst nicht von der Beteiligung an vielen damals verübten Verbrechen freisprechen konnte. Jedenfalls kam es schon zur Jahreswende 1956/57 zu einer erheblichen Verschärfung der innerparteilichen Auseinandersetzungen.

Diesmal ging es nicht um eine allzu riskante Vergangenheitsbewältigung oder politische Reformen, wenngleich noch immer einige lebende oder ermordete Opfer des Stalinismus rehabilitiert wurden, wie zum Beispiel die hohen Offiziere der Roten Armee, die 1937 in einem großen politischen Prozeß verurteilt und hingerichtet worden waren. Das war als Geste in Richtung des Militärs, das die »Entstalinisierung« unterstützte, gemeint. Zurückgenommen wurden auch die kollektiven Beschuldigungen gegen die Angehörigen einiger kleinerer Nationalitäten, sie hätten im Krieg mit dem Feind kollaboriert. Sie durften aus ihrer Verbannung heimkehren.

Die Meinungsverschiedenheiten in der sowjetischen Führung betrafen vor allem die Wirtschaft. Chruschtschow sprach sich für eine gewisse Dezentralisierung aus, und das meinte die Abschaffung einiger Ministerien und die Übertragung ihrer Entscheidungskompetenzen auf regionale Volkswirtschaftsräte (*Sownarchos*). Seine Gegner dagegen wollten das zentralisierte System beibehalten. Der Parteichef mußte sich für die Verkündung solch unrealistischer Parolen wie etwa die Steigerung der Agrarproduktion um ein

Vielfaches innerhalb von vier Jahren, mit der die USA überflügelt werden könnten, einige Kritik gefallen lassen.

Die Gegenstände der Auseinandersetzungen besaßen eine gewisse Stellvertreterfunktion, denn Chruschtschow hegte eigentlich keine tiefgreifenderen Reformpläne. Eine Dezentralisierung der Entscheidungskompetenzen erlaubte ihm lediglich, die Machtfülle der staatlichen Bürokratie zu beschneiden, auf die sich seine Rivalen hauptsächlich stützten, und dagegen den örtlichen Parteiapparat zu stärken, was ihm dessen Rückendeckung einbrachte. Eine solche Absteckung des Schlachtfelds war für Chruschtschow nützlicher, als eine Abrechnung darüber zu führen, wer für den Stalinismus und die »Entstalinisierung« verantwortlich sei, denn diese hätte sich auch auf die Folgen der Politik Chruschtschows für den Sowjetblock und die westlichen kommunistischen Parteien bezogen.

Im Juni 1957 gingen Chruschtschows Gegner zum Angriff über. Sie verfügten über eine eindeutige Mehrheit von sieben Stimmen in dem elfköpfigen ZK-Präsidium. Für die Art und Weise, wie diese Auseinandersetzung geführt wurde, gab es bisher keinerlei Vorbild. Auf der einen Seite wollte die engere Parteiführung ihren Chef stürzen, was der Führertradition widersprach. Auf der anderen Seite aber weigerte sich Chruschtschow, sich der Entscheidung der Parteiführung zu fügen, und berief sich auf die höhere Instanz, die ZK-Sitzung, die bisher alle vorbereiteten Beschlüsse ohne Murren zu verabschieden pflegte.[65]

Der Kardinalfehler der »parteifeindlichen Gruppe«, wie später die Gegner Chruschtschows bezeichnet wurden, bestand darin, daß sie bei keinem der drei Grundpfeiler des Systems Rückhalt besaß. Chruschtschows Gegner legten überdies weder Dynamik noch besonderes Geschick an den Tag, wenn es darum ging, Maßnahmen zur Stabilisierung des Systems vorzuschlagen. Hier war ihnen Chruschtschow haushoch überlegen, denn er besaß – trotz seiner plump bäuerlich wirkenden Art – das richtige Gespür für die Lage.

Der Erste Sekretär hatte seine bisherigen Amtsjahre nicht tatenlos verstreichen lassen und inzwischen die Schlüsselpositionen im Parteiapparat mit seinen Anhängern besetzt. Wenngleich er sich in Krisensituationen nicht auf alle Funktionäre unbedingt verlassen konnte, fürchteten doch die meisten, ein plötzlicher Führungswechsel werde sich negativ auf ihre soeben begonnene Parteikarriere auswirken. Daneben unterliegt es keinem Zweifel, daß gerade der Parteiapparat dank Chruschtschow nach der Abrechnung mit den »Berija-Methoden« zum Hauptpfeiler des Systems geworden war.

Von enormer Bedeutung war die Unterstützung durch die Armee, konkret des sich größter Beliebtheit erfreuenden Verteidigungsministers Schukow. Die führenden Militärs hatten die Vorkriegs»säuberungen« und die Mißachtung Stalins nach dem Kriege nicht vergessen. Chruschtschow garantierte ihnen erneut einen gleichberechtigten Platz in der Hierarchie des kommunistischen Systems. Er kümmerte sich auch darum, daß die strategischen Interessen der Roten Armee während der polnischen und ungarischen Ereignisse gewahrt wurden.

Der Vorsitzende des Komitees für Staatssicherheit (KGB), der seit 1954 die Sicherheitsorgane leitende General Ivan Serow, unterstützte Chruschtschow ebenfalls. Er verdankte dem Ersten Sekretär den Höhepunkt seiner Laufbahn, den er trotz seiner langjährigen Mitwirkung bei den Verbrechen der Stalin-Ära erleben durfte. Serow und seine Gefolgsleute konnten aufgrund ihres eigenen Beispiels mit einiger Berechtigung glauben, daß Chruschtschow weit davon entfernt war, Menschen, die sich ihm gegenüber loyal verhielten, für ihre Vergangenheit zur Rechenschaft zu ziehen.

Dank der Unterstützung Schukows und teilweise auch Serows konnte der vom Sturz bedrohte Chruschtschow die Mitglieder des Zentralkomitees, überwiegend seine eigenen Anhänger, nach Moskau beordern und die ZK-Sitzung anberaumen. Seine Gegner waren zahlenmäßig unterlegen. Einige schlugen sich unverzüglich auf die Seite der Sieger, und so büßten jene Widersacher, nicht aber der Erste Sekretär, ihre Posten ein. Chruschtschow begnügte sich erst einmal damit, Malenkow, Kaganowitsch und Molotow sowie seinen ehemaligen Günstling, »der sich ihnen angeschlossen hatte«, den ZK-Sekretär Schepilow, aus dem ZK auszuschließen. Aber er vergaß ebensowenig die übrigen Angehörigen der »parteifeindlichen Gruppe«. In den nächsten Jahren schob er sie nacheinander ins politische Abseits ab.

Chruschtschow enthob seine Hauptgegner sämtlicher Posten,

ansonsten aber wurden sie nicht verfolgt. Angeblich soll der entsetzte Kaganowitsch bei dem Sieger angerufen und ihn angefleht haben, ihm das Leben zu lassen. Seine Ängste seien ausgelacht worden.[66] Diese Art des Umgangs mit den unterlegenen Rivalen bedeutete mehr für die »Entstalinisierung« als donnernde Tiraden. Zugleich aber wurde damit deutlich unterstrichen, daß die in der Sowjetunion regierenden Kommunisten andere Rechte und Sicherheitsgarantien besaßen als gewöhnliche Bürger. Die Massenverfolgungen der vergangenen Jahre hörten zwar auf; wer es aber wagte, die Prinzipien des Systems öffentlich in Frage zu stellen (das betraf auch Geistliche und Gläubige verschiedener Konfessionen), der mußte weiterhin mit Schikanen, Verhaftung und Deportation ins Arbeitslager rechnen.

Die nächsten Jahre der Herrschaft Chruschtschows waren einerseits gekennzeichnet von Bestrebungen, seine persönliche Herrschaft abzusichern und das kommunistische System zu stabilisieren, andererseits von Versuchen, Reformen in die Wege zu leiten. Im März 1958 schickte er Bulganin in den Ruhestand und übernahm dessen Amt als Ministerpräsident. Schon bald entledigte sich der Partei- und Staatschef seiner Verbündeten, die er zu fürchten begann, obwohl er ihnen seinen Erfolg verdankte. Im Oktober 1957 wurde Schukow als Verteidigungsminister abgesetzt und beschuldigt, er habe die Armee von der Partei unabhängig machen wollen. Im Dezember 1958 wurde Serow entlassen. Seinen Platz nahm der Parteifunktionär und bisherige Chef der Jugendorganisation Komsomol, Alexander Schelepin, ein.

Nachdem Chruschtschow seine Herrschaft abgesichert hatte, hatte er es mit politischen Reformen nicht mehr sonderlich eilig. Stalin galt als hervorragender Staatsmann, dem gelegentlich Fehler unterlaufen seien. Trotz einer gewissen Beliebtheit, deren sich Chruschtschow bei Künstlern und Wissenschaftlern erfreute, bemühte er sich, über eine Verschärfung der Zensur und die Maßregelung bestimmter Persönlichkeiten das »Tauwetter« zu stoppen. Den schlimmsten Auswuchs dieser Politik bildete um die Jahreswende 1958/59 die Kampagne gegen Boris Pasternak, der für seinen im Ausland erschienen Roman »Doktor Schiwago« den Literatur-Nobelpreis erhalten hatte.[67]

Der Führer der Sowjetunion widmete seine Energie vor allem den verschiedenen Wirtschaftsprojekten, in erster Linie der Landwirtschaft. Charakteristisch für Chruschtschow war die Überzeugung, die Wirtschaft ließe sich von oben herab dirigieren und selbst in Detailfragen müßten die Entscheidungen auf höchster Ebene fallen. Dazu gehörte der seit 1959 geführte Propagandafeldzug für den Maisanbau, der zu einem raschen Erfolg führen werde: Aus der Gewinnung von Futtermitteln werde sich eine Steigerung der Milch- und Fleischproduktion ergeben, und damit werde wiederum die Nachfrage bei der Bevölkerung gedeckt. Die Ergebnisse allerdings standen in eklatantem Widerspruch zu den Voraussagen.

Chruschtschow erkannte die heraufziehenden Gefahren. Da er mit wirtschaftlichen Erfolgen kaum aufwarten konnte und die gesellschaftliche Disziplin sich nach der »Entstalinisierung« etwas gelockert hatte, war nicht auszuschließen, daß die Unzufriedenheit in der Bevölkerung sich Luft machen werde. Bei einem erneuten politischen Kurswechsel kam es zu einem solchen Ausbruch in Nowotscherkassk, wo Militär im Juni 1962 22 Demonstranten erschoß. Auch im Partei- und Staatsapparat wuchs die Mißstimmung. Aus Angst vor Unruhen wünschte man sich dort eine Politik der »starken Hand« gegenüber der Bevölkerung, allerdings unter Beibehaltung der eigenen Unantastbarkeit.

Dieses Bedrohungsgefühl erklärte, warum Chruschtschow während der Beratungen des XXII. Parteitags der KPdSU im Oktober 1961 erneut die »Entstalinisierung« auf die Tagesordnung setzte. Diesmal wurde nicht nur Stalin verdammt (seine einbalsamierte Mumie verschwand aus dem Moskauer Mausoleum, wo fortan nur noch Lenin ruhte), sondern auch der aktive Anteil der 1957 entmachteten Parteiführer an den Verbrechen wurde jetzt unterstrichen. Allerdings konnte man sich nicht dazu durchringen, alle während der Kollektivierung und in der zweiten Hälfte der 30er Jahre begangenen Verbrechen eindeutig zu verurteilen. Weiterhin galten die nach den Schauprozessen ermordeten »Trotzkisten« und die »Bucharin-Fraktion« als »Volksfeinde«.

Einen weiteren Schachzug, den Chruschtschow in der Absicht unternahm, die Parteibürokratie zu zerschlagen, stellte der Ende 1962 gefaßte Beschluß über die Reorganisierung der gesamten Partei dar. Ihre neue Struktur hing eng mit Wirtschaftsaufgaben zusammen. Sie sollte zweigeteilt werden in einen für die Industrie und einen für die Landwirtschaft zuständigen Zweig. Die Verwirklichung dieses Prinzips mußte zu einer gewissen Verselbständigung des staatlichen Verwaltungsapparats gegenüber der Partei führen, obwohl gleichzeitig die Entscheidungsprozesse noch komplizierter wurden.

Im Zuge des XXII. Parteitags wurde die Zensur liberalisiert. Einige geschichtswissenschaftliche Bücher und erheblich mehr belletristische Titel wurden zum Druck zugelassen. In der von Alexander Twardowskij redigierten Monatsschrift »Nowyj Mir«, die Chruschtschow unterstützte, erschien das erste veröffentlichte Werk von Alexander Solschenizyn, »Ein Tag im Leben des Iwan Denissowitsch«. Darin schilderte er das Schicksal der Menschen, von denen bisher bei der »Entstalinisierung« nicht die Rede gewesen war, nämlich der Millionen einfacher Bürger, die den von ihren eigenen Genossen verfolgten kommunistischen Eliten nicht angehörten.[68] Konsequent allerdings war diese Chruschtschowsche Kulturpolitik nicht. Manche Werke durften gedruckt erscheinen, andere nicht. Während des Besuches einer Ausstellung abstrakter Malerei im Dezember 1962 beschimpfte Chruschtschow persönlich die Künstler in einer sehr rüden Weise und warf ihnen vor, diese Kunst stehe im Widerspruch zur kommunistischen Ideologie.

In der Außenpolitik wollte Chruschtschow ebenfalls miteinander unvereinbare Ziele verwirklichen. Auf der einen Seite ging es ihm um internationale Entspannung, besonders um eine Verbesserung der sowjetisch-amerikanischen Beziehungen. Auf der anderen Seite aber wahrte er nicht nur, sondern forcierte geradezu die imperialen Ansprüche der Sowjetunion. Unter ihm expandierte die sowjetische Politik über ihre bisherigen Interessengebiete in Europa und in den angrenzenden asiatischen Gebieten hinaus.

Schon 1956 schlug Chruschtschow einen versöhnlicheren Tonfall gegenüber den USA an. Zu verstärkten Kontakten kam es 1959, als er nach dem Besuch von Vizepräsident Richard Nixon in Moskau offiziell in die Vereinigten Staaten reiste. Auch die Beziehungen zu anderen westlichen Staaten entspannten sich. Dieses Klima schlug allerdings bald um.

Konfliktstoffe hatte es schon früher gegeben. In Europa knisterte es, als die Sowjetunion versuchte, die Deutschlandfrage durch eine Neutralisierung und Demilitarisierung West-Berlins (und dessen anschließende Einverleibung in die DDR) zu ihren Gunsten zu entscheiden. Denn die offene Grenze gefährdete die Stabilität der DDR und bewies ihre Schwäche und mangelnde Attraktivität, solange Monat für Monat Tausende Deutsche aus dem Osten nach dem Westen flüchteten. Ab November 1958 verlangte Moskau ultimativ die Erfüllung seiner Forderungen, schreckte aber angesichts der entschiedenen Ablehnung vor einer weiteren Eskalation des Konflikts zurück. Gelöst wurde der Konflikt durch eine für das Prestige des kommunistischen Systems in der DDR wenig förderliche Maßnahme: Im August 1961 wurde Berlin durch die Mauer geteilt.

Einen anderen Konfliktherd bildete der Nahe Osten. Ägypten und Syrien (eine Zeitlang zur Vereinigten Arabischen Republik zusammengeschlossen), die mit den westeuropäischen Mächten und Israel (und immer mehr mit den USA) im Konflikt lagen, gerieten nach der Suezkrise von 1956 in die Sphäre der sowjetischen Interessen. Seit dem Moskau-Besuch Präsident Gamal Abd al-Nassers 1958 ließ sich die Sowjetunion intensiv auf die Auseinandersetzungen im Nahen Osten ein.

Noch stärker aufgeheizt wurden die weltweiten Spannungen durch die Ereignisse in Kuba. 1959 stürzten Rebellen unter Fidel Castro das Regime des Diktators Batista. Die neue Regierung verfolgte das Ziel, ihr Land von den Vereinigten Staaten unabhängig zu machen, und begann schon bald, sich um Rückendeckung in Moskau zu bemühen und gleichzeitig die Prinzipien des kommunistischen Systems zu übernehmen. Nach einem Jahr wurden sich die Sowjetunion und Kuba handelseinig. Im September 1962 installierte die Rote Armee auf Kuba insgeheim Raketen mit nuklearen Sprengköpfen. Daraufhin brach die gefährlichste Krise des gesamten »Kalten Krieges« aus, die in einen globalen Konflikt umzuschlagen drohte. Die letztendliche Verständigung beruhte zwar auf einem Kompromiß, die Sowjetunion verzichtete dabei aber auf weitere Pläne einer militärischen Expansion in die westliche Hemisphäre. Die Raketen wurden abgezogen gegen die amerikanische Zusage, von Interventionen auf Kuba Abstand zu nehmen.

Diese realen Konflikte wurden von Kontroversen begleitet, in denen es eher um Prestige ging. Das wurde vor allem 1960 deutlich, als über der Sowjetunion ein amerikanisches Militärflugzeug abgeschossen wurde und sich dabei herausstellte, daß derartige Erkundungsflüge routinemäßig durchgeführt wurden. Chruschtschow ließ daraufhin kurzfristig die Pariser Viermächtekonferenz scheitern. Erst in den letzten Jahren seiner Herrschaft verbesserte sich das Klima in den Beziehungen zu den westlichen Staaten etwas. Moskau unternahm auch gewisse Versuche, informelle Kontakte zur Bundesrepublik Deutschland herzustellen, ließ dabei allerdings kein klares Programm erkennen.

Der ungewöhnlich kostenaufwendige Wettlauf mit den USA bei der Erforschung des Weltraums besaß für die sowjetische Politik der Chruschtschow-Ära als Prestigeobjekt wie aus militärischen Gründen einen hohen Stellenwert. Der anfängliche Vorsprung der Sowjetunion – durch die Entsendung des ersten künstlichen Erdsatelliten 1957 und den ersten bemannten Weltraumflug Juri Gagarins 1961 – wurde sowohl innerhalb des Landes als auch international propagandistisch genutzt als Beweis für die Überlegenheit des Kommunismus über den Kapitalismus.

Eine gewisse Widersprüchlichkeit kennzeichnete die Politik Chruschtschows gegenüber den Ostblockstaaten und den kommunistischen Parteien Westeuropas. Moskau hatte auf seine Dominanz keineswegs verzichtet und wollte über entsprechende Instrumente zu ihrer Aufrechterhaltung verfügen, obwohl die sowjetische Regierung am 30. Oktober 1956 unter dem unmittelbaren Eindruck der Ereignisse in Polen und Ungarn eine Erklärung herausgegeben hatte, in der die Vielgestaltigkeit der Wege »beim Aufbau des Sozialismus« für zulässig erklärt worden war. Gemeinsames Anliegen der kommunistischen Länder aber habe »die Verteidigung der sozialistischen Errungenschaften« zu sein.[69]

Neben dem Warschauer Pakt als Militärbündnis und dem Comecon als wirtschaftlichem Zusammenschluß – beides Institutionen, denen lediglich Ostblockländer angehörten – wollte man eine politische Organisation des Weltkommunismus gründen, der alle kommunistischen Parteien Europas und der übrigen Welt angehören sollten. Die Reaktion auf dieses Ansinnen zeugt davon, wie sehr der sowjetische Führungsanspruch in der kommunistischen Bewegung schon erschüttert worden war. Gegen Chruschtschows Pläne sprachen sich die Parteien Jugoslawiens, Polens und Italiens aus. Viele andere äußerten sich nicht gerade begeistert. Im November 1957 fanden dann Beratungen von lediglich zwölf Parteien aus kommunistischen Ländern und anschließend von 64 Parteien aus aller Welt statt, ohne daß es dabei zu irgendeiner Institutionalisierung kam.

Auf dieser Konferenz bemühte sich Chruschtschow, seine eigene, zwei Jahre zuvor verkündete These von den unterschiedlichen Wegen zum Sozialismus zurückzunehmen. Er unterstrich dabei die universale Bedeutung der sowjetischen Erfahrungen. Trotz chinesischer Unterstützung konnte er sich aber damit nicht voll durchsetzen. Jedenfalls mußte dies zur Abkühlung des Verhältnisses zu Jugoslawien führen, und bald begann man erneut, den kommunistischen Charakter des jugoslawischen Systems in Frage zu stellen. Die italienische Partei war ebenfalls nicht bereit, ihre Ansprüche auf Selbständigkeit aufzugeben. Darüber hinaus zeichneten sich bei der chinesischen Unterstützung bereits künftige Probleme ab: denn diese Unterstützung beruhte in hohem Maße darauf, daß man in Peking die sowjetischen Erfahrungen der Stalin-Ära und der ersten Jahre des »Kalten Krieges« positiv bewertete. Die »Entstalinisierung« und die sowjetisch-amerikanischen Verständigungsversuche hatten aber wiederum jene Erfahrungen mit einigen Fragezeichen versehen.

Die Zusammenkünfte der Partei- und Regierungschefs der Länder des Ostblocks unter dem Schild des Warschauer Pakts und des Comecon konnten nur teilweise eine Organisation, die alle kommunistischen Parteien vereinigt hätte, ersetzen. Zusätzlich wurden bilaterale Vereinbarungen geschlossen. Darin wurden unter anderem die Prinzipien für die Stationierung der Roten Armee in Polen, der DDR, in Ungarn und Rumänien (wo sie allerdings 1958 abgezogen wurde) festgelegt.[70]

Ganz deutlich kündigte sich eine Zweigleisigkeit zwischen den regierenden osteuropäischen Parteien und den westeuropäischen Kommunisten an, die in der politischen Strategie Moskaus eine immer geringere Rolle spielten. In den folgenden Jahren gelang es der Sowjetführung, wenigstens noch den Anschein der Geschlossenheit des Weltkommunismus aufrechtzuerhalten (auch wenn Jugoslawien isoliert wurde). Die Faktoren, die den großen Bruch zwischen Moskau und Peking herbeiführten, gelangten jedoch inzwischen zur Reife. Im Jahre 1961, zuerst im Juni auf der Bukarester Konferenz der regierenden kommunistischen Parteien und anschließend im November auf der von 81 Parteien besuchten Moskauer Weltkonferenz, kam der sowjetisch-chinesische Konflikt voll zum Ausbruch.[71]

Dieser Bruch hatte auch Rückwirkungen auf den europäischen Kommunismus. Das kleinste der europäischen kommunistischen Länder, Albanien, sprach sich eindeutig für Peking aus und nahm nach 1961 an den Aktivitäten des Warschauer Pakts und des Comecon nicht mehr teil. Rumänien lavierte zwischen den verfeindeten kommunistischen Mächten, um einen möglichst großen Handlungsspielraum zu gewinnen, blieb aber weiterhin Teilnehmer der Institutionen des Ostblocks. Trotz chinesischer Bemühungen stand Gomułkas Polen eisern zu Moskau. Eine letztendlich nicht völlig klare Position bezogen hierbei einige westeuropäische Parteien, allen voran die italienischen Kommunisten. Sie hatten zwar die sowjetische Partei bei der »Entstalinisierung« und den Entspannungsbemühungen im »Kalten Krieg« unterstützt, betonten aber gleichzeitig ihre Neutralität und ihre Abgeneigtheit, sich in dem Streit zwischen den Parteien festzulegen. In ihrer Innenpolitik durften sich die Kommunisten der Ostblockländer und die im übrigen Europa jetzt einer gewissen Freiheit erfreuen, nutzten sie allerdings unterschiedlich.

Eine vollkommene Sonderstellung genoß Jugoslawien, obwohl es ab 1962 erneut zu einer Annäherung an die Sowjetunion kam. Die Ausübung der politischen Macht unterschied sich dort kaum von der in den anderen kommunistischen Ländern, wenngleich die Freiheit der politischen Meinungsäußerung sowie für Künstler und Intellektuelle bedeutend größer war. Als jedoch 1957 das Buch »Die neue Klasse« von Milovan Djilas, der Versuch einer Analyse des stalinistischen Systems, im Ausland erschien, hielten es die jugoslawischen Kommunisten für eine Kritik am eigenen System.[72] Dem Autor wurde in einem weiteren Prozeß die ohnehin zu verbüßende Haftstrafe verlängert. Für die jugoslawische Wirtschaft und Gesellschaft galt weiterhin der »Selbstverwaltungssozialismus«, der unvergleichlich dezentralisierter war als in den übrigen Ostblockländern.

Polen stellte eine gewisse Ausnahmeerscheinung im Ostblock dar, obwohl die Mannschaft Gomułkas langsam, aber mit Konsequenz darauf hinarbeitete, die im Vergleich zu den Nachbarländern größere Meinungsfreiheit und sogar Elemente der innerparteilichen Demokratie einzuschränken. 1957 wurde das von gegen die Parteiführung aufbegehrenden jungen kommunistischen Intellektuellen redigierte Wochenblatt »Po Prostu« als »revisionistisch« verboten.

Ebenso scheiterten die von einigen Ökonomen vorbereiteten Pläne, die staatliche Planwirtschaft mit marktwirtschaftlichen Elementen zu verbinden. Die zentralisierte Wirtschaftsverwaltung wurde wiederhergestellt. Die 1956 in den Betrieben gegründeten Arbeiterselbstverwaltungsinstitutionen wurden nach einem Jahr weitgehend ihrer Bedeutung beraubt. Die Ereignisse von 1956 hatten in der Wirtschaft Energien freigesetzt und die kommunistischen Machthaber gezwungen, den Bedürfnissen der Bevölkerung Rechnung zu tragen. Die beträchtliche Steigerung des Lebensstandards mußte in den späteren Jahren einer Stagnation, mitunter sogar einer Verschlechterung der Lebensbedingungen Platz machen.

In zwei Sektoren waren die im polnischen kommunistischen System vorgenommenen Änderungen von größerer Dauer. Erstens hörte die offene Verfolgung der katholischen Kirche auf; sie durfte am öffentlichen Leben mitwirken, obwohl nach einer gewissen Zeit erneut allerlei Schikanen einsetzten. Zweitens fand man sich mit dem Zerfall der überwiegenden Mehrzahl der in den Vorjahren zwangskollektivierten »Produktionsgenossenschaften« auf dem Lande ab. Neuer Kollektivierungsterror blieb aus. Allerdings wurden Verkauf und Vererbung von Land erheblich erschwert, um es allmählich zugunsten des Staates übernehmen zu können.

In kurzer Zeit entledigte sich Gomułka der Mitarbeiter, die für liberalere Methoden in der allgemeinen Politik und im politischen Leben innerhalb der Partei eintraten. Immer häufiger wurden überwiegend Intellektuelle des »Revisionismus« beschuldigt. Trotz alledem wurden nur wenige von ihnen aus der Partei ausgeschlossen oder verließen sie. Am entgegengesetzten Flügel der Partei begannen sich – mit faktischer Zustimmung Gomułkas und seiner Mitarbeiter – Fraktionen zu formieren, die eine Politik der »harten Hand« vertraten.

Eine dieser Fraktionen, die sich um den mächtigen Wojewodschaftsparteisekretär Edward Gierek gebildet hatte, unterstrich die Notwendigkeit eines effizienten Leitungsstils und schuf die Grundlagen für eine technokratische Spielart des Systems. Die andere Fraktion unter dem Vizeinnenminister Mieczysław Moczar, der 1964 Minister wurde, griff auf Ansichten zurück, die sich bei den Fraktionskämpfen in der Partei 1956 herausgebildet hatten. Indem Moczar den Kommunismus mit dem Nationalismus verband, versuchte er, die Emotionen der Kombattanten des Zweiten Weltkriegs zu mobilisieren und auf diese Weise mit langjähriger Verspätung jene damals proklamierte Nationale Front unter kommunistischer Hegemonie zu verwirklichen.

Eine spezifische Situation herrschte auch in Ungarn. Anfangs war Kádárs Stellung eher schwach. Ein beträchtlicher Teil der Bevölkerung lehnte ihn ab, weil ihm die Verantwortung für das Niederwalzen der Revolution mit sowjetischen Panzern anzulasten war. Die Arbeiter hatten die blutigen Aktionen gegen Streikende und die Arbeiterräte genausowenig vergessen wie die Intellektuellen die Verhaftungen und Verurteilungen. Die Stalinisten wiederum (so der langjährige Parteiideologe Révai) konnten ihm seine Zusammenarbeit mit Imre Nagy und seine Mitwirkung bei der Zerschlagung der alten Ordnung nicht verzeihen.

Kádár konnte sich dank der Schützenhilfe Chruschtschows im Sattel halten, der die Art und Weise, wie Kádár gegen die »Konterrevolution« vorgegangen war, billigte und ihn zugleich vor den Stalinisten in Schutz nahm. Die Repressionen ebbten in Ungarn erst 1959 ab. 1958 wurden Imre Nagy und einige seiner Mitarbeiter nach einem Prozeß hingerichtet. 1959 bat Kádár in einem öffentlichen Appell darum, die sowjetischen Truppen so lange im Lande zu belassen, »wie es aufgrund der internationalen Lage notwendig ist«.[73] Von 1959 bis 1961 wurde eine erneute Kollektivierung der Landwirtschaft durchgeführt. Die Wirtschaftsleitung wurde stärker zentralisiert. Dank aus Moskau gesteuerter Vergünstigungen im Außenhandel konnte die Mannschaft Kádárs jedoch eine erhebliche Steigerung des Lebensstandards erreichen.

Erste Anzeichen eines milderen Kurses ergaben sich aus der begrenzten Amnestie von 1960. Nach dem XXII. Parteitag der KPdSU konnte sich Kádár eine deutliche Liberalisierung unter dem Motto »Wer nicht gegen uns ist, ist für uns« leisten.[74] Ein Jahr später wurde endlich Rajk rehabilitiert. Dafür aber fielen Rákosi und Gerö der Verdammung anheim. 1963 wurde eine umfassendere Amnestie erlassen.

Der ungarische Parteichef bekam von Chruschtschow grünes Licht dafür, sein Reformprogramm in Angriff zu nehmen. Dessen Kernstück bildete die Wirtschaft. Die ab 1963 eingeführten Veränderungen hielten sich jedoch in Grenzen. Beabsichtigt war, die Rolle der staatlichen Verwaltung einzuschränken. An deren Stelle sollten die großen Staatsbetriebe, Kombinate oder Trusts treten, denen eine Monopolstellung in den verschiedenen Produktionsbereichen zugewiesen wurde. Die ökonomischen Grundsatzentscheidungen sollten weiterhin den Ministerien mit ihren politischen und bürokratischen Kadern vorbehalten bleiben.

Noch anders verlief die Entwicklung in Rumänien. Bereits 1957 zeichneten sich dort Bestrebungen nach wirtschaftlicher Selbständigkeit ab. Insbesondere wurden die Wirtschaftskontakte zu den westeuropäischen Ländern ausgebaut. Bukarest sträubte sich außerdem gegen die Abstimmung der einzelnen Volkswirtschaftspläne innerhalb des Ostblocks und damit gegen eine Entwicklung, die auf eine leitende Funktion des Comecons hinauslief.

Im politischen Bereich allerdings blieb das stalinistische System so gut wie unangetastet. Ab 1961 unterlag es lediglich einer spezifischen »Rumänisierung«: Es wurde (konsequenter als in Polen) eine Verbindung von Kommunismus und Nationalismus hergestellt, und die indoktrinierende Propaganda im Inland kam jetzt ohne die bisherigen servilen Formeln gegenüber der Sowjetunion und Rußland aus. Den ideologischen Modifikationen entsprach die zunehmende Unabhängigkeit von Moskau, so daß es sich die rumänische Führung erlauben konnte, politisch zwischen Moskau und Peking und wirtschaftlich zwischen Ost- und Westeuropa zu lavieren.

In Bulgarien, der Tschechoslowakei und der DDR geschah nicht viel, denn die Moskauer Zentrale, geschwächt und mit eigenen Problemen beschäftigt, verlangte nur wenig von ihren kleineren Partnern. In der Wirtschaft beschränkten sich die Veränderungen auf Bemühungen, ohne Aufgabe der bürokratischen Verwaltungsmethoden ein ständiges Produktionswachstum zu erreichen und so eine allmähliche Hebung des Lebensstandards zu bewirken. Chruschtschow begnügte sich mit der Loyalität jener Partei- und Regierungschefs gegenüber ihm selbst und der sowjetischen Politik, sowohl in Hinsicht auf den Westen als auch auf China. Ihn freute die in diesen Ländern herrschende Ruhe.

Schiwkows Bulgarien, Novotnýs Tschechoslowakei und Ulbrichts Deutsche Demokratische Republik waren die ersten Staaten im kommunistischen System, in denen politische Unbeweglichkeit im Herrschaftsbereich mit Apathie in der Bevölkerung einherging, wenngleich sich Chruschtschow in derselben Zeit noch um größere innen- und außenpolitische Dynamik der Sowjetunion bemühte. In der DDR gelang es, den wichtigsten Unruhefaktor, die Massenflucht der Bevölkerung nach dem Westen, durch den Bau der Berliner Mauer im August 1961 zu beseitigen.

Unter den kommunistischen Parteien im übrigen Europa vollzogen sich die größten Änderungen in Italien. Ende 1956 erklärten die dortigen Kommunisten, es sei notwendig, beim »italienischen Weg zum Sozialismus« das Mehrparteiensystem und die demokratischen Freiheiten aufrechtzuerhalten.[75] Das entsprach Prinzipien, die sie unmittelbar nach dem Kriege proklamiert, später aber verworfen hatten. Nach Chruschtschows Enthüllungen und im Vergleich zur kommunistischen Herrschaftspraxis erhielten diese Grundsätze jedoch eine polemische Bedeutung.

Als ernsthaftester Rivale der regierenden Christdemokraten und als Partei, die bedeutend stärker war als die Sozialisten, setzten die italienischen Kommunisten alles daran, sich als demokratische Alternative zu profilieren. Es setzte ein ideologischer und politischer Wandel ein, der den Kommunisten zu einer ähnlichen Stellung verhelfen sollte, wie sie in anderen Ländern mächtige sozialdemokratische Parteien einnahmen: auf der einen Seite Sprecher all jener, die auf dem unteren Teil der sozialen Sprossenleiter standen, größtenteils gewerkschaftlich organisiert waren und soziale Reformen verlangten, auf der anderen Seite Repräsentant der antiklerikal eingestellten Intellektuellen.

Noch waren die italienischen Kommunisten weit davon entfernt, diese Ziele verwirklichen zu können, zum einen, weil ihre potentiellen parlamentarischen Partner ihnen diesen Sinneswandel nicht glaubten, und zum anderen, weil in der Partei immer wieder Forderungen nach einer Rückbesinnung auf den orthodoxen Kommunismus laut wurden. Die italienische Partei verstand es jedoch, dem Schicksal fast sämtlicher anderer westeuropäischer kommunistischer Parteien zu entgehen. Sie konnte ihre Stellung aufrechterhalten und trotz allem Auf und Ab sogar ausbauen.

Völlig anders erging es der zweiten großen Partei in Westeuropa, den französischen Kommunisten. Sie setzten den Kurs fort, den sie nach dem XX. Parteitag der KPdSU eingeschlagen hatten. Sie hießen die Gesellschaftsform und politische Praxis in Osteuropa gut (obwohl sie, wenngleich widerwillig, aus Loyalität zu Moskau Kritik an »Stalins Fehlern« übten) und konnten sich nicht dazu durchringen, für ihr eigenes Land eine klare Alternative dazu anzubieten.

Auf den ersten Blick schien die französische Partei ihre Krise jedoch glimpflich zu überstehen. Als de Gaulle 1958 an die Macht kam, das Verfassungsreferendum durchführte und das Mehrheitswahlrecht einführte, wirkte sich das zwar zunächst existenzgefährdend auf die kommunistische Repräsentation im Parlament aus, aber bei den Kommunalwahlen im gleichen Jahr stimmten immerhin 29 % der Wähler für die Kommunisten. Die Partei blieb ihrem Zentralismus treu und verfügte durch ihre eigene Gewerkschaft weiterhin über eine starke Massenbasis bei den Arbeitern. Allmählich wurden indes zwei Trends spürbar, die künftig die Stellung der Kommunisten erschüttern sollten. Einmal verschwand ein Großteil der Intellektuellen durch Parteiausschluß oder -austritt, erschüttert von den Meldungen über Stalins Greueltaten und dem Blutbad in Ungarn. Zum anderen aber überalterte die Partei. Es mangelte ihr an Nachwuchs, denn die jungen Menschen fanden in den bürokratisierten Strukturen keinen Platz für sich.

Abgesehen von Italien und Frankreich, verfügten die Kommunisten nur in wenigen Ländern über einen nennenswerten Einfluß.

Allerdings konnten sie in Griechenland und Spanien lediglich in der Illegalität wirken. In Finnland waren sie als Oppositionspartei für die sowjetische Politik von geringem Wert, weil sämtliche finnischen Regierungen ohnehin die außenpolitischen Empfehlungen aus Moskau respektierten. Die übrigen kommunistischen Parteien schwankten zwischen der italienischen und französischen Haltung, tendierten jedoch meistens zu letzterer. Durchaus nicht nebensächlich war dabei auch der Umstand, daß jene schwachen Parteien auf Unterstützung aus den kommunistischen Ländern angewiesen waren, die ihnen mitunter über offizielle, meist aber über inoffizielle Kanäle zufloß. Der Strom dieser Hilfeleistung versiegte jedoch immer mehr zu einem kleinen Rinnsal, denn die westlichen Kommunisten (Italien und Frankreich dabei ausgenommen) waren inzwischen zu schwach geworden, um für ihre mächtigen östlichen Partner noch nützlich zu sein.

Stabilisierung und Suche nach sicheren Wegen

Als Chruschtschow im Oktober 1964 zum Urlaub auf der Krim weilte, hatten die Vorbereitungen zu seinem Sturz ein entscheidendes Stadium erreicht. Viele Verschwörer verdankten ihm ihre politische Laufbahn. Diesmal verfügten die Gegner des Ersten Sekretärs nicht nur über die Mehrheit in der engsten Führungsspitze, dem ZK-Präsidium, sondern auch über die Unterstützung des Verteidigungsministers Rodion Malinowski und von KGB-Chef Wladimir Semitschastnyi. Einige ZK-Mitglieder wurden ebenfalls in das Vorhaben eingeweiht. Chruschtschow wurde telefonisch zur unverzüglichen Rückkehr nach Moskau aufgefordert. Hier fand daraufhin eine Präsidiumssitzung statt, in der Chruschtschow praktisch isoliert dastand. Nach einigem Zögern unterwarf er sich und erklärte sich bereit zurückzutreten.

Auf der Sitzung des Zentralkomitees wurden dann die einzelnen Kritikpunkte vorgetragen: unüberlegte Entscheidungen, chaotische Zustände, selbstherrlicher Führungsstil. Chruschtschow habe sich mit Schmeichlern umgeben, die Partei in einen industriellen und einen agrarischen Zweig gespalten und durch Fehler die wachsenden Spannungen im Konflikt mit den chinesischen und albanischen Kommunisten verursacht. Er sei taktlos mit den Staaten des Ostblocks umgesprungen und habe auf diesem Gebiet falsche Entscheidungen getroffen, den Ländern der Dritten Welt habe er leere Versprechungen gemacht und sie mit Geschenken überhäuft.[76]

Abgesehen von den wirklichen Zielen, von denen sich Chruschtschows Gegner leiten ließen – Beendigung der »Entstalinisierung« und aller politischen und wirtschaftlichen Reformversuche –, stellte sein Sturz durch das Zentralkomitee einen (allerdings in der Sowjetunion niemals mehr wiederholten) Präzedenzfall dar. Das strukturelle Prinzip der Führung durch eine Person – vom Stalinismus geerbt, wenn auch von Chruschtschow weniger konsequent und mit anderen Methoden fortgesetzt – war damit erschüttert worden.

Daß allerdings der Partei- und Staatschef lediglich in den Ruhestand versetzt wurde, ohne in irgendeiner Form zur Verantwortung gezogen zu werden, bestätigte die Unumkehrbarkeit der nach der Abrechnung mit Berija aufgestellten Regeln von der persönlichen Unantastbarkeit der sowjetischen Machtelite. Daran ändert auch die Tatsache nichts, daß seitdem bis zu seinem Tod 1971 über Chruschtschow völliges Stillschweigen verhängt wurde. Seine sämtlichen Kontakte zum In- und Ausland wurden unterbunden.

Chruschtschows Hinterlassenschaft teilte man untereinander auf. Den Posten des Ersten Sekretärs (ab 1966 dann Generalsekretär) bekam der erst kürzlich zu seinem Stellvertreter aufgestiegene Leonid Breschnew, der seit 1960 dem Obersten Sowjet vorgesessen hatte. Zum Premierminister rückte einer der bisherigen Vizepremiers, Alexej Kosygin, auf. Mehr Einfluß erhielten auch andere Mitglieder der engsten Führungsspitze, so der 1965 als Vorsitzender des Obersten Sowjets eingesetzte Nikolai Podgorny, der Chefideologe Michail Suslow, die aufeinander folgenden Verteidigungsminister Rodion Malinowski und Andrej Gretschko, Außenminister Andrej Gromyko und KGB-Chef (seit 1967) Juri Andropow.

Die Machtergreifung dieser neuen Mannschaft wurde von ernsthaften Befürchtungen begleitet, daß sie anfangen werde, zumindest auf der Ebene der Ideologie und der offiziellen Parteigeschichte Stalin zu rehabilitieren. Derartiges fand aber nicht statt. Typisch war vielmehr, daß man schwieg – über Stalin (wenngleich Breschnew bei den nächsten Feierlichkeiten zum Jahrestag des Kriegsendes seine Verdienste vor und nach dem Kriegsausbruch erwähnte),[77] über Chruschtschow, über die Verbrechen des Stalinismus und über die Versuche, mit ihnen abzurechnen. Wenn Chruschtschow den Führungsanspruch der sowjetischen Kommunisten noch auf die Tradition Lenins und auf seine eigenen Leistungen zu stützen versucht hatte, ohne auf Stalin Bezug zu nehmen, so klaffte nach seinem Sturz eine noch größere Gedächtnislücke. 40 Jahre Kommunismus und sozialistische Errungenschaften (denn von denen war weiterhin die Rede) hatten nach Lenin keine Väter.

Die Geschichte wurde zum anonymen Werk der unfehlbaren Partei und der heroischen Massen.

Kosygin besaß Pläne für Wirtschaftsreformen, die auf der Einführung gewisser marktwirtschaftlicher Mechanismen beruhen sollten. Ein solches Projekt hatte seit 1962 der Wirtschaftswissenschaftler Jewsej Liberman unterbreitet.[78] Im September 1965 erfolgte der Startschuß zur Reform. Die »Sownarchosen« wurden beseitigt (zuvor schon war die Aufspaltung der Partei in einen industriellen und einen agrarischen Zweig rückgängig gemacht worden), und man kehrte zu einer zentralisierten Wirtschaftsführung zurück. Zugleich vergrößerte sich der Handlungsspielraum der Betriebe, die nur noch einige der vorgegebenen Plankennziffern zu erfüllen hatten.

Die Betriebe sollten in erster Linie nicht aufgrund der Produktionssteigerung, sondern auf der Basis der verkauften Produktion, des Gewinns und ihrer Rentabilität beurteilt werden. Als unverzichtbarer Bestandteil der Reform mußte das Preissystem der Realität angepaßt werden. Kosygin unternahm Schritte in diese Richtung. Schon bald jedoch stellte sich heraus, daß die Verwirklichung der Reformen auf unüberwindliche Hindernisse stieß. Widerstand leisteten sowohl die Staatsbürokratie, die viele ihrer bisherigen Privilegien einbüßte, als auch der Parteiapparat, der es gewohnt war, jederzeit beliebig in den Betrieben einzugreifen. Auch die Ausrichtung bedeutender Teile der Wirtschaft auf die Bedürfnisse des Militärs war einer »marktwirtschaftlichen Umorientierung« nicht gerade förderlich. Kosygin fand mit seinem Vorhaben bei Breschnew und den meisten seiner Genossen in der Parteispitze kaum Unterstützung.

Die Sehnsucht nach Stabilisierung, die gleichzeitige Reformunwilligkeit und die Scheu, irgendein Risiko einzugehen, waren dominant. Das Gefühl der Sicherheit, das der Partei- und Staatsapparat in den letzten zehn Jahren gewonnen hatte, ließ Ruhe, Bequemlichkeit und ein auskömmliches Leben zu erstrebenswerten Zielen werden. Keine geringe Rolle spielte die zunehmende und oftmals straflose Korruption. Das kommunistische System in der Sowjetunion verschanzte sich hinter ideologischen Phrasen, der Verwaltungsroutine und den erprobten, oft allerdings nur mäßigen Erfolg zeitigenden Methoden der Wirtschaftsadministration.

Mit einem gewissen Wohlwollen beobachtete man in Moskau die wachsende Bereitschaft in den westeuropäischen Ländern (in geringerem Maße in den Vereinigten Staaten), sich mit der Teilung des Kontinents abzufinden und verstärkt mit der Sowjetunion und den Ostblockstaaten zusammenzuarbeiten. Besonders großes Gewicht maß man der Entwicklung in der Bundesrepublik Deutschland bei. Weniger von Belang für die Beziehungen zu den westeuropäischen Staaten war die Zuspitzung des Indochinakonflikts, wo die von der Sowjetunion unterstützten vietnamesischen Kommunisten mit Waffengewalt versuchten, die unter amerikanischem Schutz stehenden Territorien von Südvietnam, Laos und Kambodscha unter ihre Herrschaft zu bringen. Die europäische Entspannung wurde allerdings durch den Ausbruch des Nahostkriegs erschwert. Der Ostblock unterstützte hier unzweideutig die arabischen Länder, während sich die westlichen Staaten für Israel aussprachen.

Destabilisierend wirkte sich gleichfalls der Nachhall des sowjetisch-chinesischen Konflikts aus. Die Erwartungen der sowjetischen Führung, eine zumindest begrenzte Verständigung mit Peking erreichen zu können, erfüllten sich nicht. Das machte sich Rumänien unter der Führung Nicolae Ceauşescus, der nach Gheorghiu-Dejs Tod 1965 das Steuer an sich gerissen hatte, zunutze. Nunmehr demonstrierten die rumänischen Kommunisten noch stärker ihre Unabhängigkeit. Genauso wie China, Albanien und Jugoslawien sagten sie ihre Teilnahme an dem Moskauer »konsultativen Treffen« der kommunistischen Parteien im März 1965 ebenso ab wie 1967, zusammen mit Albanien und Jugoslawien, die Teilnahme an der Karlsbader Konferenz der europäischen kommunistischen Parteien. Zwar erschienen sie Anfang 1968 zu den »Konsultationsberatungen« in Budapest, wo eine kommunistische Weltkonferenz vorbereitet werden sollte, lehnten aber sämtliche Vorschläge ab, die auf eine Koordinierung der Politik unter sowjetischer Hegemonie zielten.

Albanien gegenüber versuchte es Moskau mit versöhnlichen Worten. Erstmals seit Ausbruch des Konflikts wurde die politische Führung Albaniens 1965 zur Sitzung des Beratenden Politischen Ausschusses des Warschauer Pakts eingeladen. Aus Tirana kam eine empörte Ablehnung.[79] Dafür vertieften sich die Beziehungen zwischen Albanien und China. 1966 führte Albanien seine eigene »Kulturrevolution« durch, der jedoch der Elan im Vergleich zum China Mao Tse-tungs weitgehend abging. Obwohl Tito von Peking und Tirana heftig unter Beschuß genommen wurde, kamen sich Moskau und Belgrad kaum näher.

Mit weitaus weniger Auseinandersetzungen verwirklichte das kommunistische Ungarn eine partielle Selbständigkeit. Chruschtschows Sturz bedeutete für Kádár zwar einen schweren Schlag, doch wußte Moskau durchaus das Geschick des ungarischen Parteichefs bei der Aufrechterhaltung von Ruhe und Ordnung sowie der Stärkung des Systems zu schätzen. Die ungarische Führung nutzte die Chance, die sich mit Kosygins Wirtschaftsreformplänen bot. Zwei Monate nachdem in Moskau der Startschuß dafür gefallen war, wurde auch in Budapest der »Neue Ökonomische Mechanismus« angekündigt.[80] Die Prämissen ähnelten jenen in der Sowjetunion. Die zentrale Wirtschaftssteuerung wurde beibehalten, es verringerten sich aber die Plankennziffern. Zugleich wurden mehr tatsächlich ökonomische Mechanismen eingeführt.

Anders als in der Sowjetunion, konnte sich die ungarische Reform in den nächsten Jahren weiterentwickeln. Hier war die Staats- und Parteibürokratie weniger verknöchert, gleichzeitig machte sich das Verlangen der Bevölkerung nach Verbesserung des Lebensstandards stärker bemerkbar. 1968 setzten bedeutende Veränderungen in der Wirtschaftspolitik ein. Fast alle obligatorischen Plankennziffern wurden abgeschafft, mit Ausnahme der Verpflichtungen gegenüber den Comecon-Partnern. Schließlich entstand eine Kombination aus zentraler Planung (dadurch, daß die Entscheidungskompetenz bei den größten Investitionen ebenso wie eine partielle Preiskontrolle und die Möglichkeit, von Fall zu Fall Steuern einzuführen, in der Hand der staatlichen Verwaltung blieb) und Marktmechanismen.

Die ungarische Reform stellte den ersten, relativ erfolgreichen Versuch dar, die bürokratische Wirtschaftslenkung einzudämmen und – in der weiteren Konsequenz – zu einer »Konsumwirtschaft« zu gelangen. Mit der Zeit fand sie Nachahmer in einigen anderen Ostblockstaaten, besonders in der Tschechoslowakei und in Polen.

Für die Spannungen, die die Lage in der Tschechoslowakei besonders konfliktgeladen gestalteten, gab es mehrere Ursachen. Erstens hatte hier eine Abrechnung mit den Verbrechen der Stalin-Ära, einschließlich der Schauprozesse gegen Kommunisten, nicht stattgefunden. Zwar war die Tschechoslowakei nicht das einzige Land, in dem eine »Entstalinisierung« unterblieben war, doch hatte im Stalinismus der Terror hier besonders heftig gewütet, und dementsprechend war jeglicher Vergangenheitsbewältigung mit ungewöhnlicher Konsequenz ausgewichen worden. Das war unter anderem bedingt durch die Mitverantwortung einiger Spitzenpolitiker für die Verbrechen, darunter auch Novotný selbst, der nach 1956 zum Schützling Chruschtschows geworden war.

In Bulgarien waren die Opfer aus kommunistischen Kreisen schon 1956 rehabilitiert worden. In Rumänien war das teilweise noch zu Lebzeiten von Gheorghiu-Dej, der die Verantwortung dafür anderen Leuten in die Schuhe schob, teilweise erst nach seinem Tode geschehen. In der DDR hatte es nur wenig Verfolgungen von Kommunisten gegeben, und diese hatten keine tödlichen Konsequenzen nach sich gezogen. Daher hatte man die Angeklagten rasch rehabilitieren lassen.

Die zweite Ursache für die Spannungen in der Tschechoslowakei ist in den slowakischen Aspirationen zu suchen, die Staatsform in eine Föderation zu verwandeln. Dahingehende Bestrebungen besaßen in dem zentralistischen System, wie es in der Verfassung von 1960 verankert worden war, keine Chancen, verwirklicht zu werden. Unter den Opfern des Stalinismus hatten sich viele namhafte slowakische Kommunisten befunden. Daher hatte die »Entstalinisierungsfrage« zusätzlich eine nationale Dimension erhalten.

Am stärksten aber wurden die Spannungen durch die Wirtschaftskrise angeheizt, von der die Tschechoslowakei seit 1962 heimgesucht wurde. Sie traf vor allem den tschechischen Landesteil, der vor dem Zweiten Weltkrieg zu den wirtschaftlich am weitesten entwickelten Regionen Europas gehört hatte. Dieses Erbe war allerdings durch die zentralistische Verwaltung und wenig effektive Investitionen in der traditionell starken Schwerindustrie völlig heruntergewirtschaftet worden.

Über einen längeren Zeitraum beabsichtigte man, diese Spannungen jede für sich und unabhängig voneinander abzubauen. Diese Bemühungen brachten nur recht begrenzte Erfolge. 1963 wurde zwar eingestanden, daß die damaligen Schauprozesse fingiert gewesen waren, aber viele der Verurteilten wurden weiterhin für politische Verfehlungen verdammt. Die Organisatoren der Prozesse dagegen wurden nicht zur Verantwortung gezogen. Etwas weiter ging man im gleichen Jahr bei der Rehabilitierung der des Nationalismus beschuldigten slowakischen Kommunisten, von denen einige, wie Husák, noch am Leben waren. Erster Sekretär der Partei in der Slowakei wurde Alexander Dubček. Er galt als Befürworter einer größeren Selbständigkeit seines Landes. 1964 billigte die Parteiführung den von Ota Šik ausgearbeiteten Entwurf einer Wirtschaftsreform, die der später in Ungarn verwirklichten ähnelte. Die Umsetzung dieser Reform scheiterte jedoch in den nächsten Jahren am Widerstand der Anhänger der zentralistischen Planwirtschaft.

Erst 1967 kam eine Verbindung aller drei kritischen Tendenzen gegenüber der bisherigen Parteilinie zustande. Führer der Opposition wurde Dubček, der im Oktober auf einer Sitzung des Zentralkomitees Novotný heftig angriff. Dabei rechnete der slowakische Parteichef auf den Segen Moskaus, wo er einen guten Ruf genoß, im Gegensatz zu Novotný, dem seine engen Kontakte zu Chruschtschow angelastet wurden. Noch im selben Monat unterstützte Dubček in aller Öffentlichkeit die sowjetische Partei in ihrem Konflikt mit China und traf sich anschließend insgeheim mit Breschnew. Im Dezember 1967 erklärte der sowjetische Parteichef bei seinem Besuch in Prag, der Streit zwischen den tschechoslowakischen Kommunisten sei deren »eigene Angelegenheit«.[81]

Von diesem Augenblick an begannen sich die Ereignisse zu überstürzen. In den ersten Tagen des neuen Jahres mußte Novotný von seinem Posten als Erster Sekretär zurücktreten, blieb jedoch weiterhin Staatspräsident. Sein Nachfolger wurde Dubček. Er sprach sich für die Einheit von Tschechen und Slowaken sowie für eine Konsolidierung des Sowjetblocks aus. Der neue Parteichef gewann die Unterstützung der tschechischen Anhänger einer »Entstalinisierung« und Wirtschaftsreform. Entsprechend seinem Breschnew gegebenen Versprechen nahm er jedoch im Parteiapparat keine größeren Umbesetzungen vor. Er hatte es also weiterhin mit einer noch unter seinem Vorgänger gewählten Zusammensetzung des Zentral-komitees zu tun, darunter viele kompromittierte Personen.

Das wiederum rief die Unzufriedenheit der Reformanhänger, be-sonders der Intellektuellen, hervor. Die Dubček-Führung verlor die Kontrolle über die Massenmedien und einige Parteiorganisationen. Die Auseinandersetzungen spitzten sich zu, da Novotnýs Anhänger noch nicht aufgegeben hatten. Unter dem Druck der sich radikali-sierenden Atmosphäre im Land trat Novotný im März 1968 vom Amt des Staatspräsidenten zurück. Sein Nachfolger wurde General Svoboda, der während des Stalinismus kaltgestellt worden, anson-sten aber in Moskau bekannt und akzeptiert war.

Einen Tag nach Novotnýs Sturz versammelten sich die Partei-chefs des Ostblocks in Dresden zu einer Konferenz des Warschauer Paktes. Die tschechoslowakischen Kommunisten wurden schwer dafür gemaßregelt, daß sie »antisozialistische« Freiheiten in den Massenmedien duldeten. Zum ersten Mal wurden Drohungen hin-sichtlich einer Intervention von außen geäußert. Die erste Geige bei dieser Kritik spielten Ulbricht und Gomułka, während sich Kádár um einen Ausgleich bemühte und die sowjetischen Parteiführer eine gewisse Zurückhaltung an den Tag legten.

Dubček und seine Anhänger in der Partei gerieten in eine aus-weglose Situation, zwischen dem Druck der »Bruderländer« und dem Druck der sich immer mehr jeder Kontrolle entziehenden eigenen Partei und der öffentlichen Meinung. Der Erste Sekretär warf das Schlagwort vom »Sozialismus mit menschlichem Antlitz« in die Debatte, bezichtigte aber gleichzeitig die Journalisten und Intellektuellen der Verantwortungslosigkeit.[82] Zur Streitfrage wurde auch die Einberufung eines Parteitags. Die Parteiführung befürchtete, er werde einen allzu spontanen Verlauf nehmen und internationale Konsequenzen nach sich ziehen, gab aber dann ih-ren Widerstand auf und stimmte zu, daß er im September stattfin-den solle.

Im Juni veranstalteten die Truppen des Warschauer Pakts Manö-ver auf dem Boden der Tschechoslowakei. Die reformerischen Teile der Partei, die Dubček unter Druck setzten, befürchteten, dieser werde seinerseits dem Druck der Partner im Ostblock nachgeben und den Reformprozeß abbremsen. Ende Juni veröffentlichten sie deshalb das Manifest der 2000 Worte, in dem sie Demokratie in der Partei und im Lande sowie Meinungsfreiheit forderten. Das rief eine zornige persönliche Intervention Breschnews hervor. Obwohl die Manöver Anfang Juli abgeschlossen waren, verblieben sowjetische Truppen auf tschechoslowakischem Boden.

Im selben Monat trafen sich die Führer des Warschauer Pakts erneut, diesmal in Warschau, um über die Lage zu debattieren. Die an den Pranger gestellte tschechoslowakische Parteiführung lehnte es ab, der Einladung Folge zu leisten. Ebensowenig wollte Dubček zu bilateralen Gesprächen nach Moskau reisen. Sie fanden daher erst Ende Juli im Grenzort Čierna nad Tisou (Schwarzau an der Theiß) in der Ostslowakei statt. Breschnew begann mit einer aggressiven Attacke gegen die Politik der tschechoslowakischen Kommunisten. Am nächsten Tag löste sich die Spannung etwas. Dafür gab es mehrere Gründe. Die sowjetische Führung hatte ein vertrauliches Schreiben von 18 kommunistischen Parteien Westeuropas erhalten, in dem diese gegen die Einmischung in die Angelegenheiten der Tschechoslowakei protestierten. Genauso ablehnend verhielten sich Jugoslawien und Rumänien. Eine gewisse Rolle spielte die Enttäuschung, die Svobodas Haltung Breschnew bereitete. Wider Erwarten unterstützte er Dubček.

Es wollte ganz so scheinen, als würde sich die Lage nach diesem Treffen entspannen. Drei Tage später trafen die Führungsspitzen der Warschauer-Pakt-Staaten wieder zu einer Konferenz in Bratislava zusammen, auf der sanftere Töne angeschlagen wurden. Gemeinsam mit den anderen Kommunisten des Sowjetblocks unterzeichnete die tschechoslowakische Führung die Formulierung: »Es ist die gemeinsame internationale Pflicht aller sozialistischen Länder, die Errungenschaften zu fördern, zu schützen und zu stärken.«[83] Damit kündigte sich bereits die »Breschnew-Doktrin« an, die der sowjetische Parteichef wenige Monate später nach der Schaffung vollendeter Tatsachen formulieren sollte.

Zu diesem Zeitpunkt liefen bereits die fieberhaften Vorbereitungen zum Einmarsch, dessen Befürworter in der Sowjetunion besonders die Militärs waren, da sie in der Entwicklung der Ereignisse eine Gefährdung der strategischen Position des Ostblocks sahen. Zu Beginn der zweiten Augusthälfte fanden nacheinander mehrere geheime Sitzungen statt, auf denen die Entscheidungen fielen, zuerst in der engsten sowjetischen Führungsspitze, später auf einem Treffen der Staatschefs des Warschauer Pakts (doch ohne Rumänien, das einen Einmarsch ablehnte, während die ebenfalls widerstrebenden Ungarn sich der gemeinsamen Haltung anschlossen) und schließlich auf einer Sitzung des ganzen sowjetischen Zentralkomitees.

Wenn es nicht darum gegangen wäre, einem anderen Lande mit Waffengewalt die eigene Ordnung aufzuzwingen, könnte man dieses Vorgehen paradoxerweise als Symptom allgemeinerer Tendenzen interpretieren: eine kollektive konsensuale Entscheidungsfindung durch die satzungsgemäßen Parteiinstanzen der Sowjetunion und durch zwischenstaatliche Vereinbarungen innerhalb des Warschauer Pakts. Das war aber nur Fassade. Die ganze Operation war lange vorher bereits haarklein geplant worden. Schon einen Tag nach der letzten Sitzung, am 21. August 1968, marschierten insgesamt 250 000 Soldaten aus Polen, Ungarn, Bulgarien, der DDR und vor allem aus der Sowjetunion in die Tschechoslowakei ein.

Der weitere Verlauf der Ereignisse war eher überraschend. Trotz eines entsprechend vereinbarten Plans gelang es nicht, einen Staatsstreich in der kommunistischen Führung der Tschechoslowakei zu inszenieren. Die neue Mannschaft sollte öffentlich die verbündeten Staaten um Hilfe bitten, den Einmarsch legitimieren und als Alternative zur bisherigen Regierung dienen (ähnlich wie in Ungarn 1956). Die Invasoren ließen zwar die aktivsten Vertreter der Dubček-Mannschaft verhaften und eilends nach Moskau bringen, doch in der Illegalität bildete sich eine Ersatzführung, die unverzüglich einen Parteitag einberief. Präsident Svoboda lehnte eine Zusammenarbeit mit den Interventionstruppen ab. Auf Schritt und Tritt wurde passiver Widerstand geleistet.

Moskau entschied sich für ein scheinbares Nachgeben. Mit den gefangengesetzten tschechoslowakischen Politikern und mit Svoboda begannen Verhandlungen. Man brachte sie dazu, sich damit einverstanden zu erklären, daß die sowjetischen Truppen weiterhin im Lande verblieben und die Beratungen des Parteitags als statutenwidrig deklariert würden. Darüber hinaus verpflichteten sie sich, im Land die Ordnung wiederherzustellen und die Massenmedien einer strengen Kontrolle zu unterwerfen. Als Gegenleistung durfte die Dubček-Gruppe nach Prag heimkehren und die Regierungsgewalt wieder übernehmen.

Nur ein Verhandlungsteilnehmer, František Kriegel, lehnte den Kompromiß ab und legte alle seine Funktionen nieder. Die anderen beschritten einen Weg, der sich als ein Zweitaufguß der »Salamitaktik« erwies. Im Verlaufe von nur wenigen Monaten wurden unter sowjetischem Druck weitere Mitglieder der Parteiführung entfernt und durch solche Funktionäre ersetzt, die als willige Vollstrecker der Befehle aus Moskau bereit waren, die »Normalisierung« einzuleiten. Im April 1969 wurde Dubček seines Amtes enthoben. Erster Sekretär wurde der zur Stalinzeit verfolgte Gustav Husák, der jetzt aber bereit war, die angeordnete Pazifizierung durchzuführen.

In den nächsten Monaten verloren Hunderttausende Kommunisten ihre Parteimitgliedschaft und meistens auch ihren Arbeitsplatz. Die restlichen wurden eingeschüchtert und moralisch gebrochen. Eine strenge Zensur und ein Publikationsverbot für sämtliche Autoren, die sich nicht an die Kandare nehmen ließen, wurden verhängt (selbst wenn sie über Themen schreiben wollten, die himmelweit von jeglicher Politik entfernt waren). Widerspenstige wurden bespitzelt und Verhören unterzogen. Es handelte sich um einen neuen Stil der Unterdrückung, der sich von den stalinistischen Verbrechen oder den Erschießungen und Verhaftungen bei der Niederwerfung der ungarischen Revolution erheblich unterschied, aber durch seine Konsequenz und seine Ausmaße seine Wirkung nicht verfehlte.

Polen bereitete Moskau weniger Ärger, wenngleich es hier an Problemen ebenfalls nicht mangelte. Mitte der 60er Jahre stagnierte das wirtschaftliche und das politische Leben. Während die Popularität Gomułkas und seiner Mannschaft an einem Tiefpunkt anlangte, gewannen drei sich bereits in den vorangangenen Jahren abzeichnende Tendenzen innerhalb der Partei an Gewicht: die revisionistische, die technokratische und die nationalistische Richtung.

Die nationalistische Fraktion nutzte 1967 den Ausbruch des Nahostkriegs, um mit der Parole »Kampf gegen den Zionismus« eine antisemitische Kampagne loszutreten. Unter den Studenten und jungen Intellektuellen, die unter dem Einfluß des kommunistischen Revisionismus gestanden hatten (und die zum Teil von der kubanischen Revolution oder dem vietnamesischen Kommunismus fasziniert waren), gewannen Vorstellungen von demokratischer und nationaler Freiheit spürbar an Bedeutung. Dabei fanden sie in den in Polen gewichtigen nichtkommunistischen intellektuellen Zirkeln und bei katholischen oder liberalen Jugendgruppen Rückhalt.

Die nationalistische Parteifraktion nahm die Studentendemonstrationen im März 1968 zum Vorwand, um faktisch den Ausnahmezustand zu verhängen und eine antisemitische und antiintellektuelle »Säuberung« in sämtlichen Institutionen von Partei und Staat durchzuführen. Zum ersten Mal in der Geschichte des Kommunismus wurde der Antisemitismus derart unverhohlen und aggressiv zum Ausdruck gebracht.[84]

Die nationalistischen Töne weckten gewisse Befürchtungen in Moskau, wo man um die mächtige Tradition polnischer Russophobie wußte. Auch die Gruppe um Parteichef Gomułka und die technokratische Fraktion Giereks waren beunruhigt, denn die Offensive der Partei-Nationalisten unter der Führung Moczars war getragen von einer exzessiven Demagogie. Daher wurden ihre Verfechter innerhalb von wenigen Monaten zum Schweigen gebracht. Nicht wenige Elemente ihrer Ideologie fanden jedoch offen oder verschleiert Eingang in den polnischen Kommunismus.

Daß das Jahr 1968 auch für die Geschichte des jugoslawischen Kommunismus nicht ereignislos verlief, dafür sorgten Studenten und Intellektuelle mit verschiedenen Aktionen, vor allem den Studentenunruhen in Belgrad. Der kommunistische Staat reagierte einerseits mit unterschiedlichen Schikanen, andererseits kündigte Tito in Belgrad Veränderungen an, doch wurden die Probleme, die die Unzufriedenheit hervorgerufen hatten, nicht gelöst. Entscheidungen in dieser Richtung sollten erst einige Jahre später fallen.

Die Spannungen, die hier zum Ausdruck kamen, hatten eine zweifache Vorgeschichte. Einerseits entfaltete ab 1964 in Serbien eine Gruppe Intellektueller, überwiegend Philosophen, die sich um die in Belgrad erscheinende Zeitschrift »Praxis« gebildet hatte, eine überaus rege Tätigkeit. Ihre Interessen gingen über theoretische Erwägungen hinaus. Im Ausbau der Selbstverwaltung und in der Beseitigung der Parteibürokratie sahen sie eine Chance für die Entwicklung der Demokratie innerhalb des kommunistischen Systems.

Auf der anderen Seite verstärkten sich die partikularistischen Tendenzen, deren Ziel es war, den politischen Zentralismus einzuschränken. Denn trotz des offiziellen Föderalismus Jugoslawiens waren grundlegende Kompetenzen bei der serbischen Bürokratie in Belgrad belassen worden. Diesen in Kroatien und Slowenien besonders ausgeprägten Trends ließ sich mit Umbesetzungen in der kommunistischen Führungsspitze nicht begegnen. Tito setzte 1966 seinen Stellvertreter Alexander Ranković, der gleichzeitig Chef des Sicherheitsdienstes war, ab, da er ihm – nicht grundlos – vorwarf, die Bürokratie, den Zentralismus und den serbischen Nationalismus unterstützt zu haben.

Auch für die kommunistischen Parteien Westeuropas bedeuteten die Ereignisse von 1968 einen Schock. Nach den Erschütterungen des Jahres 1956 und nach dem Ausschluß oder Austritt protestierender Intellektueller waren Keimzellen einer mit den Kommunisten konkurrierenden Bewegung, der »neuen Linken«, entstanden. Damals war sie jedoch noch nicht auf nennenswerte Resonanz in der Bevölkerung gestoßen.

Einige Umstände sorgten dafür, daß sie allmählich, besonders bei der studentischen Jugend, stärker Gehör fand. Von ausschlaggebender Bedeutung war dabei der Generationswechsel, verbunden mit dem Protest gegen bürgerliche Wohlsituiertheit und gegen die seit dem Kriegsende dominierenden amerikanischen Vorbilder. Diesem Antiamerikanismus entsprang die Begeisterung für die kubanische Revolution und die von einem ihrer Führer, Ernesto »Che« Guevara, konzipierte Ideologie des Aufstands der Dritten Welt. Auf der gleichen Ebene bewegte sich die Faszination durch den Vietnamkrieg, den man als einen Befreiungskampf gegen neokolonialistische Unterdrückung, wie sie von den USA in der ganzen Welt betrieben würde, wahrnahm.

Ein Teil der westeuropäischen »neuen Linken« erblickte die Zukunft des Kommunismus in China und in einer Ideologie, wie sie von Mao Tse-tung propagiert wurde, in der eine Verbindung zwischen dem Marxismus und der Revolution der Dritten Welt hergestellt wurde. Auf jeden Fall gab es außerhalb der Reihen der kommunistischen Parteien immer mehr Gruppen, die neotrotzkistisch oder maoistisch waren, sich auf Guevara beriefen oder einfach ohne eindeutige ideologische Orientierung auskamen. 1968 traten diese Gruppierungen in Aktion, wobei die Wellen monatelanger Demonstrationen und Tumulte am höchsten in Frankreich, der Bundesrepublik Deutschland und Italien schlugen.

Längst nicht alle Anhänger der kommunistischen »neuen Linken« blieben in den darauffolgenden Jahren ihren Idealen treu. Jedenfalls fanden nicht viele den Weg zu den kommunistischen Parteien. Andere entwickelten sich weiter zu unterschiedlichen alternativen, meist ökologischen Bewegungen. Ein winziger Prozentsatz fand sich in konspirativen terroristischen Organisationen wieder, die sich auf eine kommunistische Zukunftsvision beriefen, etwa in der Roten-Armee-Fraktion in der Bundesrepublik Deutschland oder in den Roten Brigaden in Italien. Eines aber hatte die von vielen linken Intellektuellen unterstützte 68er Studentenrevolte bewirkt: Sie beendete endgültig einen Prozeß, in dessen Verlauf der orthodoxe, sich an sowjetischen Vorbildern orientierende Kommunismus jeglichen Kontakt zu den nachfolgenden Generationen verlor.

Die Ereignisse in der Tschechoslowakei, und in gewissem Maße zuvor die polnischen März-Unruhen, hatten die kommunistischen Parteien Westeuropas überdies in ihren Grundfesten erschüttert. Erstmals erlaubten es sich mehrere Parteien, in aller Offenheit das Vorgehen der sowjetischen und polnischen Kommunisten zu kritisieren.[85] Am lautesten protestierten die italienische und die damals noch in der Illegalität agierende spanische Partei. Die Kommunistische Partei Frankreichs hingegen versuchte, den Einmarsch in die Tschechoslowakei irgendwie zu rechtfertigen (verhehlte allerdings ihr Mißfallen über die antisemitische Kampagne im polnischen »März« nicht).

In Ost- wie in Westeuropa ging mit den Ereignissen des Jahres 1968 eine Epoche zu Ende, in der im Anschluß an die große »Entstalinisierungskrise« nach Wegen gesucht worden war, wie der Kommunismus weiterzuentwickeln sei. Jegliche Bewegung hatte sich als Bedrohung für dieses System, dem jede Dynamik abhanden gekommen war, sowie für die immer sklerotischere und formalisiertere Ideologie erwiesen. Von nun an herrschte, mehr noch als in den Jahren zuvor, Apathie. Aktivität entfaltete das kommunistische System nur noch in der imperialen Weltpolitik der Sowjetunion oder in der mit ihr abgestimmten Außenpolitik der anderen Ostblockländer auf den außereuropäischen Schauplätzen.

Das System des poststalinistischen Kommunismus

Im ersten Nachkriegsjahrzehnt hatte das stalinistische System des Kommunismus keinerlei grundlegenden Wandel erfahren. Von Kontinuität läßt sich insbesondere in bezug auf die Sowjetunion sprechen. In den Ländern des sich herausbildenden kommunistischen Blocks hingegen war während der Übergangsphase der ersten drei Jahre nach dem Kriege reichlich improvisiert worden. Eine noch größere Vielfalt hatte es in den kommunistischen Parteien der anderen europäischen Länder gegeben.

Nach einer gewissen Liberalisierung während des Krieges und Wiederaufbaus kehrte man Ende der 40er, Anfang der 50er Jahre zu den in der zweiten Hälfte der 30er Jahre geltenden Funktionsprinzipien der internationalen kommunistischen Bewegung zurück, wenngleich mit manchen Abänderungen. In den kommunistisch regierten Ländern wurde das sowjetische Modell übernommen. Moskau war die Kommandozentrale, aus der Anweisungen nicht nur an die Parteiführungen (wobei das Kominform, seit 1948 mit Sekretariatssitz in Prag, hierbei eher eine untergeordnete Rolle spielte), sondern ebenfalls direkt an zentrale und mitunter sogar lokale staatliche Dienststellen gelangten.

Hier kam es zu einer spezifischen Doppelgleisigkeit. Einerseits ergingen die Moskauer Anweisungen direkt oder über die Botschaft an die kommunistischen Führungen des jeweiligen Landes. Einige davon waren vom sowjetischen Außenministerium, häufiger aber in der außenpolitischen Abteilung des Zentralkomitees vorbereitet worden. Andererseits erhielten die sowjetischen Berater in den verschiedenen Einrichtungen, vor allem im Sicherheitsdienst und in den Streitkräften, ihre direkten Anordnungen.

Die kommunistischen Parteien in den übrigen Ländern erhielten ihre Instruktionen über das Kominform oder während bilateraler Besuche hoher Parteifunktionäre. Die intensivsten Kontakte unterhielten die französischen und italienischen Kommunisten, die ihre

Vertreter ins Kominform-Sekretariat und in die Redaktion seines Publikationsorgans entsandten. Es bürgerte sich ein, daß jeder Chef einer Partei, und sei sie auch noch so klein, mindestens einmal im Jahr die Sowjetunion besuchte und damit einen luxuriösen Urlaub auf der Krim mit Berichterstattung und der Entgegennahme weiterer Direktiven verband. Einer laufenden Unterrichtung über Pflichten und Versäumnisse dienten Beiträge im Kominform-Organ über einzelne Parteien.

Die »Entstalinisierung« veränderte das System in der Sowjetunion erheblich. Am deutlichsten betraf dies die Abschaffung einer so hervorgehobenen Führungsposition, wie sie Stalin innegehabt hatte. Zwar wurde auch Chruschtschow, nachdem er 1957 seine Rivalen überwunden und später in seiner Hand das Amt des Ersten Sekretärs und das des Premierministers vereinigt hatte, zum unangefochtenen Führer, der in wichtigen Fragen oft einsame Entscheidungen fällte. Die Art und Weise, wie er nach weiteren sieben Jahren abgesetzt wurde, zeugte jedoch davon, daß das Schlagwort von der kollektiven Führung in gewissem Sinne doch der Realität entsprach.

Breschnew versuchte nicht, eine so eigenständige Stellung wie Chruschtschow zu beanspruchen, obwohl er in der zweiten Phase seiner Herrschaft offensichtlich das ihn umgebende byzantinische Ritual von Lobreden und Pomp genoß. Nach seinem Tode und während der beiden nur gut ein Jahr dauernden Amtszeiten Juri Andropows und Konstantin Tschernenkos, die beide schwer krank waren, verlor allerdings die Stellung des Parteichefs erheblich an Bedeutung. Vieles spricht dafür, daß Andropow und Tschernenko gerade wegen ihres schlechten Gesundheitszustandes die Führung der Partei übertragen wurde, da die Mitglieder der Parteispitze eine starke Führungspersönlichkeit gar nicht wünschten.

Daß die Position des Führers abgeschafft und die Vollmachten des Parteichefs erheblich beschnitten wurden, hatte zur Folge, daß relativ inkonstante und die Interessen verschiedener Gruppen in der sowjetischen Elite repräsentierende Fraktionen an Bedeutung und Gewicht gewannen. Einzelne Mitglieder der engsten Führungsspitze bemühten sich, ihren Einfluß auf zentraler und regionaler Ebene des Apparats auszuweiten, indem sie bestimmte Posten mit ihren Schützlingen besetzten. So kam es dazu, daß die Vertreter miteinander rivalisierender Fraktionen nicht selten einander widersprechende Entscheidungen fällten.

In dem für das kommunistische System charakteristischen Machtdreieck Partei (einschließlich Staatsverwaltung) – Sicherheitsapparat – Militär fand ein ständiger Wandel statt. Während der »Entstalinisierung« büßte der Sicherheitsapparat, der in der Stalin-Ära die dominierende Rolle gespielt hatte (außer in der unmittelbaren Kriegszeit), seine herausgehobene Stellung ein. Schrittweise erhielt der KGB-Apparat zwar seinen Platz im Machtdreieck zurück, mußte aber unter Chruschtschow den ersten Rang zunächst dem Militär, später dann der Partei zugestehen, während sich unter Breschnew das Militär erneut anschickte, die erste Geige zu spielen.

Mit seinen Schachzügen ließ Chruschtschow in jedem dieser Grundpfeiler des sowjetischen Systems Unsicherheit aufkommen, indem er sie mit diversen Reformen oder personellen Umbesetzungen in Unruhe versetzte. Die Initiativen Chruschtschows waren gegen die zentrale Partei- und Staatsbürokratie gerichtet und stärkten dementsprechend die Stellung der Bürokratie in den einzelnen Unionsrepubliken und Regionen.

Diese Entwicklung setzte sich in den folgenden Jahren verstärkt fort und wurde durch die Stagnation und die persönliche Unantastbarkeit von Funktionären, die jahrzehntelang in ihrem Raum regierten, noch begünstigt. In den wichtigsten Sowjetrepubliken und -regionen entstanden mit der Zeit regelrechte souverän regierte »Kleinstaaten«, deren »Parteifürsten« allerdings die Direktiven, die sie aus den weiterhin zentralisierten Bereichen des Militärs (einschließlich eines bedeutenden Teils der für den militärischen Bedarf arbeitenden Industrie) und des Sicherheitsapparats erhielten, nicht mißachten durften. Deutliche Anzeichen einer Überalterung der Eliten (»Nomenklatura«) und eines Nachlassens ihrer Aktivität waren unter Breschnew nicht zu übersehen.

Die wichtigste Organisationsform für fast alle, die dazu berechtigt waren, in irgendeinem Bereich öffentlich tätig zu sein, blieb die Partei, die sich seit 1952 Kommunistische Partei der Sowjetunion (KPdSU) nannte. Bereits während des Kriegs hatte sie einen ungeheuren Zuwachs erlebt, und 1952 zählte sie 6 013 000 Mitglieder und 869 000 Kandidaten.[86] Im Jahre 1988 gehörten ihr insgesamt 19 483 000 Mitglieder und Kandidaten an, das heißt, mehr als jeder 15. Einwohner und beinahe jeder 10. Erwachsene war Parteimitglied.[87]

Dadurch, daß es keine innerparteilichen Verfolgungen und keinerlei regelmäßig veranstaltete »Säuberungen« der Partei von korrumpierten und demoralisierten Mitgliedern mehr gab, bot die Parteizugehörigkeit Privilegien ohne die zuvor mit ihnen verbundenen Gefährdungen. Zugleich verkam die kommunistische Parteiideologie zu einem bloßen Ritual ständig wiederholter Phrasen und Schlagwörter.

Theoretisch leitete die Partei weiterhin wie in früheren Zeiten sämtliche staatlichen und damit auch wirtschaftlichen Institutionen. In der Praxis allerdings kam es zu einer gewissen Verselbständigung des staatlichen Beamtenapparats (der sich auf mittlerer und höchster Ebene fast ausschließlich aus Parteimitgliedern zusammensetzte) und demzufolge zu einer Rivalität mit dem Parteiapparat. Dabei spielte eine Rolle, daß die ideologische Funktion der Partei an Bedeutung verloren, die Fachkompetenz der Beamtenkader, die jetzt nicht mehr auf Parteilehrgängen, sondern bereits an Hochschulen ausgebildet worden waren, dagegen zugenommen hatte.

Ähnlich wie in der Stalin-Ära leitete die Partei über ihre Mitglieder sämtliche Organisationen, von denen einige durchaus Massencharakter besaßen (die Gewerkschaften, die Jugendorganisation Komsomol und die paramilitärische Ossoaviachim). Da es kaum zum Austausch der Kader zwischen den Organisationen kam und deren Funktionäre persönliche Immunität genossen, verselbständigten sich die leitenden Eliten in diesen Organisationen bis zu einem gewissen Grade. Man blieb oftmals über viele Jahre auf dem gleichen Posten oder wurde innerhalb der eigenen Organisation befördert.

Da Chruschtschow sich in den Auseinandersetzungen innerhalb der Partei auf die Armee gestützt hatte, hatte sich deren Stellenwert im poststalinistischen kommunistischen System vorübergehend erhöht. Doch auf Dauer wurde ihr Rang durch den sich steigernden

Rüstungswettlauf bestimmt. Weitgehend war es nur mit Hilfe militärischer Mittel überhaupt möglich, daß sich der Schwerpunkt der sowjetischen Außenpolitik in den außereuropäischen Raum verlagern und man mit den Vereinigten Staaten in der Dritten Welt rivalisieren konnte. Sowjetische Berater und sowjetische Rüstungsgüter spielten eine wesentliche Rolle bei Konflikten im Nahen und Mittleren Osten, in Afrika, Indochina und Mittelamerika. Der politische Erfolg wurde vor allem daran gemessen, ob es gelang, Militärbasen in weit entfernten Gegenden der Welt anzulegen. Darüber hinaus übte das Militär erheblichen Druck aus, wenn es darum ging, während der Krisen in den Ländern des Ostblocks die Interessen der Armee zu wahren.

Angesichts der Tatsache, daß die ideologische Aktivität der Partei immer geringer wurde, war die Rote Armee imstande, eine Ersatzideologie zu liefern, die sich vor allem auf zwei Elemente stützte: die Verherrlichung der sowjetischen Großmachtstellung und die Erinnerung an das aufopferungsvolle Heldentum im Zweiten Weltkrieg, wobei eine wesentliche Rolle spielte, daß lange Zeit das höhere Offizierskorps aus Kombattanten des Zweiten Weltkriegs bestand.

Mit der »Entstalinisierung« brach das bisherige internationale System des Kommunismus zusammen, wenngleich nicht von heute auf morgen, sondern in einer über mehrere Jahre dauernden Entwicklung. Am glimpflichsten kam dabei der Kommunismus im Sowjetblock davon, obwohl sich die Methoden, mit denen Moskau seine Führungsrolle verwirklichte, verändern mußten. Anstelle von Befehlen wurden nunmehr Ratschläge erteilt – wenngleich nicht, ohne Druck auszuüben – und nur in Ausnahmefällen direkte Drohungen ausgesprochen. Zwei Kanäle, die bisher eine wichtige Rolle bei der Übermittlung von Anordnungen gespielt hatten, existierten nicht mehr: Das Kominform wurde aufgelöst, und die Zahl der sowjetischen Berater wurde radikal verringert. Sie erfüllten jetzt hauptsächlich Verbindungsfunktionen.

Der Kontakt zu den Führungen in den einzelnen kommunistischen Staaten verlief vor allem über bilaterale Beziehungen. Die entsprechenden Unterlagen für die sowjetische Führung wurden in erster Linie von den entsprechenden Stellen im Außenministerium und von der für die Ostblockländer zuständigen ZK-Abteilung erstellt. An der Festlegung der politischen Linie beteiligten sich gleichfalls KGB und Verteidigungsministerium.

Weitere Koordinationsebenen stellten bereits bestehende Einrichtungen des Sowjetblocks (wie das Comecon, der Rat für Gegenseitige Wirtschaftshilfe) oder erst während der »Entstalinisierung« geschaffene Institutionen (Warschauer Pakt) dar. In Moskau und unter sowjetischer Kontrolle arbeiteten das Comecon-Sekretariat (vorher -Büro) sowie die Ständige Kommission, das Vereinigte Sekretariat und das Vereinigte Oberkommando des Warschauer Pakts, in dem die Rote Armee stets den Oberkommandierenden und den Stabschef stellte.

Sämtliche Grundsatzentscheidungen in diesen Bündnisstrukturen fielen allerdings auf Zusammenkünften der Vertreter aller Mitgliedsländer; die wichtigsten wurden von den Partei- und Staatsführern selbst gefällt. Dabei kam es durchaus vor, daß sich die von Moskau vorgelegten Beschlußentwürfe nicht durchsetzen ließen oder daß solchen Beschlüssen nicht von allen Delegationen zugestimmt wurde, womit sie für das betreffende Land keine Geltung erlangten.

Aufgrund ihrer Militärmacht und der wirtschaftlichen Abhängigkeit der anderen Blockstaaten war die sowjetische Führung grundsätzlich imstande, ihren gesamten Hegemoniebereich zu steuern, besonders im Bereich des Militärs einschließlich der Rüstungsindustrie, in der Außenpolitik und bei der Bekämpfung von Gegnern des Kommunismus. In den übrigen Bereichen war der Handlungsspielraum der Blockstaaten größer, erweitert vor allem durch Reibereien und Rivalitäten zwischen führenden Politikern in Moskau, die gegenüber den Partnern im Block keineswegs immer eine einheitliche Linie vertraten. Die einzelnen Fraktionen in der sowjetischen Führung förderten ihre jeweiligen Günstlinge, und die Politiker der kleineren kommunistischen Länder suchten ihrerseits nach mächtigen sowjetischen Gönnern.

Wo die Grenzen der Bewegungsfreiheit lagen, wurde deutlich, sobald man in Moskau eine Situation als Bedrohung für die fundamentalen Interessen der Sowjetunion und des sowjetischen Blocks wahrnahm. Zweimal, in Ungarn 1956 und in der Tschechoslowakei 1968 (und wenn man die Intervention in der DDR zu Beginn der Entstalinisierungsphase hinzunimmt, dreimal), wurde militärische Gewalt angewendet, um die kommunistischen Partner zu disziplinieren. Diese Erfahrungen beeinflußten die polnischen Kommunisten bei ihrem Vorgehen 1970 und 1980/1981.

Es ist charakteristisch, daß zwischen 1960 und 1977 in den Ostblockstaaten neue Verfassungen in Kraft traten, in denen den Beziehungen zur Sowjetunion und den anderen kommunistischen Partnern ein besonderer Stellenwert eingeräumt wurde (in einigen dieser Länder waren ähnliche Freundschaftsverpflichtungen bereits in früheren Grundgesetzen enthalten). Die Formulierungen dieser Gelöbnisse waren höchst unterschiedlich. Am weitesten gingen die Formulierungen in den Verfassungen der DDR von 1968 und Bulgariens aus dem Jahre 1971, relativ zurückhaltend hingegen war sie in der polnischen Verfassung von 1976. Eine solche in den übrigen Ländern des Blocks akzeptierte Formulierung fehlte völlig in der Verfassung Rumäniens von 1965, war allerdings in der vorherigen Verfassung noch enthalten gewesen.[88]

Man weiß nicht viel über die Absichten, die sich mit dem 1976 in Moskau proklamierten »Prozeß der allmählichen Annäherung der sozialistischen Länder« verbanden.[89] In der neuen sowjetischen Verfassung von 1977 wurden das »sozialistische Weltsystem« (allerdings ohne Präzisierung, welche Länder dazugehörten, was vor allem auf die ständig gespannten Beziehungen zu China zurückzuführen war) und die »sozialistische Gemeinschaft« unterschieden (zu der mit der Sowjetunion und den Ostblockstaaten in Europa noch die Mongolei gehörte).[90] Das mochte als Ankündigung dafür gemeint sein, daß man eine Form ins Auge gefaßt habe, die am Vorbild des britischen Commonwealth oder der französischen Communauté orientiert sei. In jedem Fall untermauerte diese Unterscheidung die »Breschnew-Doktrin«.

Die Herrschaftssysteme der Länder des kommunistischen Blocks unterschieden sich in ihrer Struktur kaum voneinander. Dagegen variierten die Methoden, mit deren Hilfe sie funktionierten, ganz erheblich. Man kann im allgemeinen von einer starken Stellung des jeweiligen Parteichefs ausgehen. Das galt mehr als zehn Jahre für Gomułka und ab 1970 für Gierek in Polen, für Gheorghiu-Dej und, ab 1965, für Ceauşescu in Rumänien, für Ulbricht und ab 1971 für Honecker in der DDR, für Schiwkow in Bulgarien und nach Überwindung seiner Startschwierigkeiten auch für Kádár in Ungarn. In der Tschechoslowakei konnte Husák nach 1969 seine Hausmacht in ähnlicher Weise festigen.

Nirgends jedoch (mit Ausnahme Rumäniens in der späten Ceauşescu-Ära) konnten diese Parteichefs, die nicht selten zugleich die höchsten Ämter im Staat bekleideten, den Anspruch erheben, den großen Führer der Nation zu spielen. Davon zeugen einige Umbesetzungen an der Spitze, die durchaus nicht durch den Tod des Amtsvorgängers verursacht wurden, sei es nun Gomułka in Polen oder Ulbricht in der DDR, einmal ganz zu schweigen von dem komplizierten Verlauf, wie in der Tschechoslowakei 1968/1969 oder in Polen 1980/1981 personelle Veränderungen vorgenommen wurden.

In sämtlichen Ostblockstaaten existierte das aus der Sowjetunion bekannte Machtdreieck, wenngleich die Verteilung der Macht zwischen den einzelnen Grundpfeilern sich höchst unterschiedlich gestaltete. Meistens dominierte die Partei, die sich im Prinzip an das sowjetische Vorbild hielt. Innerhalb der Parteiführungen gerieten jedoch einzelne Fraktionen derart aneinander, daß solche Auseinandersetzungen zuweilen ein starkes Echo fanden, so in der Tschechoslowakei und in Polen 1968. Durchaus ungleichmäßig bauten die regionalen und örtlichen Parteiapparate ihre Macht aus. Besonders weit war diese Entwicklung in Polen gegen Ende der Gomułka-Ära gegangen.

Auch beim Verfall der kommunistischen Ideologie sind graduelle Unterschiede festzustellen. Nachdem zwei Erneuerungsversuche – durch den Revisionismus und über den Nationalismus – gescheitert waren, blieb ihr in Polen nur noch die Rolle einer formalen Verzierung. In Ungarn nach 1956 und in der Tschechoslowakei nach 1968 blieb ebenfalls nicht viel von der kommunistischen Ideologie übrig. In all diesen Ländern wurde in der täglichen inoffiziellen Propaganda die Notwendigkeit stabiler Verhältnisse und positiver Arbeit betont. Daneben lag der Hauptakzent auf der geopolitischen Situation, aufgrund derer jede Alternative zum Kommunismus in einer nationalen Katastrophe enden müsse. Der

162

Kommunismus und die Unterordnung unter die Hegemonie der Sowjetunion hätte demnach im nationalen Interesse gelegen. Anders sah die Ideologie des Nationalkommunismus in Rumänien aus, die die Bestrebungen nach maximaler Selbständigkeit gegenüber der Sowjetunion begründen sollte.

Die Bedeutung des Sicherheitsapparats stand in einem direkten Verhältnis zum Grad der Repressivität. Bei Schwierigkeiten oder in Systemkrisen stieg sein Stellenwert. Einzig und allein in Polen kam es 1968 zu einem letztlich erfolglosen Versuch des Sicherheitsdienstes, sich im Machtdreieck an die erste Stelle zu setzen. Eine bevorzugte Rolle spielten die Sicherheitsdienste allerdings in besonders repressiven Systemen wie in der DDR (Stasi) und in Rumänien (Securitate) sowie bei der Brechung des Widerstandes nach den Ereignissen von 1956 in Ungarn und 1968 in der Tschechoslowakei. Überall aber mußten sie sich letztendlich der Partei unterwerfen.

Das Militär spielte in den Ostblockstaaten eine geringere Rolle als in der Sowjetunion, da ihm weitaus begrenztere Aufgaben in der Außenpolitik zukamen. Man scheute davor zurück, die nationalen Streitkräfte in die Politik hineinzuziehen. In Ungarn hatte ein Teil der Armee 1956 die Revolution gegen die sowjetischen Truppen unterstützt. In Polen spaltete das Militär sich 1956: Ein Teil war bereit, Gomułka gegen eine eventuelle sowjetische Intervention zu verteidigen. In der Tschechoslowakei blieben die Streitkräfte 1968 in ihren Kasernen, doch bestand nicht die geringste Aussicht, sie in die Kampagne gegen Dubček zu verwickeln.

An die Spitze des Machtdreiecks schob sich das Militär allerdings in Polen, als dort 1981 der Kriegszustand verhängt wurde. Sein Partner war in erster Linie der Sicherheitsapparat. Das hing mit dem vorübergehenden Zusammenbruch der innerlich zersplitterten und demoralisierten Partei zusammen. Die letzten Jahre des polnischen Kommunismus standen dann weiterhin im Zeichen einer Dominanz der Armee, obwohl deren Machtposition mit dem offensichtlichen Unvermögen, die Probleme zu lösen, schrittweise erodierte. Die Partei dagegen kam allmählich wieder auf die Beine und wurde erneut ein wesentliches Element des Systems.

Im Laufe der Zeit waren in den Ländern des kommunistischen Blocks, ebenso wie in der Sowjetunion, die Anzeichen von Demoralisierung und Desorganisation nicht zu übersehen. Diese Entwicklung verlief höchst ungleichmäßig, am raschesten wohl dort, wo man versuchte, dem Schlagwort von der Steigerung des Konsums einen gewissen Realitätsgehalt zu verleihen und die kommunistische Wirtschaftsordnung mit marktwirtschaftlichen Elementen und begrenzten Handlungsspielräumen für Privatunternehmen zu verbinden. Die Vorreiter spielten hierbei Ungarn und Polen. Immer offenere Korruption, etwa in Gestalt der Verwandlung der Nomenklatura in eine besitzende Klasse über die Gründung privater Unternehmen durch ehemalige oder noch amtierende Funktionäre der kommunistischen Apparate und ihre Angehörigen, ging Hand in Hand mit dem schwindenden Interesse der Funktionäre an ihren bisherigen Funktionen und einer immer stärker ins Auge fallenden Trägheit.

Zwei kommunistisch regierte europäische Länder waren außerhalb des Blocks verblieben. Sie waren miteinander zerstritten und unterschieden sich in ihren Systemen kraß voneinander – Jugoslawien und Albanien. Der jugoslawische Kommunismus behielt bis zum Tode Titos 1980 im wesentlichen den Charakter eines Führerstaats bei. Erst danach traten alle Schwierigkeiten, die sich aus der labilen Struktur des Vielvölkerstaates ergaben, offen zutage. Eine kollektive Führung sollte ein Gleichgewicht der Interessen verbürgen und verhindern, daß irgendein neuer Führer auftauchen könnte.

Als die jugoslawischen Kommunisten im Zuge ihres Streits mit Stalin die Arbeiterselbstverwaltungen und die Dezentralisierung eingeführt hatten, hätte man sich darüber Gedanken machen können, ob dies der Anfang eines völlig anderen Systems als des in der Sowjetunion begründeten und in den übrigen kommunistischen Ländern vielfach kopierten Systems bedeuten würde. Auch nach 1956 blieb trotz der labilen Verständigung mit der Sowjetunion die Zukunft des jugoslawischen Systems weiterhin unklar.

In dem heftigen inneren Streit wollte die eine Seite die zentralistische politische Führungsstruktur einschließlich der verschiedenen Apparate, die eine ähnliche Rolle spielten wie in den übrigen kommunistischen Ländern, beibehalten. Deren Gegner dagegen plädierten dafür, die ökonomische Dezentralisierung auf den Bereich der Politik auszuweiten und gleichzeitig demokratische Prinzipien in Partei und Staat einzuführen. Ende der 60er Jahre schien es, als ob die Anhänger von Dezentralisierung und Demokratie die Oberhand gewonnen hätten. 1971 jedoch vollzog Tito eine Kehrtwende. Der Bund der Kommunisten Jugoslawiens sollte, unterstützt von Militär und Polizei, weiterhin die uneingeschränkte Macht ausüben, während sich die Selbstverwaltung mit den lokalen und innerbetrieblichen Wirtschaftskompetenzen abzufinden hatten. Die Effizienz dieser zentralistischen Struktur stieß allerdings an ihre Grenzen, da innerhalb des Bundes der Kommunisten die zentrifugalen Tendenzen langsam zunahmen.

Vollkommen anders entwickelte sich das albanische System, denn hier hatte man mit dem Stalinismus nicht gebrochen. Bald begann das kommunistische China, die Vorbilder zu diktieren. Alles, was der Stalin-Ära und der poststalinistischen Epoche gemeinsam gewesen war, blieb erhalten. Im Herrschaftssystem erfolgten keinerlei Veränderungen, wie sie für den Entstalinierungsprozeß in den anderen kommunistischen Ländern Europas charakteristisch gewesen waren. Hoxha lenkte seine Partei weiterhin im alten Stil, stützte sich dabei auf Terror und eine militante kommunistische Indoktrinierung. Besonders fanatisch ließ er die Religion verfolgen.

Allerdings war allein schon durch die geographische Entfernung zwischen China und Albanien eine ähnliche Abhängigkeit, wie sie zwischen der Sowjetunion und dem Ostblock herrschte, ausgeschlossen. Neben dem Marxismus in maoistischer Ausprägung gehörten daher Nationalismus und Separatismus zu den ideologischen Grundlagen des Systems. Albanien kapselte sich gegenüber dem gesamten Kontinent ab, denn ein Teil Europas war kapitalistisch, und der andere, der kommunistische, wurde als revisionistisch verketzert.

Dieser Separatismus trieb noch extremere Blüten, als es 1977/1978 zum Bruch mit den chinesischen Gönnern kam. Diese Situation bestimmte schließlich den Charakter der albanischen Wirtschaft, in der die Abschaffung jeglichen Privateigentums und eine strikt von oben herab dirigierende Planung mit einer radikal verwirklichten völligen Autarkie verbunden wurden. Das führte in der Konsequenz zu einer extremen Rückständigkeit. Albanien trieb den Kommunismus damals ad absurdum: Seine universalistischen ideologischen Vorstellungen und sein erklärtes Ziel, die Grundlagen von Wirtschaft und Politik auf der ganzen Welt umzugestalten, sollten ausschließlich von der Partei eines einzigen, winzigen und armen Landes wahrhaftig und richtig repräsentiert werden.

Wie das internationale System des Kommunismus zerbröckelte, verdeutlicht am stärksten das Schicksal der westeuropäischen kommunistischen Parteien – nämlich einesteils Verselbständigung, andernteils Niedergang. Die Einberufung kommunistischer Weltkonferenzen 1957, 1960 und 1969 oder europäischer kommunistischer Kongresse 1967 und 1976 brachte keine dauerhaften Vereinbarungen zustande. Auch die verschiedenen regionalen Konferenzen der kommunistischen Parteien außerhalb des Ostblocks dienten eher dem Meinungsaustausch untereinander darüber, wie man sich dem Moskauer Diktat entziehen könne, als der Ausarbeitung eines gemeinsamen ideologischen und politischen Weges für den europäischen Kommunismus.

Dem Beispiel der italienischen Partei, die als erste auf ihre Selbständigkeit pochte, folgten einige andere, insbesondere die dänische, finnische, norwegische und ab 1968 die spanische. Mitte der 70er Jahre tauchte der Begriff Eurokommunismus auf. Damit sollte die Distanz zu den sowjetischen (und chinesischen) Erfahrungen angesichts der andersartigen ökonomischen, kulturellen und politischen Grundlagen, auf denen der westeuropäische Kommunismus basierte, unterstrichen werden.[91]

Die eurokommunistischen Parteien stellten nicht nur den sowjetischen »Weg zum Sozialismus« in Frage, sondern lehnten generell die Formel einer »Diktatur des Proletariats« ab. Sie unterstrichen dabei die Notwendigkeit, demokratische Freiheiten aufrechtzuerhalten. Indem sie das Prinzip des demokratischen Zentralismus fallenließen, erklärten sie sich mit mehr oder minderer Konsequenz dazu bereit, in aller Öffentlichkeit zu debattieren und alle Parteiinstanzen demokratisch wählen zu lassen.

Das löste Konflikte und mitunter auch Spaltungen in diesen Parteien aus. Genausowenig mangelte es an heftigen Auseinandersetzungen mit den Parteien, die den ideologischen, politischen und organisatorischen sowjetischen Vorbildern treu geblieben waren.

Zu ebenjenen gehörte nach wie vor die französische KP, die hier eine Hauptrolle zu spielen versuchte, daneben noch die portugiesische, österreichische und westdeutsche Partei. Nicht vergessen werden sollte, daß sich in diesen Parteien ebenfalls eurokommunistische Tendenzen regten, deren wichtigste Wortführer allerdings entweder selbst austraten oder aus der Partei ausgeschlossen wurden.

Von sämtlichen westeuropäischen Parteien verstand es lediglich die KPI, ihren Massencharakter nicht nur zu wahren, sondern ihn sogar noch auszubauen. Alle übrigen Parteien erlebten bestenfalls vorübergehende Erfolge. Früher oder später schrumpfte ihre Basis, schmolzen die Einflußmöglichkeiten zusammen. So ging der Kommunismus in Europa langsam zugrunde. Er hielt sich nur noch in den Ländern, in denen die Kommunisten regierten. Eine Ausnahme stellt Italien dar, wo er aber im Grunde genommen aufgehört hatte, Kommunismus zu sein.

Diese Entwicklung läßt sich anhand der Mitgliederzahlen der kommunistischen Parteien in Europa in der zweiten Hälfte der 80er Jahre belegen. In den kommunistisch beherrschten Ländern gehörten der Partei etwa 32 Millionen Menschen an (davon in dem nicht zum Ostblock gehörenden Jugoslawien über 2 Millionen und 140 000 im winzigen Albanien). In den übrigen europäischen Ländern erreichte die Zahl der Parteimitglieder nicht einmal 3 Millionen, von denen mehr als die Hälfte die Italiener stellten.[92]

Zwölf Jahre Stagnation

Die 68er Ereignisse in der Tschechoslowakei hatten bewiesen, daß die Autonomie der einzelnen Ostblockländer dort endete, wo politische Reformgelüste begannen. Noch im November desselben Jahres hielt der erste Mann der Sowjetunion eine Rede, die als Proklamation der »Breschnew-Doktrin« in die Geschichte einging. Demnach waren die »Bruderländer« jederzeit berechtigt, in einem anderen Staat des Blocks militärisch zu intervenieren, falls dort eine Gefahr für »die Sache des Sozialismus« und die gemeinsamen Interessen der Warschauer-Pakt-Staaten entstünde.[93] Der sowjetische Generalsekretär erwähnte nicht, ob die Zustimmung seitens der Regierung des Landes, in welchem die Intervention stattfinden sollte, notwendig sei. Das hieß nichts anderes, als den Casus der Tschechoslowakei in den Rang eines Grundsatzes zu erheben: des Grundsatzes von der begrenzten Souveränität sämtlicher Staaten des sowjetischen Blocks.

Trotz der Entrüstung in der westlichen Welt fand man sich rasch mit der »Breschnew-Doktrin« ab. Bereits in den vorangegangenen Jahren hatte sich dort, besonders in der Bundesrepublik Deutschland und in Frankreich, ein Klimawechsel vollzogen. Anfang der 70er Jahre fanden sich die westeuropäischen und teilweise auch die amerikanischen Politiker bereit, sich mit der Spaltung Europas und der kommunistischen Herrschaft in seinem östlichen Teil als dauerhafte Erscheinungen abzufinden. Zugleich blieb das Interesse der westeuropäischen Staaten an den sowjetischen Expansionsversuchen auf anderen Kontinenten offensichtlich ziemlich gering. Diese Tendenzen kamen den sowjetischen Interessen sehr entgegen.

Ende der 60er Jahre scheiterten in der Sowjetunion die schüchternen, von Premierminister Kosygin eingeleiteten Wirtschaftsreformversuche. Daran waren die Stützen des Systems, also die Bürokraten im Partei- und Staatsapparat, nicht ganz unbeteiligt. Auch die Machtelite hintertrieb die Reformen, da sie ähnliche Folgen befürchtete wie 1968 in der Tschechoslowakei und 1970 in Polen. In beiden Ländern hatten die wirtschaftlichen Reformbestrebungen auf die eine oder andere Weise die Infragestellung der politischen Grundlagen des Systems nach sich gezogen.

Auf dem KPdSU-Parteitag 1971 war schon nicht mehr von der Einführung marktwirtschaftlicher Elemente die Rede.[94] Vielmehr kehrte man zu bewährten, alten Rezepten zurück, nämlich zu strafferer Leitung und Kontrolle (demnach eine Stärkung der bürokratischen Zentralisierung). Jetzt sah man die Beherrschung moderner neuer Technologien als die dringendste Aufgabe an. Denn man war sich in der sowjetischen Führung über die wachsende Kluft zwischen den hochentwickelten Ländern mit ihren technischen und ökonomischen Leistungen auf der einen Seite und den innovationsfeindlichen kommunistischen Staaten auf der anderen durchaus im klaren.

1973 wurde zwar erneut versucht, eine gewisse Dezentralisierung einzuführen, indem man vertikale Strukturen (die landesweite Zentralisierung innerhalb der einzelnen Branchen) durch horizontal konzipierte Strukturen (große branchenübergreifende Territorialstrukturen) ersetzen wollte. Doch von Projekten, die wirtschaftsbürokratische und marktwirtschaftliche Aspekte miteinander verbinden sollten, war nichts übriggeblieben.

Auch in Bereichen, die direkt oder indirekt mit dem Ansehen der Sowjetunion als Militärmacht zusammenhingen, mußte sie empfindliche Schlappen hinnehmen. Die Niederlagen Ägyptens in den beiden Nahostkriegen gegen Israel, 1967 und 1973, waren für die Rote Armee, die Ägypten mit Ausrüstung und Militärberatern unterstützt hatte, ein schmerzlicher Prestigeverlust. Propagandistisch noch kostspieliger war die Niederlage in dem von Moskau herausgeforderten Wettlauf bei der Erforschung des Weltraums, als die Vereinigten Staaten mit der Landung des ersten Menschen auf dem Mond 1969 endgültig die Oberhand gewannen. In beiden Fällen entschied die Überlegenheit der amerikanischen Technik.

Eine Chance, zu führenden Technologien Zugang zu erhalten, erblickte man in der »Politik der friedlichen Koexistenz«. Sie beinhaltete die Anerkennung der Spaltung Europas, den Gewaltverzicht in zwischenstaatlichen Beziehungen (obwohl es in der Praxis lediglich um die Beziehungen zwischen den Blöcken ging) und die Entwicklung von Wirtschafts- und Wissenschaftskontakten. Erste starke Akzente dieses außenpolitischen Kurses wurden mit den zuerst 1970 von der Sowjetunion und anschließend von Polen und der DDR unterzeichneten Verträgen mit der Bundesrepublik gesetzt.

Ihren Höhepunkt erreichte die »Koexistenzpolitik« mit der Unterzeichnung der Schlußakte der Konferenz für Sicherheit und Zusammenarbeit in Europa 1975 in Helsinki durch sämtliche europäischen Länder sowie die USA und Kanada. Die Sowjetunion und die Ostblockländer betrachteten dieses Ereignis als ihren großen politischen Erfolg, um so mehr, als damit eine dynamische Entwicklung der Wirtschaftskontakte, Technologietransfer und in einigen Ostblockländern (vor allem Polen und Ungarn) auch Kapitaltransfer in Gestalt üppiger Kredite einhergingen.

Ziemlich oberflächlich hingegen ging man mit jenem grundlegenden Zugeständnis an die westlichen Länder um, für das sich am stärksten die Vereinigten Staaten eingesetzt hatten: der im sogenannten »Korb drei« festgehaltenen Anerkennung der allgemeinen Gültigkeit der Menschen- und Bürgerrechte. Die Zukunft sollte zeigen, daß ebendieses Zugeständnis die Kommunisten teuer zu stehen kam, vor allem in den Ländern, in denen eine relativ starke und von den Kommunisten unabhängige öffentliche Meinung existierte.

Die sich aus der »Koexistenzpolitik« ergebenden ökonomischen Möglichkeiten wurden in der Sowjetunion nur in geringem Maße genutzt. Ihre Wirtschaft war nicht flexibel genug und, mit Ausnahme des riesigen Rüstungssektors, kaum darauf vorbereitet, den großen Sprung auf ein völlig anderes Qualitäts- und Präzisionsniveau zu vollziehen. Daher bot sich diese Chance in erster Linie Betrieben, die für den militärischen Bedarf produzierten. Gerade hier aber galten von den Amerikanern streng überwachte Verbote des Technologietransfers in die Sowjetunion und die Ostblockstaaten, die sich nicht immer umgehen ließen.

Die Belebung der Kontakte mit dem Westen förderte hingegen die weitere Ausbreitung von Korruption und Vetternwirtschaft, die bis in die Spitzen der sowjetischen Hierarchie reichten. Das westliche Konsumdenken demoralisierte alle, die mit ihm in intensivere

Berührung kamen. Bereits unter Chruschtschow war zwar dessen Schwiegersohn Alexej Adschubej, Chefredakteur des Regierungsblattes »Iswestija«, zur grauen Eminenz der sowjetischen Außenpolitik aufgestiegen. Man hatte ihm aber gewisse Qualifikationen (wenngleich weit unter dem Niveau der ihm gestellten Aufgaben) nicht absprechen können, und eigentlich konnte man ihm außer exzessivem Alkoholgenuß wenig vorwerfen. Breschnew jedoch umgab sich gezielt mit seinen nächsten Angehörigen und langjährigen Freunden, die ihrerseits manchmal keine Scheu hatten, sich auf illegale Weise zu bereichern. Das traf sogar auf seine Tochter und deren Ehemann zu, den er zum stellvertretenden Innenminister ernannte, sowie auf den Innenminister selbst, einen alten Gefährten. Dem Beispiel des Ersten Sekretärs folgten andere: So förderte etwa ein stellvertretender Vorsitzender des KGB seinen Schwiegersohn, der sich nicht nur als korrupt erwies, sondern überdies seinen Aufgaben nicht gewachsen zeigte.

Der zusehends demoralisierte und innenpolitisch stagnierende sowjetische Kommunismus hatte sich darüber hinaus – wie der Westen – mit der Spaltung Europas abgefunden. Die Sowjetunion sah sich nun nach Expansionsfeldern in fernen und mitunter geradezu exotischen Regionen der Welt um. Das verschlang Unsummen, war aber in der globalen mächtepolitischen Auseinandersetzung mit den Vereinigten Staaten von recht zweifelhaftem Wert. Meistens ließen sich diese Brückenköpfe nicht auf Dauer ausbauen.

Nach wie vor machte die UdSSR ihren politischen und militärischen Einfluß im Nahen Osten geltend, mußte sich allerdings, nachdem das von der sowjetischen Unterstützung enttäuschte Ägypten ihr die Freundschaft aufgekündigt hatte, mit Syrien und Libyen als Partner begnügen. In Schwarzafrika lief die sowjetische Expansion laufend Gefahr, in Konflikte wie etwa die Auseinandersetzungen zwischen Äthiopien und Somalia oder den angolanischen Bürgerkrieg hineingezogen zu werden. Obwohl der Nutzen in keinerlei Verhältnis zum Kostenaufwand stand, verschaffte diese Politik den Moskauer Strategen dennoch Genugtuung.

Der Vietnamkrieg schien mit einem sowjetischen Erfolg zu enden. 1974 siegten die von Moskau (doch über längere Zeit auch von Peking) unterstützten Kommunisten. Bald darauf triumphierten sie im benachbarten Kambodscha und Laos. Die sowjetische Militärpolitik und -strategie profitierten jedoch kaum davon. Vietnam verstrickte sich in einen Grenzkonflikt mit China und anschließend in eine Auseinandersetzung um die Vorherrschaft im bislang prochinesischen Kambodscha. Dadurch wurden die ohnehin gespannten Beziehungen zwischen den kommunistischen Großmächten zusätzlich belastet.

Ein weiteres Expansionsgebiet war Afghanistan, wo die von Moskau ermunterten Kommunisten 1978 einen Staatsstreich durchführten. Zu Beginn leistete ihnen die Sowjetunion nur in begrenztem Maße Hilfe. Doch im Dezember 1979 marschierten sowjetische Truppen in das Land ein, das sowjetische Strategen als Schlüsselposition zwischen dem Nahen Osten und den Ländern Südasiens erachteten. Damit begann die größte Katastrophe in der Geschichte der Roten Armee, vergleichbar mit der amerikanischen Niederlage in Vietnam.

Von Kuba ausgehende Versuche, mit sowjetischer Hilfe Partisanenbewegungen gegen die Vereinigten Staaten sowie von diesen gestützte Regierungen in Lateinamerika auf die Beine zu stellen, erwiesen sich ebenfalls als Fehlschlag. Erfolge konnten die Kommunisten lediglich in einigen kleinen Ländern Mittelamerikas verbuchen, vor allem in Nicaragua, obwohl sie sich dort nur als vorübergehend und kurzfristig erwiesen. Die Kosten jedoch, die diese bewaffneten Aktionen und die Unterstützung der kubanischen Wirtschaft verursachten, mußten die Sowjetunion und ihre europäischen Partner im Ostblock aufbringen.

Im Schatten des »großen Bruders« stehend, verhielten sich die Ostblockstaaten in Europa dennoch sehr unterschiedlich; das betraf sowohl Wirtschaftskonzepte wie auch die Politik im engeren Sinne. Einige Länder bemühten sich, aus der »Koexistenzpolitik« und später aus der KSZE-Schlußakte von Helsinki möglichst maximalen ökonomischen Nutzen zu ziehen. Zu diesem Zweck waren sie zu innenpolitischen Zugeständnissen bereit, die auf eine Liberalisierung des Systems hinausliefen und dementsprechend von der westlichen öffentlichen Meinung begrüßt wurden. Andere Länder nahmen eine Öffnung gegenüber der nichtkommunistischen Welt vor allem als Gefährdung wahr und setzten alles daran, solche Kontakte weitgehend einzuschränken.

Am stärksten kam der neue Kurs den Plänen der ungarischen Kommunisten entgegen. Kádár hatte schon früher begonnen, auf Wirtschaftsreformen hinzuarbeiten und die Repressivität des Systems abzumildern. Die Empörung über die Unterdrückung der Revolution von 1956 war in der westlichen Öffentlichkeit schon in Vergessenheit geraten, und die Befürwortung der Intervention in der Tschechoslowakei durch Budapest beurteilte man als erzwungen und ohne Enthusiasmus erfolgt (was übrigens der Wahrheit entsprach). In Moskau hingegen räumte man Kádár beträchtlichen Handlungsspielraum ein, da in seinem Lande Ruhe und Ordnung herrschten, die Löhne stiegen und wirtschaftliche Erfolge vorzuweisen waren, während Ungarn sich in allen Fragen der internationalen Beziehungen sowjetischen Anweisungen unterordnete.

Allerdings gerieten die ungarischen Wirtschaftsreformen Mitte der 70er Jahre ins Stocken. Das hing mit der Energiekrise im Westen zusammen, denn durch sie wurde offenkundig, wie anfällig Ungarn für Konjunkturschwankungen und wie schwachbrüstig letztendlich die ungarische Wirtschaft war. Das Land war dazu noch hoch verschuldet. Die Planungsbehörde erhielt wieder vermehrte Kompetenzen, vor allem wurden weitere Lohnerhöhungen blockiert. Ende der 70er Jahre kündigte die kommunistische Führung gleichzeitig sowohl weiter reichende marktwirtschaftliche Reformen als auch politische Veränderungen an: Die Wahlordnung sollte dahingehend modifiziert werden, daß die Wähler eine begrenzte Möglichkeit erhielten, zwischen verschiedenen Kandidaten wählen zu können; auch den Gewerkschaften sollten ein größerer Handlungsspielraum und umfassendere Kompetenzen gewährt werden. Zu den oppositionellen Intellektuellengruppen unterhielten die Machthaber mitunter informelle Kontakte, wobei man sich abwechselnd repressiv oder liberal gab.

In Polen unternahm die Gomułka-Mannschaft im Dezember 1970 den Versuch einer Neuorientierung. In Übereinstimmung mit dem außenpolitischen Kurs Moskaus reagierte man an der Weichsel positiv auf die Signale der westdeutschen »Ostpolitik«. Dabei rechnete man damit, aus einer künftigen Zusammenarbeit wirtschaftlichen Nutzen ziehen zu können. Unmittelbar nach der Unterzeichnung des Vertrags mit der Bundesrepublik Deutschland gab die polnische Führung Entscheidungen bekannt, mit denen Wirtschaftsreformen eingeleitet, die Stagnation beendet und die zunehmenden Versorgungsschwierigkeiten behoben werden sollten.

Die unmittelbare Steuerung der Wirtschaft von oben wollte man einschränken zugunsten komplizierter Plankennziffern, die für die Betriebe gelten und deren tatsächliche Effektivität aufzeigen sollten. Marktwirtschaftliche Elemente gab es dabei kaum. Als eine der ersten Maßnahmen wurden hingegen die Preise für viele Verbrauchsgüter erhöht, um deren Subventionierung zu drosseln und eine direktere Relation zwischen Produktionskosten und Preisen herzustellen. Damit einhergehen sollten geringfügige Lohnerhöhungen. Die Reformen begannen also mit einer Senkung des Lebensstandards.

Daraufhin traten die Arbeiter der Danziger Werft in den Streik. Als sie versuchten, in einem Protestmarsch durch die Stadt zu ziehen, wurden sie vom Sicherheitsdienst beschossen. Das war der Auftakt zu blutigen Unruhen, die weitere Städte im Küstengebiet erfaßten. Gegen die Protestierenden wurde Militär eingesetzt. In anderen Industriezentren drohte die Unzufriedenheit zu ähnlichen Ausbrüchen zu führen. Die Parteiführung berief Gierek in das Amt des Ersten Sekretärs und setzte Gomułka und einige seiner Mitstreiter ab. Diese personelle Veränderung fand die Zustimmung Moskaus. Innerhalb der Partei war sie das Ergebnis eines Kompromisses zwischen der technokratischen Fraktion Giereks und der nationalkommunistischen Fraktion Moczars.

Der neue Parteichef verurteilte den Schußwaffengebrauch durch Sicherheitsdienst und Streitkräfte und versprach eine Kursänderung. Symbolische Bedeutung erhielt Giereks Gang nach Stettin, wo die Werftarbeiter weiterhin streikten. Auf einem Treffen mit ihnen bat er sie um Unterstützung. Aus seinen Aussagen zeichnete sich das undeutliche Versprechen ab, in Zukunft bei wichtigen sozialökonomischen Entscheidungen die Belegschaften der großen Betriebe zu konsultieren.[95] In den darauffolgenden Wochen wurden die Preiserhöhungen zurückgenommen.

Für mehrere Jahre schien Polen nun ein Wirtschaftswunderland zu sein. Gierek erfreute sich einer beträchtlichen Popularität. Das ermöglichte es ihm, sich seiner Konkurrenten mit Moczar an der Spitze zu entledigen und sein technokratisches Programm zu verwirklichen. Es wurden keine Wirtschaftsreformen durchgeführt, sondern man nutzte die Möglichkeiten, die die »Koexistenzpolitik« bot, um westliche Technologien auf Kreditbasis zu importieren. Polens Wirtschaft erfuhr einen technischen Modernisierungsschub, obwohl sie aufgrund ihrer bürokratischen Organisation weiterhin wenig effizient blieb.

Die Energiekrise und der weltweite Konjunktureinbruch erwiesen sich für Polen als ein noch härterer Schlag als für Ungarn. Die Schuldentilgung sowie die in den Jahren des Investitionsbooms erhöhten Lohnzahlungen stellten für die Wirtschaft eine derartige Belastung dar, daß sie zusammenzubrechen drohte. Im Juni 1976 verordnete die Gierek-Mannschaft drastische Preiserhöhungen. In mehreren Städten kam es zu Streiks und Tumulten. Diese Welle erfaßte auch andere Zentren. Die Unruhen wurden, wenn auch ohne Waffengewalt, brutal unterdrückt. Viele Teilnehmer wurden verhaftet, die Preiserhöhungen indes zurückgenommen.

Die polnische Innenpolitik der ersten Hälfte der 70er Jahre war im Grunde ziemlich liberal, und deshalb galten die polnischen (neben den ungarischen) Kommunisten als erstklassige »Koexistenzpartner« des Westens. Besonders eng waren die Beziehungen zur sozialliberalen Regierungskoalition in der Bundesrepublik Deutschland. Die Zustimmung Moskaus zu den lebhaften Kontakten mit den westlichen Ländern erkaufte man durch serviles Loyalitätsverhalten. Als man in diesem Zusammenhang 1975 beabsichtigte, in der Verfassung »die Freundschaft und Zusammenarbeit mit der Sowjetunion« festzuschreiben, entstand in Intellektuellenkreisen und der Studentenschaft erhebliche Unruhe. Auf die vielen eingehenden Protestschreiben reagierten die kommunistischen Behörden mit relativ gelinden Repressalien.

Nach den Ereignissen vom Juni 1976 kam es zu erneuten Protestaktionen von intellektueller und studentischer Seite. Man solidarisierte sich mit den zusammengeknüppelten und inhaftierten Arbeitern und gründete das offen agierende, wenngleich nicht legalisierte Komitee zur Verteidigung der Arbeiter (KOR).[96] Die

Gierek-Mannschaft befand sich in einer Sackgasse. Da sie eine Stundung der Schuldentilgung und die Bewilligung neuer Kredite dringend benötigte, mußte sie notwendigerweise ihre guten Beziehungen zu den westlichen Ländern aufrechterhalten. Daher konnte sie sich ein Verhalten, das zwar den kommunistischen Spielregeln entsprochen, aber im Widerspruch zum »Korb drei« von Helsinki gestanden hätte, nicht erlauben. Zum ersten Mal in der Geschichte des Kommunismus erhielt die Opposition einen gewissen Handlungsspielraum.

Ende der 70er Jahre schwankte die Politik der polnischen Kommunisten zwischen Repressivität und Zugeständnissen. Gleichzeitig wuchs das Chaos in der Wirtschaft; man bekam die Inflation nicht mehr in den Griff und mußte erleben, wie die Versorgung der Bevölkerung selbst mit grundlegenden Artikeln des täglichen Bedarfs zusammenbrach, während auf der anderen Seite die wachsende Korruption der Funktionäre auf zentraler und lokaler Ebene immer offensichtlicher wurde. Innerhalb der Partei formierten sich zwei völlig gegensätzliche Richtungen: Die eine Richtung plädierte für eine Politik der »starken Hand«, die Zerschlagung der Opposition und eine eiserne Disziplin in der Wirtschaft, die andere meinte, man müsse sich mit den Intellektuellen und der katholischen Kirche verständigen, das System weiter liberalisieren und mit der Einführung marktwirtschaftlicher Mechanismen die Wirtschaft reformieren.

Einen ganz anderen Weg schlug die Deutsche Demokratische Republik ein. Unter dem Nachfolger Ulbrichts, Erich Honecker, setzte sie eine Politik fort, die eine scharfe Repressivität mit einer in diesem Ausmaß in den anderen kommunistischen Ländern nicht mehr üblichen Indoktrinierung verband. Die Stellung der DDR im Ostblock verbesserte sich deutlich, nachdem sie von den westlichen Ländern anerkannt worden war. Honecker hatte das Ziel, daß die DDR Moskaus erster Partner innerhalb des Ostblocks werde. In der Wirtschaftspolitik hingegen hatte, ebenso wie in Polen, der Technologieimport oberste Priorität. Dabei verzichtete man durchaus nicht auf die Steuerung der Wirtschaft von oben.

Trotz allem kam die DDR angesichts der Probleme der 70er Jahre relativ glimpflich davon. Ihre unzufriedensten Bürger schob sie nach kürzer oder länger andauernden Schikanen in die Bundesrepublik ab oder ließ sie aus ihren Gefängnissen freikaufen. In der Wirtschaft nutzte man die Unterstützung, die auf unterschiedlichste Art und Weise von der Bundesrepublik gemäß der von der sozialliberalen Koalition vertretenen Staatsräson gewährt wurde: Alle innerdeutschen Beziehungen sollten intensiviert werden, um langfristig die Chancen für eine Vereinigung aufrechtzuerhalten. In ihren Beziehungen mit der Bundesrepublik bewiesen die ostdeutschen Kommunisten eine Flexibilität, die ihnen in ihrer Innenpolitik völlig abging.

In Rumänien änderte sich die Lage kaum. Ceauşescu und seine Gefolgsleute blieben weiterhin dem Prinzip der zentralen Wirtschaftsverwaltung treu und forcierten zugleich große Industrieinvestitionen. Das ökonomische Gleichgewicht geriet Mitte der 70er Jahre aus den Fugen. Dessenungeachtet entschied man sich, die Investitionen fortzusetzen und dabei eine Senkung der Reallöhne und eine erhebliche Verschlechterung der Versorgung der Bevölkerung in Kauf zu nehmen. Mit der Einführung von Reglementierungen und Verboten unterschiedlichster Art wollte man auch den Verbrauch einer zentralen Kontrolle unterstellen.

Terror und nationalkommunistischer Indoktrinierungseifer des Systems waren nach wie vor groß. Die ständig unterstrichene Unabhängigkeit des Landes hatte eine eindeutig rekompensierende Funktion für die Härten des Alltags. Die rumänische Führung hatte die Intervention in die Tschechoslowakei 1968 verurteilt und 1972 mit dem »Gesetz zur Organisation der Landesverteidigung« gegen die »Breschnew-Doktrin« opponiert.[97] Während der KSZE-Konferenz in Helsinki scherten die rumänischen Vertreter aus der gemeinsamen Front der Ostblockstaaten aus und bemühten sich darum, in der Schlußakte ein Verbot jeglicher wie auch immer begründeter Gewaltanwendung in den zwischenstaatlichen Beziehungen unterzubringen.

Am wenigsten bewegte sich nach dem Abschluß der »Säuberung« in der Tschechoslowakei sowie in Bulgarien, das treulich jeden sowjetischen Schritt nachvollzog. In Prag sprach Husák zwar anfänglich von Demokratie, das Ausmaß der Unterdrückungsmaßnahmen führte aber rasch dazu, daß in der Öffentlichkeit und innerhalb der Partei Friedhofsstille einsetzte. Die Slowakei wurde faktisch erneut der zentralen Leitung unterstellt, deren Chef ein Slowake war.[98]

Offensichtlich unter dem Einfluß von Nachrichten aus Polen und Ungarn unterzeichnete 1977 eine kleine Gruppe Oppositioneller, überwiegend Intellektuelle, die Charta 77. Mit ihren kontinuierlichen Aktivitäten in Gestalt von Erklärungen und Protestaktionen zog sie Repressionen auf sich und wurde weitgehend von breiteren Bevölkerungskreisen isoliert.

1969 begann man, die administrative Lenkung der Wirtschaft wieder zu verstärken und marktwirtschaftliche Elemente, die während des »Prager Frühlings« eingeführt worden waren, abzuschaffen. Angesichts der weltweiten Konjunktur ließen sich in der ersten Hälfte der 70er Jahre gewisse Wirtschaftserfolge verbuchen (obwohl die Tschechoslowakei aus politischen Gründen keine größeren Kredite aus dem Westen erhielt). Später stellten sich ähnliche Schwierigkeiten wie in den anderen Ostblockstaaten ein. Allerdings war die Verschuldung relativ gering.

Bulgarien hatte keinerlei Erschütterungen ähnlich den 68er Ereignissen in der Tschechoslowakei erlebt und konnte sich daher in den 70er Jahren eine gewisse Liberalisierung erlauben, die allerdings meilenweit von einer Meinungsfreiheit wie in Ungarn oder Polen entfernt war. In der Wirtschaft ahmte man eifrig das sowjetische Beispiel nach. So begann man unverzüglich in der zweiten Hälfte der 60er Jahre, die Kosygin-Reformen in Bulgarien zu verwirklichen, kaum aber wurden sie in Moskau abgeblasen, kehrte man auch in Sofia zur zentralisierten Kommandowirtschaft zurück.

Für Jugoslawien, das weiterhin außerhalb des Sowjetblocks blieb, stellten die 70er Jahre keine Periode der Ruhe dar. Seit dem Ende des vorausgegangenen Jahrzehnts wurden die zentrifugalen nationalen Bestrebungen immer stärker, vor allem die separatistischen Aspirationen der Kroaten. Auch die in Jugoslawien lebenden Albaner forderten nationale Gleichberechtigung. 1971 bewies Tito noch einmal, daß die Dezentralisierung ihre Grenzen hatte. Er entfernte die allzu selbständige kroatische Führungsriege und verfuhr in den nächsten Monaten ähnlich mit seiner Meinung nach allzu liberalen serbischen und slowenischen Politikern. Um die Befürworter partikularistischer Tendenzen zu beruhigen, ließ er 1974 eine Verfassung verabschieden, die den Republiken und den autonomen Gebieten eine größere Selbständigkeit einräumte, zugleich aber Tito selbst bis an sein Lebensende das Präsidentenamt und eine geradezu uneingeschränkte Machtfülle sicherte.[99]

Die Umstände hierfür waren ausgesprochen günstig, denn die jugoslawische Wirtschaft war erheblich stärker in den Weltmarkt integriert als die der Ostblockstaaten und blühte geradezu in der Wärme der Konjunktur auf. Das politische Klima verschlechterte sich mit der Konjunkturflaute in der zweiten Hälfte des Jahrzehnts und begann dramatische Züge anzunehmen, als Titos Krankheit bekannt wurde, gleichzeitig aber erneut zentrifugale Tendenzen auftauchten. Mit dem Tod des Führers im Mai 1980 begann ein neues Kapitel in der Geschichte des jugoslawischen Kommunismus.

Unter den westeuropäischen Parteien standen sich die italienischen Kommunisten weiterhin am besten. Der 1972 zum Generalsekretär der KPI gewählte Enrico Berlinguer war ein entschiedener Vertreter des Eurokommunismus. Er wollte den Bruch mit der traditionellen Doktrin vollziehen und suchte nach neuen Wegen in der Politik. Als die Kommunisten in den Parlamentswahlen 1976 den größten Erfolg in ihrer Geschichte mit über einem Drittel der Stimmen errungen hatten, schien die Stunde einer politischen Wende gekommen zu sein. Unter der Losung des »historischen Kompromisses« wollte Berlinguer eine Verständigung mit den seit Kriegsende in Italien regierenden Christdemokraten erreichen, um dann in weiterer Perspektive mit ihnen eine Regierungskoalition zu bilden.[100]

Die Bemühungen der Kommunisten stießen auf entschiedenen Widerstand sowohl von außen (der Vereinigten Staaten und der europäischen Partner Italiens) als auch von innen. In diesen Zusammenhang gehört die – mit der Aura ungeklärter Umstände umgebene – Ermordung Aldo Moros, desjenigen führenden christdemokratischen Politikers, der sich am stärksten dafür eingesetzt hatte, auf den »historischen Kompromiß« einzugehen. Die italienischen Kommunisten gaben jedoch ihren Kurs in Fragen der internationalen Politik nicht auf und gingen 1979 sogar so weit, die Mitgliedschaft Italiens in der NATO zu akzeptieren im Interesse der Erhaltung des europäischen Gleichgewichts. Sie leugneten damit die Einheit der Ideen und Interessen der internationalen kommunistischen Bewegung.

Innenpolitisch allerdings vollzog sich eine neue Wende. Die kommunistischen Vorschläge, den »historischen Kompromiß« abzuschließen, wurden von der Christdemokratie abgelehnt. Durch deren Bildung einer Regierungskoalition mit den Sozialisten gerieten die Kommunisten wieder stärker in die Isolation. Berlinguer verkündete 1979, man werde wieder zur vollen Opposition übergehen, und die der kommunistischen Partei nahestehenden Gewerkschaften ließen keine Gelegenheit aus, um Streiks zu organisieren oder ihre Mitglieder zu Protestdemonstrationen zu mobilisieren.

Zum gleichen Zeitpunkt versuchten die französischen Kommunisten, eine neue Strategie auszuarbeiten. Durch eine Verständigung mit den Sozialisten sollte ein Linksblock gebildet werden, der dann bei den Wahlen gegen den Rechtsblock antreten konnte. In jenem Linksblock hatten die Kommunisten zwar anfangs ein erhebliches Übergewicht, willigten aber ein, den Sozialisten den Vortritt zu überlassen, um aus dem Winkel der ewigen Oppositionsrolle herauszukommen. 1972 vereinbarten beide Parteien ihr künftiges gemeinsames Regierungsprogramm. Darin sprachen sich die Kommunisten für den Erhalt der parlamentarischen Demokratie und der bürgerlichen Freiheiten aus.[101] Im Gegensatz zu den Sozialisten unterstützten sie allerdings die Vorstellungen der Gaullisten, Frankreich von seinen Verbündeten maximal unabhängig zu machen, einschließlich des Ausbaus der französischen Nuklearmacht.

In den folgenden Jahren ließ die französische KP das Schlagwort von der »Diktatur des Proletariats« fallen, leistete sich sogar etwas Kritik an der Sowjetunion, der sie Mangel an Demokratie vorwarf, und gestaltete ihre Beziehungen zu den italienischen, spanischen und anderen Eurokommunisten immer enger. Den programmatischen Veränderungen entsprach jedoch keine Umgestaltung innerhalb der Partei. Organisatorisch galt nach wie vor das Prinzip des »demokratischen Zentralismus«, das heißt der Steuerung von oben, ohne freien Meinungsaustausch.

Die Ergebnisse der neuen Strategie waren für die französischen Kommunisten nicht gerade ermutigend. In den Parlamentswahlen 1973 und den Präsidentschaftswahlen 1974 siegte die Rechte. Die Kommunisten konnten ihren Einfluß nicht vergrößern, während die Sozialisten und ihr Chef, der gemeinsame Präsidentschaftskandidat François Mitterrand, ihre Stellung festigten. Vor den Parlamentswahlen von 1978 brach der Linksblock, in erster Linie auf Betreiben der Kommunisten, auseinander. Das änderte aber nichts mehr an dem Trend: Zum ersten Mal seit dem Kriege erwiesen sich die Sozialisten als (wenn auch nicht erheblich) stärker im Vergleich zu den Kommunisten. Letztere beendeten daraufhin ihr Abenteuer mit dem Eurokommunismus; beredtes Zeugnis dafür wurde die Unterstützung der sowjetischen Außenpolitik, hier vor allem die von den Eurokommunisten kritisierte Invasion in Afghanistan.

Die 70er Jahre bescherten den kommunistischen Parteien, die bisher in von rechten Diktaturen beherrschten Ländern, in Griechenland, Portugal und Spanien, in der Illegalität tätig gewesen waren, schmerzliche Enttäuschungen. Ihre sich aus der kommunistischen Tradition herleitende Fähigkeit, im Untergrund Organisationsstrukturen aufzubauen und aufrechtzuerhalten, sowie ihre illegalen Aktivitäten hatten den Mythos ihrer besonderen Stärke entstehen lassen. Jetzt brachen diese Diktaturen zusammen und machten parlamentarischen Demokratien Platz. Kreuze auf den Wahlzetteln sollten nun Auskunft geben darüber, in welchem quantitativen Ausmaß die Kommunisten tatsächlich über Einfluß verfügten.

In Griechenland stellten sich die untereinander in prosowjetisch und eurokommunistisch zerstrittenen Kommunisten 1974 gemeinsam zur Wahl und erreichten nur etwas mehr als 9 %. Nicht viel besser fiel das Wahlergebnis drei Jahre später für die inzwischen gespaltenen Kommunisten mit 12 % der Wählerstimmen aus (mit einem entschiedenen Übergewicht der prosowjetischen Orientierung).

Die portugiesischen Kommunisten waren im westlichen Europa der 70er Jahre die einzigen, die versuchten, sich um jeden Preis einen entscheidenden Anteil an der Machtausübung zu sichern. Nach der »Nelkenrevolution« vom April 1974 trat ihr Chef, Alvaro

Cunhal, in die Regierung ein. Von größerem Gewicht jedoch waren die engen Beziehungen zwischen der kommunistischen Partei und den in der Bewegung der Streitkräfte organisierten Offizieren. In der politischen Krise vom September 1974 wurden die Kommunisten von den Sozialisten und einem beträchtlichen Teil der Offiziere unterstützt. Die Macht übernahmen radikale Offiziere.

Von diesem Augenblick an übte die kommunistische Partei entscheidenden Einfluß auf die Regierungsgewalt im Lande aus. Ihre politischen Vorstellungen standen ganz in der Tradition der Kommunisten, die Macht gewaltsam an sich zu reißen und auch mit Gewalt zu halten, und sie griffen dabei auf die Erfahrungen Kubas zurück. Eine weitere Radikalisierung setzte nach einem mißglückten Umsturzversuch antikommunistischer Offiziere im März 1975 ein. Entsprechend dem kommunistischen Programm begann man mit weitgehenden Gesellschaftsreformen, darunter die Parzellierung des Großgrundbesitzes und die Nationalisierung der Banken.

Trotz allem konnte man sich nicht entscheiden, die Parlamentswahlen 1975 abzusetzen, denn man rechnete mit der Unterstützung des Staatsapparats, in dem die Kommunisten viele Schlüsselpositionen übernommen hatten, sowie mit der Popularität der auf ihr Betreiben durchgeführten Reformen. Ebenso befürchtete man Proteste im Ausland wie im Inland. Diese Wahlen endeten in einer Niederlage, denn sogar zusammen mit einigen gesondert auftretenden prokommunistischen Gruppierungen erhielt die Partei weniger als 17 % der Stimmen.

Die Kommunisten wollten ein solches Ergebnis nicht akzeptieren. Bei ihrem Widerstand gegen die siegreichen Sozialisten rechneten sie mit der Unterstützung der Armee und mißachteten so die Regeln der parlamentarischen Demokratie. Im Sommer 1975 setzten sie alles daran, die Auflösung des Parlaments herbeizuführen, einschließlich terroristischer Aktionen gegen ihre Gegner. Die Atmosphäre verdichtete sich dermaßen, daß ein Bürgerkrieg drohte. Unter den Offizieren brachen Auseinandersetzungen aus, und es kam zum offenen Konflikt. Der den Kommunisten nahestehende Ministerpräsident Vasco Gonçalves mußte zurücktreten. In der neuen Koalitionsregierung aber fanden sich die Kommunisten an den Rand gedrängt wieder. Im November unternahmen sie gemeinsam mit radikalen Offizieren einen Putschversuch, der mit einer Niederlage endete.

Auf diese Weise zerplatzten die Träume der kommunistischen Partei von einem Sieg am südwestlichen Zipfel Europas. In den April-Wahlen des Jahres 1976 erreichten die Kommunisten über 14 % und drei Jahre später annähernd 19 % der Wählerstimmen. Sie blieben ein wichtiger Faktor des politischen Lebens in ihrem Land, hatten aber – angesichts der Tatsache, daß sie mit sämtlichen anderen Parteien auf Kriegsfuß standen, den Eurokommunismus ablehnten und sich als unfähig zu einer flexiblen Politik erwiesen – keinerlei Chancen mehr auf eine Regierungsbeteiligung.

Eine völlig andere Strategie verfolgten die spanischen Kommunisten. Schon nach der sowjetischen Invasion 1968 in der Tschechoslowakei (in Prag residierte die spanische Exilparteiführung) hatten sie in scharfen Worten das System des »Realen Sozialismus« kritisiert. Als Spanien in der zweiten Hälfte der 70er Jahre, nach dem Tode des seit dem Bürgerkrieg diktatorisch herrschenden Generals Franco, vor Veränderungen stand, die zur Ausbildung einer parlamentarischen Demokratie führen sollten, erklärten sich die Kommunisten bereit, jeglicher revolutionären Gewaltanwendung abzuschwören.[102] Sie hielten einen starken Trumpf in der Hand, denn sie hatten in den letzten Jahren der Franco-Diktatur die halblegal wirkenden, bei den Lohnarbeitern populären Arbeiterkommissionen gesteuert.

Bereits vor den Parlamentswahlen 1977 wurde die kommunistische Partei legalisiert. Die Wahlergebnisse entsprachen jedoch keineswegs ihren Erwartungen, denn die Partei erhielt nur etwas über 9 % der Stimmen. Der spanische Parteichef Santiago Carrillo reagierte auf die Wahlniederlage mit einem noch deutlicheren Kurswechsel: Er machte seine Partei von Moskau unabhängig, verwarf den Leninismus, sprach sich dezidiert für den Eurokommunismus aus und bemühte sich um eine Zusammenarbeit mit den anderen Parteien der demokratischen Linken, vor allem mit den mächtigen Sozialisten. Das rief erhebliche Unruhe in der Partei hervor; sie drohte auseinanderzubrechen und in der Konsequenz damit ihre Position aufs Spiel zu setzen.

Unter dem Strich brachten die Versuche dieser drei kommunisti-

schen Parteien, unter Bedingungen der parlamentarischen Demokratie in Ländern, die zuvor von diktatorischen Regimes beherrscht worden waren, politisch tätig zu sein, keinen Erfolg. Sie
konnten zwar ihren nicht unwesentlichen Platz im politischen
Spektrum finden, doch waren sie – ungeachtet der extremen Unterschiede in Programm und politischer Vorgehensweise – alle drei
weder in der Lage, aus eigener Kraft eine Beteiligung an der Regierung durchzusetzen, noch Verbündete zu finden, die zu einer Zusammenarbeit bereit waren.

Die Auflösung des Kommunismus

Der Zerfall des kommunistischen Systems begann in Polen, das ihm schon zuvor den stärksten Widerstand entgegengesetzt hatte. Dies hatten die Erschütterungen von 1956, 1968, 1970 und 1976 unter Beweis gestellt. Die Gierek-Mannschaft wußte sich angesichts der sich in der zweiten Hälfte der 70er Jahre zuspitzenden Wirtschaftskrise nicht zu helfen. Jegliche Reformversuche erforderten den dezidierten politischen Willen des gesamten Machtapparates und gleichzeitig die Zustimmung der Bevölkerung, die zumindest vorübergehend die zusätzlichen Belastungen hätte auf sich nehmen müssen.

Weder das eine noch das andere war zu haben. Der Apparat war weder bereit, die bürokratische Lenkung der Wirtschaft einschränken zu lassen, noch wollte er größere politische Freiheiten zulassen, denn das hätte seine eigenen Machtbefugnisse erheblich vermindert. In der Bevölkerung hingegen war man durchweg davon überzeugt, daß die Kommunisten mit ihren Privilegien völlig demoralisiert und korrumpiert seien und daß alle Appelle, sich in Geduld zu fassen, besser zu arbeiten und Entbehrungen auf sich zu nehmen, nur Betrug seien und keinerlei Gehör verdienten.

In der ersten Jahreshälfte 1980 begann es der Gierek-Mannschaft langsam zu dämmern, welche Gefahren auf sie zukamen. Sie versuchte, sich mit einem Personalkarussell und weiteren Versprechungen über die Zeit zu retten. Als im Juli die erste Welle der Streiks einsetzte, nahm man sie zunächst auf die leichte Schulter. Den Streikenden bewilligte man Lohnerhöhungen, was wiederum weitere Belegschaften dazu ermunterte zu streiken. Die kommunistische Führung war sich darüber im klaren, daß dies zu einer weiteren Zerrüttung der Wirtschaft führen und eine inflationäre Lohn-Preis-Spirale in Gang setzen werde (es sei denn, man hätte eine so gut wie sämtliche Artikel erfassende Preis- und Verbrauchsreglementierung eingeführt); sie verwandten aber ihre gesamte

Energie darauf, Zeit zu gewinnen, und sei es nur für ein paar Wochen, ohne eine weitere Perspektive vor Augen zu haben.

Im August brachen Streiks im Küstengebiet aus. Nach den erfolglosen Versuchen, die protestierenden Arbeiter mit rein ökonomischen Zugeständnissen zufriedenzustellen, erklärte sich die Parteiführung Ende des Monats dazu bereit, eine Vereinbarung zu unterzeichnen, in der die Entstehung unabhängiger Gewerkschaften vorgesehen wurde. Sowohl die polnischen Kommunisten als auch ihre sowjetischen Schirmherren und ihre übrigen Partner im Ostblock waren der Ansicht, daß dieses Zugeständnis nur vorübergehender und taktischer Natur sei.[103] Es stellte sich jedoch rasch heraus, daß die »Solidarność« mit ihren vielen Millionen Mitgliedern durchaus in der Lage war, ständigen Druck auszuüben, und daß ihre bloße Existenz im politischen Leben eine Demontage der Strukturen des Systems, sowohl in der Partei als auch im staatlichen Bereich, zur Folge hatte.

Unverzüglich nach der Unterzeichnung der Vereinbarungen wurde Gierek abgesetzt, und es kam zu erheblichen personellen Veränderungen in der Parteiführung. Die Anhänger von Wirtschaftsreformen und einer Liberalisierung des Systems konnten damit ihre Position innerhalb der Partei verstärken, doch selbst sie sahen keine Möglichkeit für eine von der Partei unabhängige Gewerkschaft, auf die Dauer legal tätig zu sein. Im November 1980 beschloß man, die Verhängung des Kriegszustands vorzubereiten.[104] Zwar fiel diese Entscheidung in der Parteiführung, umgesetzt aber wurde sie von geheimen operativen Gruppen der Armee und des Sicherheitsdienstes, deren Existenz und Tätigkeit auch dem Parteiapparat und seinen Mitgliedern verborgen blieben.

Der Plan, die »Solidarność« mit polnischen militärischen Kräften zu zerschlagen, entsprach den Intentionen der sowjetischen Führung, die diesmal die Auswirkungen einer eventuellen Intervention nach dem Muster früherer Aktionen in Ungarn und in der Tschechoslowakei scheute.[105] Polen war das größte Land im Moskauer Hegemoniebereich, in dem antirussische Einstellungen sowie die Tradition des bewaffneten Widerstands gegen Aggressoren als besonders ausgeprägt galten. Die negativen Erfahrungen, die man in Afghanistan gemacht hatte, trugen ebenfalls dazu bei, daß man eine Intervention zu vermeiden suchte. Eine erhebliche, ja vielleicht die wichtigste Rolle spielte schließlich die wirtschaftliche Situation der Sowjetunion. Denn die sowjetische Führung setzte angesichts der schweren Krise, in der ihre Wirtschaft steckte (und von deren Ausmaß man sich selbst im Westen noch keine Vorstellungen machte), große Hoffnungen auf die »Koexistenzpolitik« und damit auf Chancen, ihre Rüstungsausgaben reduzieren zu können.

Zwar fehlte es nicht an grollenden Drohgebärden aus Moskau, aber sie waren eher darauf angelegt, die polnischen Parteigenossen zu mobilisieren, als daß dahinter die Absicht gestanden hätte, die Sache selbst in die Hand zu nehmen. Es ist schwer zu sagen, ob nicht ein Teil der sowjetischen Führung, insbesondere das Oberkommando der Roten Armee, doch beabsichtigt hat, in Polen militärisch zu intervenieren. Hier konnte die Hoffnung Pate stehen, mit einer Invasion vollendete Tatsachen zu schaffen, die dann im nachhinein zwangsweise von der übrigen sowjetischen Führung hätten gebilligt werden müssen.

Die Befürworter einer Intervention von außen spielten eine gewisse Rolle im polnischen Partei- und Staatsapparat; sie genossen die Unterstützung der ostdeutschen und in gewissem Maße auch der tschechoslowakischen Kommunisten, denn die Parteien der beiden Nachbarländer fühlten sich von der unsicheren Lage in Polen bedroht.

Einige Aspekte der Ereignisse in Polen 1980 und 1981 waren für die Geschichte des Kommunismus von besonderer Tragweite. Erstens wurde in Polen die kommunistische Klassenideologie zerstört, denn es waren Arbeiter, die hier zur größten Widerstandskraft gegen das System geworden waren. Zweitens wurde das Monopol der Kommunisten, das gesamte öffentliche Leben zu organisieren und die Massenmedien zu kontrollieren, gebrochen. Drittens schließlich stellte sich heraus, wie wenig die kommunistische Partei noch zu steuern war. Ein Teil der Partei erwies sich als äußerst zugänglich für die Stimmung der übrigen Bevölkerung, während für einen anderen Teil die Annehmlichkeiten eines bequemen Lebens hoch im Kurs standen, so daß diese demoralisierten Parteimitglieder oder gar -funktionäre sich zu keiner aktiven Haltung aufzuraffen vermochten.

Im Februar 1981 wurde Verteidigungsminister General Wojciech Jaruzelski Premierminister von Polen. Auf diese Weise übernahmen allmählich die Militärs die Führungspositionen im Staat. Im Oktober wurde Jaruzelski überdies Erster Sekretär des ZK der Partei. Je weiter die Vorbereitungen gediehen waren und je mehr sich in der Bevölkerung Erschöpfung bemerkbar machte, um so konkreter wurden die Pläne, die »Solidarność« zu liquidieren.

In der Nacht vom 12. zum 13. Dezember 1981 wurde der Kriegszustand verhängt. Die oberste Staatsgewalt übernahm eine Militärjunta. Einige tausend »Solidarność«-Aktivisten und andere Oppositionelle wurden interniert. In die Betriebe wurden Militärkommissare geschickt. In ganz Polen wurde das zivile Telefonnetz ausgeschaltet. Niemand durfte seinen Wohnsitz ohne behördliche Genehmigung verlassen. Gegen streikende Belegschaften wurden bewaffnete Polizeikräfte mit Panzern und Hubschraubern eingesetzt. Streiks wurden gewaltsam gebrochen. In einem Kattowitzer Bergwerk wurden neun Bergleute erschossen und im ganzen Land weitere zigtausend Menschen verhaftet.

Aus der Pazifizierung der »Solidarność« ergab sich jedoch keineswegs eine Wiederherstellung der kommunistischen Ideologie. Ebensowenig erhielt das System die zuvor, wie etwa in den ersten Jahren nach der ungarischen Revolution von 1956 und nach 1968 in der Tschechoslowakei, üblichen Merkmale exzessiver Repression. Auch für eine Auflösung der Partei und den Neuaufbau einer dynamischeren und disziplinierteren Organisation konnte man sich nicht entscheiden. Die Entschlußlosigkeit der polnischen Kommunisten und ihre schwankende Haltung wurden offensichtlich. »Säuberungen« in einigen Bereichen des öffentlichen Lebens (Massenmedien, Justizapparat) standen neben liberalem Vorgehen auf anderen Gebieten (Wissenschaft, Kultur).

Die Ursachen dafür waren vielfältig. Einige Mitglieder der Führung befürchteten, daß eine Suche nach den Schuldigen sich letztlich gegen sie selbst wenden könne, da sie zuvor Kompromisse mit der »Solidarność« eingegangen waren. Viele Parteimitglieder hatten der verbotenen (anfangs lediglich suspendierten) Gewerkschaft angehört. Jaruzelski und seine Gefolgsleute in der polnischen Führung wollten verhindern, daß ihre Rivalen von der »Beton«-Fraktion in der Partei mächtiger würden. Im Gegenteil beabsichtigten sie, nach einer Stabilisierung der Situation die notwendigen Wirtschaftsreformen in Angriff zu nehmen.

Der Kampf gegen die »Solidarność« erforderte die Neutralisierung der mächtigen katholischen Kirche, die die Einstellung der Verfolgungen und Aufhebung der Freiheitsbeschränkungen verlangte. Als 1984 bekannt wurde, daß Funktionäre des Sicherheitsapparats den regimekritischen Warschauer Priester Jerzy Popiełuszko ermordet hatten, wurden die Täter in einem öffentlichen Prozeß abgeurteilt. Obwohl man dabei sehr darauf bedacht war, daß die Verantwortung der in der Hierarchie höherstehenden Vertreter des Regimes im dunkeln blieb, wurde doch damit ein Präzedenzfall geschaffen. Zwar war es in früheren Jahrzehnten öfters zu Todesfällen von Systemgegnern unter ungeklärten Umständen gekommen, niemals aber waren Angehörige des eigenen Apparats des Meuchelmords angeklagt worden. Der Fall des Priesters Popiełuszko kompromittierte den polnischen Sicherheitsdienst; seine Auswirkungen stellten die Garantie der Straffreiheit für die Angehörigen des Sicherheitsdienstes in Frage und erschütterten das Vertrauen in die Loyalität der Vorgesetzten.

Aus Moskau wurde kein wesentlicher Druck ausgeübt, der zum Ziel gehabt hätte, diesen gemäßigten und eher inkonsequenten Kurs zu verändern. Man rechnete dort weiterhin damit, daß die »Koexistenzpolitik« sich auszahlen werde, und wollte dementsprechend das weltweite Echo auf das Kriegsrecht in Polen minimalisieren. Auch die übrigen Bündnispartner im Ostblock konnten sich nicht zu einer scharfen Kritik an der gemäßigten Politik der polnischen Kommunisten entschließen, da sie vordringlich ihre Wirtschaftskontakte mit den westlichen Staaten zu intensivieren suchten. Sie wollten keineswegs riskieren, daß die vom Westen gegenüber Polen verhängten Sanktionen nach der Einführung des Kriegszustands auf ihre eigenen Länder ausgedehnt würden.

Die Verhängung des Kriegszustandes in Polen wurde unter anderem auch mit der Begründung gerechtfertigt, er sei notwendig, um die Wirtschaft zügig zu reformieren. Schon bald aber wurde deutlich, daß die Militärjunta über keine derartigen Pläne verfügte. Im Gegenteil, eine Zeitlang bemühte man sich, ökonomische Disziplin auf dem Wege einer Steuerung von oben durchzusetzen. Erst in der zweiten Hälfte der 80er Jahre begannen sich gewisse Veränderungen abzuzeichnen: Auf der einen Seite vergrößerte man die Selbständigkeit der Staatsbetriebe, auf der anderen Seite wurden privatwirtschaftlichen Aktivitäten größere Freiräume gestattet. Es gelang jedoch nicht, der wachsenden Inflation Einhalt zu gebieten. Sie wurde zu einem dauerhaften Element des polnischen Alltags.

Ein wichtiger Indikator für den Zustand des kommunistischen Systems war die Tatsache, daß viele Angehörige der kommunistischen Nomenklatura, ehemalige Angestellte des Parteiapparats, Leitungskader aus der Verwaltung oder Wirtschaft und sogar Funktionäre des Sicherheitsdienstes und Militärs auf den privaten Wirtschaftssektor überwechselten. Es entstanden kommunistische Vermögen, wobei die Verbindungen zu Kollegen, die weiterhin in der Nomenklatura verblieben waren, es sehr erleichterten, sich zu bereichern.

In politischer Hinsicht erhielt der polnische Kommunismus allmählich ein spezifisches Gepräge. Es mangelte nicht an mysteriösen Gewaltakten bis hin zu Meuchelmorden, vor allem aber an offenen Repressalien. Auf die Verhaftungswellen folgten jedoch Amnestien, und 1986 wurde die Freilassung aller politischen Häftlinge verkündet (wenngleich dies nicht völlig verwirklicht wurde). Illegale Publikationen kursierten massenhaft in den größeren Städten, ohne daß die Behörden wirksame Gegenmaßnahmen ergriffen. Die antikommunistische Opposition baute ihre Strukturen wieder auf, zunächst im Untergrund, dann allmählich in der Öffentlichkeit agierend.

Der unentschiedene politische Kurs der polnischen Kommunisten entsprach der unübersichtlichen Situation in Moskau. Im November 1982 starb Breschnew. Sein Nachfolger Juri Andropow hatte erst wenige Monate zuvor die Leitung des KGB abgegeben. Er verfügte also über die besten Informationsquellen über den innenpolitischen Zustand der Sowjetunion und der Ostblockländer. Demnach stand er vor einer schwierigen Situation: Die ökonomische und technologische Krise fiel zusammen mit einer erneuten Runde im Rüstungswettlauf, zu der der 1980 gewählte Präsident der Vereinigten Staaten, Ronald Reagan, die Sowjetunion herausforderte.

Andropow machte einige Anstalten, tiefgreifende Reformen des Systems in die Wege zu leiten, und berief sogar Expertenteams, die Vorschläge ausarbeiten sollten. Bald jedoch verschlechterte sich sein Gesundheitszustand rapide. Im Februar 1984 kam es in Moskau zu einem weiteren Wechsel in der Parteiführung. Der nächste Generalsekretär, Konstantin Tschernenko, war ebenso alt und kränklich wie sein Vorgänger, ohne über dessen Energie und Kenntnis der Situation zu verfügen.

In den übrigen Ostblockstaaten fanden die polnischen Ereignisse nur ein indirektes Echo. Im allgemeinen zog man den Schluß, daß man bei der Verfolgung jeglicher und insbesondere politischer Reformen äußerste Vorsicht walten lassen müsse. Auch die Situation in Moskau ließ es ratsam erscheinen, wichtigere Entscheidungen aufzuschieben und abzuwarten, bis dort eine langfristigere politische Strategie festgelegt werde.

In Ungarn stagnierten die Reformen. Ende der 70er Jahre formulierte Pläne verschwanden in der Schublade, da man eine Erschütterung des Gleichgewichts befürchtete. Trotzdem unterschied sich Ungarn von den anderen Ländern des Blocks. Die Wirtschaft Ungarns wurde in geringerem Maße von oben dirigiert, und seine Bürger erfreuten sich einer größeren Meinungsfreiheit. Neben Polen wurde Ungarn zu dem einzigen Land, in dem die antikommunistische Opposition in erheblichem Maße Aktivitäten entwickelte, wenngleich sie beinahe ausnahmslos auf intellektuelle Kreise beschränkt blieb.

Rumänien blieb weiterhin bei der nationalistischen Spielart des kommunistischen Systems. Das ökonomische Gleichgewicht wurde durch Mammutinvestitionen derart erschüttert, daß der Lebensstandard rapide sank und Lebensmittel sowie Heizmaterial in winzigen Mengen rationiert werden mußten. Mit unterschiedlichen Methoden suchte man der Unzufriedenheit entgegenzuwirken. Die nationalistische Propaganda, in nur wenig verschleierter Weise auch gegen die Sowjetunion gerichtet, wurde nochmals intensiviert. Direkt diskriminiert wurden die nationalen Minderheiten, besonders die Ungarn. Der Ceauşescu-Kult wurde ausgebaut. Die Überwachung und Unterdrückung der Bevölkerung erinnerten eher an die Zeiten des Stalinismus, als daß sie der Gegenwart in den andern Ländern des kommunistischen Blocks entsprochen hätten.

In ernsthafte Schwierigkeiten geriet Jugoslawien nach Titos Tod. Erst jetzt trat die Verfassung von 1974 wirklich in Kraft – sie garantierte den einzelnen Teilrepubliken und den Autonomen Provinzen eine beträchtliche Selbständigkeit und schwächte die Zentralgewalt (obwohl die Stütze des Staats weiterhin die von den Serben beherrschte Armee bildete). Das Gleichgewicht des Vielvölkerstaats sollte durch ein kompliziertes System der kollektiven Führung und der Rotation bei der Besetzung der wichtigsten Ämter gewahrt werden. Es wurde deutlich, wie zerbrechlich dieses Gleichgewicht war und in wie geringem Maße es der Kommunismus vermocht hatte, die tieferen Ursachen der nationalen und religiösen Konflikte zu beseitigen.

Die meisten westlichen Parteien, besonders die italienischen Kommunisten, unterstützten das »Solidarność«-Experiment begeistert und übten scharfe Kritik an der Verhängung des Kriegszustands. Berlinguer verstieg sich sogar zu der Erklärung, die fortschrittlichen Impulse, die von der Oktoberrevolution ausgegangen seien, hätten sich erschöpft.[106] Die Beziehungen der KPI zu der sowjetischen Partei gerieten für mehrere Jahre in eine völlige Sackgasse.

Sogar in der KPF traten offene Meinungsverschiedenheiten auf, und eine ziemlich große Gruppe kritisierte die polnischen Kommunisten wegen der Verhängung des Kriegszustands scharf. Der offizielle Standpunkt der Partei war zurückhaltender, doch insgesamt dominierten hier innenpolitische Erwägungen. Bei den Parlamentswahlen 1981 konnten die Kommunisten lediglich 16 % der Stimmen auf sich vereinen, erlitten also eine schwere Wahlniederlage. Trotzdem ließen sie sich anschließend von dem im selben Jahr gewählten sozialistischen Präsidenten, François Mitterrand, verlocken, in die Regierungskoalition einzutreten, die von den in den Wahlen erfolgreichen Sozialisten geführt wurde.

In einem seltsamen Spagat beteuerte die französische kommunistische Partei auf der einen Seite ihre Bündnistreue zu den sowjetischen Kommunisten und verschärfte ihre Absage an den Eurokommunismus, auf der anderen Seite trug sie die Außenpolitik der

Regierung mit, einschließlich der Mitgliedschaft in der NATO und der Aufrechterhaltung der französischen Militärmacht. Dies durchzuhalten wurde um so schwieriger, als Mitterrand von allen regierenden Politikern Westeuropas auf die Verhängung des Kriegszustands in Polen am heftigsten reagierte.

Der Hauptgrund für den Mißerfolg des französischen Experiments einer Beteiligung der Kommunisten an der Regierungskoalition ist jedoch im Scheitern der Wirtschaftspolitik zu suchen, die auf zum traditionellen Kanon der Linken gehörenden Grundsätzen beruhte, nämlich staatlichem Interventionismus und Steigerung des privaten Verbrauchs. 1983 begann die Regierung, ihren wirtschaftspolitischen Kurs zu ändern und sich damit den in Europa herrschenden neoliberalen Tendenzen anzupassen. Beiden Partnern half das anfangs nicht viel, denn bei den Wahlen zum Europäischen Parlament 1984 mußten sie schwere Verluste hinnehmen. Die Kommunisten erreichten mit knapp 11 % der Stimmen das niedrigste Wahlergebnis seit Kriegsende. Sie suchten ihr Heil daraufhin im Ausscheiden aus der Regierungskoalition und in Angriffen auf die Politik der Sozialisten.

Im März 1985 starb Tschernenko. Sein Nachfolger wurde das jüngste Mitglied der sowjetischen Führung, der 54 Jahre alte Michail Gorbatschow. Die Verjüngung der Führung, ebenso aber die Intelligenz und Energie, die dem neuen Generalsekretär nachgesagt wurden, ließen vermuten, daß die Sowjetunion und der gesamte Ostblock jetzt die Chance erhielten, ihre Krise zu überwinden. Die folgenden Jahre sollten zeigen, daß in Wirklichkeit die letzte Phase der Auflösung des europäischen Kommunismus angebrochen war.

Früher hatte Andropow als der Lehrmeister Gorbatschows gegolten. Der neue Parteichef nahm die 1983 eingesetzten Expertenteams zu Hilfe und ließ nach einem Monat verlautbaren, er beabsichtige Veränderungen sowohl auf dem Gebiet der Außen- wie der Innenpolitik. Sein erster Schritt war allerdings nicht sonderlich geschickt. Gorbatschow gab die in der kommunistischen Propaganda schon ziemlich abgenutzte Parole von der »Beschleunigung« aus. An die Spitze der praktisch zu erledigenden Aufgaben setzte er die Bekämpfung des Alkoholismus.[107] Zwar stellte der Alkoholismus in der Tat ein großes privates und öffentliches Problem in der

Sowjetunion dar. Doch einerseits war abzusehen, daß diese Kampagne dem Generalsekretär nicht eben die Sympathien des männlichen Teils der Bevölkerung verschaffen werde. Andererseits war sie wohl kaum der geeignete Schritt hin zu einer Lösung der grundlegenden Probleme.

1985 gab Gorbatschow die neue Parole »Perestroika« aus.[108] Anfangs bezog sich der »Umbau« in erster Linie auf die Wirtschaft. Deren Wachstum sollte durch Steigerung der Produktivität, Qualitätskontrolle und Arbeitsdisziplin, durch Modernisierung und teilweise durch Rüstungskonversion, das heißt die Umstellung der Rüstungsindustrie auf zivile Produkte, erreicht werden. Letzteres erforderte entsprechende außenpolitische Aktivitäten mit dem Ziel der Rüstungsbegrenzung. Ein wesentlicher neuer Impuls für die Perestroika ging von der Katastrophe im Atomreaktor Tschernobyl im April 1986 aus. Sie erschütterte das Prestige des kommunistischen Regimes schwer und stellte die Effizienz des ganzen Systems in Frage.

Gorbatschow war sich von vornherein im klaren darüber, daß er auf den offenen und in noch erheblich größerem Ausmaß auf den versteckten Widerstand des Partei- und Staatsapparats stoßen werde. Eher baute er damals auf die Unterstützung des Sicherheitsapparats und erhielt sie auch über einen längeren Zeitraum. Um die Opposition gegen die Reformen zu schwächen, ließ er Anfang 1986 als nächstes Schlagwort »Glasnost« (»Transparenz«) verbreiten.[109] In den intellektuellen Kreisen Moskaus und Leningrads wurde diese Parole derart begeistert aufgenommen, daß er seinen Appell bald etwas abzumildern begann, denn Glasnost war lediglich als ein Instrument gedacht, das die Perestroika unterstützen sollte, keineswegs aber als Absage an die kommunistische Vergangenheit.

Von diesem Augenblick an schwankte Gorbatschow zwischen zwei einander widersprechenden Tendenzen: Die eine zielte auf eine umfassende Kritik der sowjetischen Vergangenheit und damit auch der Gegenwart und untergrub dadurch die Prinzipien des Systems; die andere Tendenz bezweckte eine Abkehr von der Glasnost und eine Beschränkung der Perestroika auf Systemkorrekturen mit dem Ziel, das System effizienter zu machen. Alle Versuche, die Reformen abzubremsen, mußten die Möglichkeit, überhaupt etwas zu verändern, mit einem großen Fragezeichen versehen und die Verteidiger der bisherigen Ordnung ermutigen. Die Dogmen des Kommunismus zu zerschlagen – das erwies sich als der einzige Weg, der zu Reformen führte.

Anfang 1987 akzeptierte Gorbatschow die Notwendigkeit, die Geschichte der Sowjetunion einer Revision zu unterziehen. Schritt für Schritt kehrte er zu den scharfen Tönen in der Kritik an Stalin zurück, wie sie in den Jahren der Entstalinisierung Chruschtschows zu hören gewesen waren. Seit 1988 wurde auch die Epoche der Stagnation unter Breschnew in die Verdammung einbezogen. Da alles in allem Stalin und Breschnew die Sowjetunion beinah ein halbes Jahrhundert lang regiert hatten, lief das in gefährlicher Weise auf eine Desavouierung der gesamten sowjetischen Geschichte hinaus.

Als Ziel seiner Politik bezeichnete der Initiator der Perestroika die Rückkehr zum Leninismus, aber der Inhalt dieses Begriffs blieb unklar. Noch Ende 1987 rühmte er die Kollektivierung als große Errungenschaft.[110] Ein Jahr später jedoch machte er den Vorschlag, die einzelnen Arbeitsgruppen in den Kolchosen und Sowchosen zu verselbständigen, und 1989 ging man daran, einen Teil des Bodens und des übrigen Vermögens der großen landwirtschaftlichen Güter zu verpachten.

Als unantastbare Grundlage des Systems erachtete Gorbatschow das »gesellschaftliche Eigentum« (was in der bisherigen Praxis staatliches Eigentum bedeutete) an den grundlegenden Produktionsmitteln und die Planwirtschaft (was wiederum in der bisherigen Praxis Kommandowirtschaft bedeutet hatte). Die Planvorgaben jedoch sollten hinsichtlich ihrer Marktwirkung ergänzt werden, wobei im dunkeln blieb, in welcher Relation Plan und Markt zueinander stehen sollten.

Nicht weniger zweifelhaft blieb, was unter Leninismus, unter dessen Zeichen das politische Leben stehen sollte, inhaltlich zu verstehen war. Unantastbares Dogma blieb das Einparteiensystem, also die Monopolstellung der kommunistischen Partei. Das hielt aber Gorbatschow nicht davon ab, gleichzeitig wenig präzise Verlautbarungen zum Thema Demokratisierung und »sozialistischer Pluralismus« von sich zu geben. Ein anderes oft benütztes Schlagwort war die Rechtsstaatlichkeit, obwohl es an gesetzlichen Regelungen zu deren Absicherung, insbesondere aber an einer eindeutigen verfassungsmäßigen Verankerung der Gewaltenteilung und der Kompetenzen der Partei fehlte.

Es gelang Gorbatschow, im Partei- und Staatsapparat große personelle Veränderungen durchzuführen. Das betraf vor allem die Führungskader, in weitaus geringerem Ausmaß hingegen die untere Ebene. Neben Gorbatschow selbst hatten Anfang 1989 nur noch zwei Mitglieder (von insgesamt zwölf) des Politbüros von vor vier Jahren ihr Amt behalten, die stellvertretenden Mitglieder waren alle ausnahmslos neu berufen worden. Nur einer (von zehn) war in seiner Funktion als ZK-Sekretär geblieben, und auf ihren Ministerposten verblieben 16 (von 96).[111]

Das hieß nicht, daß der Parteichef sich nun seiner Gegner entledigt hätte. Die Plätze der früheren Gegner nahmen mitunter neue Widersacher ein. Einer der aktivsten unter ihnen wurde Jegor Ligatschow, Politbüromitglied und ZK-Sekretär, der anfangs ein engagierter Anhänger der Perestroika war, sie aber auf Effizienzsteigerung vor allem der Wirtschaft beschränkt wissen wollte. Glasnost lehnte er jedoch ganz entschieden ab.

Gorbatschow war geschickt darauf bedacht, eine mittlere Stellung zwischen den konservativeren Mitgliedern der sowjetischen Führung und dem radikalen Repräsentanten des Reformflügels, dem ZK-Sekretär und Chef der Moskauer Parteiorganisation, Boris Jelzin, einzunehmen. Letzterer suchte Unterstützung in der Parteibasis und außerhalb der Partei. Im Oktober 1987 fand sich Gorbatschow ohne größeren Widerstand damit ab, daß Jelzin seiner einflußreichen Parteiposten enthoben wurde.

Bis Ende 1987 war der Sicherheitsapparat nur in geringem Maße von strukturellen und personellen Veränderungen erfaßt worden. Allmählich verursachten jedoch Perestroika und Glasnost auch hier erhebliche Spannungen. Die Revision der Geschichte brachte die Rolle des NKWD bei den Repressionen der Stalin-Ära wieder in Erinnerung. Ermutigt durch die Deklarationen zum Thema Rechtsstaatlichkeit, begannen Journalisten, aktuelle Verstöße der lokalen Sicherheitsorgane gegen Recht und Gesetz aufzudecken. KGB-Chef Tschebrikow näherte sich immer stärker den Gegnern

Gorbatschows. 1988 gelang es dem Generalsekretär, ihn auf den formal höheren, aber nur begrenzten Handlungsspielraum erlaubenden Posten eines ZK-Sekretärs zu versetzen. Neuer KGB-Chef wurde Wladimir Krjutschkow, dem er zu dieser Zeit größeres Vertrauen schenkte.

Der andere Pfeiler des sowjetischen Systems, die Rote Armee, befand sich in einem Zustand, den man eindeutig als Schwächung seiner Stellung innerhalb des Systems bezeichnen kann. Dafür gab es zwei wesentliche Ursachen. Zum einen war man den Amerikanern in dem durch diese aufgezwungenen Rüstungswettlauf auf einem neuen technologischen Niveau nicht gewachsen. Zum anderen erwies sich der Krieg in Afghanistan als Fehlschlag. Mit dem Schwinden der Erfolgsaussichten wuchs in der Bevölkerung und in den Streitkräften eine Welle der Unzufriedenheit. Dadurch setzte die Armee der neuen politischen Linie keinen Widerstand entgegen, sondern suchte eher, in deren Rahmen ihre Interessen zu wahren.

Diesem Sachverhalt läßt sich zuschreiben, daß die Armee eine Außenpolitik akzeptierte, die noch stärker als in früheren Jahren auf Koexistenz mit den westlichen Ländern ausgerichtet war. Sie nahm damit Abstand von ihrer bisherigen offensiven militärischen Strategie und erklärte sich damit einverstanden, das Wettrüsten einzustellen, eine partielle Abrüstung vorzunehmen, auf einen weiteren imperialen Ausbau des sowjetischen Einflusses zu verzichten und bisherige Konflikte sogar um den Preis von Zugeständnissen beizulegen.

Eine besondere Bedeutung kam dem Abschluß der internationalen Genfer Abkommen von 1988 zu, in dessen Folge die Sowjetunion ihre Truppen aus Afghanistan abzog. Damit wurde der Weg frei für eine weitere Verbesserung der Beziehungen zu den Westmächten sowie für eine sowjetisch-chinesische Entspannung. Trotz aller Formulierungen, die einen Prestigeverlust der Sowjetunion verhindern sollten, war jedoch das Scheitern ihrer Expansionspläne offensichtlich.

Der Kurs von Perestroika und Glasnost zeitigte keine sichtbaren wirtschaftlichen Erfolge. 1988 versuchte Gorbatschow, den Reformprozessen eine größere Dynamik zu verleihen. Für den Sommer berief er eine Parteikonferenz ein, auf der er ein Zentralkomitee wählen lassen wollte, das seine Politik unterstützen werde, und auf der der Strukturwandel des Staatsapparats in Gang gesetzt werden sollte. Die erste Absicht ließ sich nicht verwirklichen. Immerhin stimmte die Parteikonferenz fürs erste den Prinzipien zu, aufgrund deren die Verfassung und die Wahlordnung abgeändert werden sollten.

Die seit 1988 durchgesetzten Entscheidungen betrafen die grundlegenden Funktionen des kommunistischen Systems. Sie übertrugen den Räten die höchsten Machtbefugnisse in der ganzen Sowjetunion, ebenso in den Unionsrepubliken, die fortan eine größere Selbständigkeit erhielten, und in der Selbstverwaltung auf allen Ebenen. Das bedeutete eine Beschränkung der Rolle der Partei. Allerdings sollte der Generalsekretär der Partei dem Obersten Rat und jedem anderen Rat der Erste Parteisekretär des jeweiligen Gebiets vorsitzen.

Diese Ratsvorsitzenden sollten zugleich mit großen Kompetenzen ausgestattete Vorgesetzte der Exekutivgewalt (auf höchster Ebene) oder der Verwaltung werden. Gorbatschow griff der Verfassungsregelung voraus, denn bereits im Oktober 1988 übernahm er neben seiner Parteifunktion ebenfalls den Vorsitz des noch nicht reformierten Obersten Rats. Dieses Amt behielt er auch nach den Verfassungsänderungen.

Die Veränderungen in der Verfassung und die Vorschriften der neuen Wahlordnung bestimmten auf komplizierte Weise, nach welchen Grundsätzen das Parlament gebildet werden sollte. Dahinter stand die Absicht, einerseits die Menschen aus ihrer allgemeinen Lethargie zu reißen, andererseits aber die Kontrolle der Partei über den Lauf der Ereignisse aufrechtzuerhalten. In allgemeinen Wahlen sollten 1500 Volksdeputierte gewählt werden. In der Provinz mußte man allerdings damit rechnen, daß die örtlichen Behörden entscheidenden Einfluß auf die Aufstellung der Kandidaten durch die Wählerversammlungen ausüben würden.

Diese 1500 Delegierten zusammen mit 750 von der kommunistischen Partei und von verschiedenen, in der Regel von der Parteinomenklatura gesteuerten Organisationen aufgestellten Abgeordneten sollten den nur einmal im Jahr zusammentretenden Kongreß der Volksdeputierten bilden. Dieser Kongreß wählte dann ein beinah permanent tagendes Parlament – den Obersten Rat. Trotz aller Einschränkungen wurden die Wahlen zum Kongreß der Volksdeputierten im März 1989 zu einem großen Ereignis. Zum ersten Mal fanden Wahlen mit geheimer Stimmabgabe statt, und die Bürger konnten zwischen mehreren (bis zu zwölf) Kandidaten auswählen.

Schon zu diesem Zeitpunkt wies das Konzept der Perestroika als einer unter der Kontrolle der Partei durchgeführten Reform erste Risse auf. Am deutlichsten traten sie im Zusammenhang mit nationalen Fragen auf. In zwei Regionen war die Zentralregierung nicht in der Lage, die geltende Ordnung aufrechtzuerhalten: in den baltischen Republiken und in Transkaukasien. In ersteren setzten Massendemonstrationen ein, bei denen die Unabhängigkeit von Moskau gefordert wurde, wobei die Behörden der Republiken sogar Schritt für Schritt auf die Seite der Bevölkerung überwechselten. Im Kaukasus wurden ähnliche Bestrebungen von bedrohlich anwachsenden Konflikten zwischen den Nationen, besonders zwischen Armenien und Aserbaidschan, begleitet.

Es mag dahingestellt bleiben, ob Gorbatschows Konzept, seine kontrollierten Reformen mit Hilfe einer Mobilisierung der Basis durchzusetzen und auf diese Weise den Widerstand der konservativen kommunistischen Machtelite zu brechen, überhaupt in der Sowjetunion selbst Chancen hatte, verwirklicht zu werden. Auf jeden Fall aber hatte Gorbatschow dabei nicht in ausreichendem Maße die Auswirkungen der Perestroika auf die übrigen Ostblockstaaten bedacht, in denen sich das System als weitaus weniger stabil erwies.

Gorbatschows Politik gegenüber diesen Staaten war längere Zeit verhältnismäßig vorsichtig. 1986 waren die Signale aus Moskau noch ziemlich widersprüchlich: Während seines Warschaubesuchs im Juni 1986 erwähnte er noch die Breschnew-Doktrin, im November desselben Jahres dagegen, während seines Treffens mit den Parteichefs des Ostblocks in Moskau, ermunterte er diese zu einem selbständigeren politischen Vorgehen. Derartige Anregungen wurden im allgemeinen von den Parteien dieser Staaten ohne größeren Enthusiasmus aufgenommen. Die Nachrichten aus der Sowjetunion spornten hingegen Dissidentengruppen sogar in den Ländern, in denen sie bisher nur wenig an die Öffentlichkeit getreten waren, zu oppositionellen Tätigkeiten an. Die Opposition in der Tschechoslowakei wurde wieder aktiv; in der DDR entstand jetzt eine nennenswerte Opposition, und erste Lebenszeichen waren in Bulgarien und Rumänien zu verzeichnen.

Zu einer grundsätzlichen Wende kam es zuerst in Polen. Ein erneuter Besuch des Papstes Johannes Paul II. ließ 1987 deutlich werden, wie gering der kommunistische Einfluß auf breitere Schichten der Bevölkerung war. Kurz darauf nahm die »Solidarność« in immer breiterem Ausmaß ihre Tätigkeit in aller Öffentlichkeit auf. Das Regime, vor die Wahl gestellt, darauf mit Repressionen oder Zugeständnissen zu reagieren, konnte sich zu keiner klaren Entscheidung durchringen. Einige Parteiführer waren aber immer mehr dazu bereit, einen Kompromiß mit der Opposition zu suchen.

Dazu zwang sie auch die wieder einsetzende Talfahrt der Wirtschaft. Im November 1987 scheiterte die Regierung mit einem Referendum, das als Startschuß für energischere Wirtschaftsreformen gedacht war. Zum wiederholten Mal enthüllte dieser Vorgang die Schwäche eines Regimes, das weder genügend Kraft und Mut besaß, seine Pläne wie früher zu verwirklichen, ohne sich um die Zustimmung der Bevölkerung zu kümmern, noch in der Lage war, eine solche Zustimmung zu erhalten.

Die Folge dieser Ereignisse und einer Situation, in der die Kommunisten sich als äußerst schwach erwiesen hatten, in der Bevölkerung sich indessen ein Gefühl der Perspektivlosigkeit breitmachte, waren zwei Streikwellen im April/Mai sowie im August/September 1988. Ihre Reichweite und die Beteiligung waren begrenzt und keineswegs mit den Streiks der Jahre 1980/81 vergleichbar. Trotzdem trafen die polnischen kommunistischen Führer die Entscheidung, nach einem Kompromiß mit der »Solidarność« zu suchen.

Auf ihr Betreiben hin tauchte jetzt der Begriff »Runder Tisch« auf, an dem Vertreter der Regierung, der Partei und weiterer offizieller Organisationen mit Vertretern der noch immer illegalen »Solidarność« zusammentreffen sollten, um die Situation in Polen zu erörtern und gemeinsame Entscheidungen zu fällen.[112] Ähnlich wie Gorbatschow und seine Mannschaft in der Sowjetunion, rechneten die polnischen Kommunisten damit, die Lage kontrollieren zu können und die Macht in ihren Händen zu behalten, gleichzeitig aber die Apathie im Lande überwinden und Wirtschaftsreformen durchführen zu können, die auch von der »Solidarność« mitgetragen würden.

Zu diesem Kompromiß hatte Moskau seine Zustimmung gegeben, wenn nicht gar dazu ermuntert. Schon 1987 hatte Gorbatschow während seines Besuchs in Moskau Jaruzelski seiner Unterstützung versichert, obwohl die Politik der polnischen Kommunisten in den anderen Ostblockstaaten bisher sehr kritisch, als zu energielos im Umgang mit der Opposition und zu nachgiebig gegenüber der katholischen Kirche betrachtet wurde. Bei seinem Gegenbesuch im Juli 1988 in Warschau hatte der sowjetische Generalsekretär ostentativ sein herzliches Verhältnis zu Jaruzelski zur Schau gestellt.

Mieczysław Rakowski, der als Reformkommunist galt und in früheren Jahren deshalb in der Sowjetunion mit unverhohlenem Mißtrauen behandelt worden war, begab sich, nachdem er in das Amt des Ministerpräsidenten berufen worden war, im Oktober 1988 nach Moskau. Der »Runde Tisch« war schon vor seiner Ankunft angekündigt worden, und er konnte sich des begründeten Rufs erfreuen, der eigentliche Architekt des neuen politischen Kurses zu sein. Gorbatschow hielt mit seinem Wohlwollen für die in Polen gefällten Entscheidungen nicht hinterm Berge.

Die Verwirklichung des »Runden Tisches« stieß allerdings unter den polnischen Kommunisten auf erheblichen Widerspruch oder zumindest auf Bedenken. Einspruch erhob man gegen eine Legalisierung der »Solidarność« ebenso wie gegen die Teilnahme von Oppositionellen, die als zu radikal eingestuft wurden. Eine Sitzung des Zentralkomitees der Partei im Dezember 1988 gelangte zu keiner Entscheidung.

Erst im folgenden Monat, nachdem Jaruzelski und Rakowski mit ihrem Rücktritt gedroht hatten, erklärte sich das Zentralkomitee damit einverstanden, sich auf den »Runden Tisch« einzulassen und die »Solidarność« als Gesprächspartner anzuerkennen. Obwohl sich die Kommunisten dessen noch nicht bewußt waren – mit den am 6. Februar 1989 begonnenen Beratungen des »Runden Tisches« wurde die Phase des Zusammenbruchs des kommunistischen Herrschaftssystems und damit zugleich des internationalen Kommunismus als politische Bewegung eröffnet.

Im Schatten der Ereignisse in Polen, aber in einem parallelen Verlauf, ging das kommunistische System in Ungarn seinem Untergang entgegen. Dabei spielte ein doppelter Impuls die ausschlaggebende Rolle. Zum einen mußte eine der Wirtschaft erneut drohende Stagnation überwunden werden. Zusammen mit der für die Spätphase des Kommunismus kennzeichnenden Korruption (oder zumindest der Überzeugung von deren Allgegenwärtigkeit und systemimmantem Charakter) entstand eine hochexplosive Mischung. Seit 1986 hatte ein Teil der ungarischen Führung darauf gedrängt, radikale marktwirtschaftliche Reformen durchzuführen, die entschieden weiter gingen als alle bisherigen diesbezüglichen Projekte in kommunistischen Ländern. Im Juni 1988 stimmte die Partei ihren als Plan A formulierten Vorschlägen zu.[113]

Der zweite Impuls ging von der Geschichte aus. Quasi als Echo auf »Glasnost« ergab sich die Notwendigkeit einer Neubewertung der Ereignisse des Jahres 1956. Letztere bildeten jedoch die Legitimationsgrundlage der Herrschaft Kádárs und seiner Mannschaft. Daher eröffnete erst der Rücktritt des kranken Parteichefs im Mai 1988 den Weg zu einer Revision der Geschichte, obwohl sein Nachfolger Károly Grosz sich weigerte, eine Entscheidung zu fällen. Es fiel ihm außerdem nicht leicht, der Einführung des Mehrparteiensystems in Ungarn zuzustimmen, doch in beiden Fragen stand er unter dem Druck des Reformflügels der Partei, der in der Parteiführung das Übergewicht erlangt hatte und im Februar 1989 schließlich beides durchsetzte.

Anzeichen, wenn auch ganz anderer Art, gab es ebenfalls in den übrigen Ländern des Ostblocks. Zum ersten Mal vermieden es die dortigen Kommunisten ganz entschieden, dem Vorbild der sowjetischen Politik zu folgen. Wenngleich es sich nur die SED erlaubte, Perestroika und Glasnost unverblümt zu kritisieren, so nahmen doch die kommunistischen Führer der anderen Länder eine durchaus ähnliche Haltung ein. In der Tschechoslowakei wurden einige Spitzenpolitiker entfernt, die dazu neigten, in die Fußstapfen Gorbatschows zu treten, während die Protagonisten des seit 1968 verfolgten Kurses sich an die Macht klammerten. Die Repressivität der Politik Ceauşescus weckte immer stärkere Vorbehalte in Moskau. Die gehorsameren bulgarischen Kommunisten priesen zwar die Perestroika, beschränkten sich aber auf Scheinmanöver. Allerdings konnten sie nicht verhindern, daß organisierte Oppositionsgruppen entstanden.

Nicht besser erging es dem jugoslawischen Kommunismus. Die nationalen Emotionen wuchsen. Am mächtigsten wurden die serbischen hegemonialen Aspirationen zum Ausdruck gebracht. Anfangs steuerten die kommunistischen Führer dagegen, aber die Situation änderte sich, als 1986 Slobodan Milošević Parteichef und ein Jahr später Präsident von Serbien wurde. Er stützte sich in erster Linie auf die Armee, und um die Herrschaft der Kommunisten zu retten, verstieg er sich zu einer demagogischen Propaganda.

Die Ereignisse von 1988 und Anfang 1989 sollten in nicht allzu ferner Zukunft zum Zerfall der Föderation führen. Unter dem Druck der serbischen Nationalisten gelang es, in Montenegro eine mit ihnen eng zusammenarbeitende Regierung einzusetzen. In der neuen Verfassung Serbiens wurde die Autonomie der beiden Provinzen Vojvodina und Kosovo aufgehoben. Beide wurden Belgrad unterstellt. Damit wurde das Gleichgewicht ganz Jugoslawiens zugunsten der Serben erschüttert.

In spezifischer Weise griffen die Zerfallsprozesse des Kommunismus auch auf die Parteien in den nicht kommunistisch regierten Ländern über. Die Mannigfaltigkeit ideologischer und politischer Wege wurde von Gorbatschow als notwendig anerkannt, auch wenn er Zusammenarbeit und gegenseitige Hilfe weiterhin als Prinzipien hochhielt. Die Perestroika unterstützten jetzt diejenigen am liebsten, die zuvor am meisten die Geschlossenheit der internationalen kommunistischen Bewegung in Frage gestellt hatten, während sich die Beziehungen Moskaus zu den ihr bisher treuen Anhängern der kommunistischen Orthodoxie merklich verschlechterten.

Die italienische Partei erklärte im April 1986, sie bilde weder in ideologischer noch organisatorischer Hinsicht den Bestandteil irgendeiner Bewegung in Europa.[114] Das allerdings hinderte sie nicht daran, ihre Beziehungen zur KPdSU zu verbessern. Gorbatschow unterstrich die politische Bedeutung des italienischen Kommunismus, und in weniger offiziellen Äußerungen läßt sich die These finden, die italienischen Kommunisten seien die Vorläufer der Perestroika gewesen.[115] Hohes Ansehen genoß die KPI in Moskau vor allem wegen ihrer starken Stellung in der italienischen Politik.

Keinerlei Position bezogen wurde allerdings zu den Erklärungen und Aktivitäten der italienischen Partei, die Kontakte zu den westeuropäischen Sozialdemokraten anknüpften und immer häufiger ihren eigentlichen Platz dort statt in der sich auflösenden kommunistischen Bewegung erblickten. Dieser Kurswechsel brachte den Kommunisten keinen sonderlichen Popularitätszuwachs ein. Obwohl sie bei den Parlamentswahlen 1983 den am besten abschneidenden Christdemokraten nur wenig nachstanden und bereits davon träumten, bald den ersten Platz einzunehmen, mußten sie bei den nächsten Wahlen eine deutliche Niederlage einstecken.

Schlimmer erging es den französischen Kommunisten. Im Gegensatz zur KPI verfügten sie nicht über maßgeblichen Einfluß auf das politische Leben ihres Landes. Bei den Wahlen zur Nationalversammlung 1986 siegten die Sozialisten und ließen sich damit die von ihren früheren kommunistischen Partnern kritisierte Wirtschaftspolitik von den Wählern bestätigen. Die Kommunisten blieben sogar unter 10 % der Stimmen und gerieten ins Abseits.

Die Anhänglichkeit der französischen Partei an die traditionelle Ideologie und den »demokratischen Zentralismus« fand in der Ära Gorbatschow in Moskau keinen Beifall. Die offiziellen Beziehungen zwischen beiden Parteien gestalteten sich eher kühl, und hinter vorgehaltener Hand verhehlte die sowjetische Partei nicht ihre Kritik an dem Dogmatismus und der Perspektivlosigkeit der französischen Kommunisten.[116]

Nicht viel besser erging es den Kommunisten in den anderen westeuropäischen Ländern. In Spanien zerstritten und trennten sie sich und verloren dadurch jegliche Bedeutung. Die portugiesische Partei konnte zwar ihren beträchtlichen Einfluß aufrechterhalten, blieb aber bei ihrer totalen Oppositionshaltung und besaß keinerlei Aussicht, aus ihrer Isolierung herauszukommen. In Griechenland waren die Kommunisten weiterhin in zwei Parteien gespalten. Die stärkere Kraft stellte die seinerzeit moskauorientierte Partei dar, die jetzt reserviert und ohne Enthusiasmus die Perestroika beobachtete. Die griechischen Eurokommunisten hingegen büßten ihre Bedeutung fast völlig ein.

Der Zusammenbruch des Kommunismus

Weder die polnischen Kommunisten noch ihre Gegner und gleichzeitigen Partner in den von Februar bis April 1989 geführten Gesprächen am »Runden Tisch« waren sich der Konsequenzen ihres Tuns bewußt. Zwar ließ sich die Partei auf erhebliche Zugeständnisse ein, war aber doch von ihrer Stärke überzeugt, die es ihr erlauben werde, selbst die Macht zu behalten, gleichzeitig aber einen Teil der Verantwortung für die schwierigen Wirtschaftsreformen auf die »Solidarność« abzuwälzen. Der von der Partei geforderte baldige Termin für die Parlamentswahlen sollte dazu beitragen, den Sieg zu erringen, denn die Kommunisten verfügten über einen riesigen Organisations- und Propagandaapparat, während die »Solidarność« erst nach der Beendigung der Gespräche in die Legalität zurückkehrte.

Die mühsam ausgehandelten Verfassungsbestimmungen sahen vor, für die Kommunisten und ihre Verbündeten 65 % der Mandate im Sejm zu reservieren, der Parlamentskammer, die mit umfassenden Kompetenzen ausgestattet wurde. In demokratischen Wahlen sollten lediglich 35 % der Sejmmandate sowie alle Mandate des Senats ermittelt werden. Dessen Kompetenzen waren jedoch äußerst beschränkt.

Günstig für die Partei, so dachte man, werde sich das Mehrheitswahlrecht auswirken. Die auf der Landesliste startenden kommunistischen Spitzenpolitiker würden keine Gegenkandidaten haben und ihre Mandate erringen, wenn sie mehr als die Hälfte der gültigen Stimmen auf sich vereinten. Der Umstand, daß im Senat beinahe alle Wojewodschaften in gleicher Weise vertreten waren, bedeutete eine Bevorzugung der Wählerstimmen aus den wenig urbanisierten Regionen, was die Partei, die sich am stärksten in den Großstädten angegriffen sah, als für sich vorteilhaft erachtete.

Eine zusätzliche Absicherung stellte die Wahl des Präsidenten durch das Parlament dar (in dem den Kommunisten und ihren Verbündeten mehr als die Hälfte der Mandate vorbehalten war) sowie das Recht des Präsidenten, gegen vom Parlament verabschiedete Gesetze sein Veto einzulegen.

Die Vereinbarungen des »Runden Tisches« sahen vor, die »Solidarność« zu legalisieren, um gemeinsam Wirtschafts- und Sozialreformen in Angriff zu nehmen.[117] Es wurde zwar beschrieben, in welche Richtung die Reformen gehen sollten, es fehlten aber konkrete Beschlüsse, was das Tempo der Veränderungen und die letztendliche Gestalt des künftigen gesellschaftlichen und ökonomischen Systems betraf. Marktwirtschaft, Freiheit wirtschaftlicher Unternehmertätigkeit sowie betriebliche und territoriale Selbstverwaltung – darauf sollte Polen sich hinbewegen.

Entgegen den Erwartungen der Kommunisten endeten die Parlamentswahlen im Juni 1989 mit ihrer Niederlage. Noch empfindlicher fiel sie durch das Mehrheitswahlrecht aus, denn dank dieser Wahlordnung konnte die »Solidarność« alle (mit einer einzigen Ausnahme) in freier Wahl zu ermittelnden Mandate erobern. Die Wähler lehnten überdies beinah die gesamte Landesliste ab und sprachen auf diese Weise den Parteiführern und ihren Verbündeten öffentlich ihr Mißtrauen aus.

Sogar dieser Wahlausgang brachte weder den Kommunisten noch ihren Gegnern so richtig zu Bewußtsein, was die Wahlen in Wirklichkeit bedeuteten – nämlich eine Lackmusprobe für die Möglichkeit einer weiteren Machtausübung durch die Partei. Weitaus besser verstanden dies die bisherigen Bündnispartner der Kommunisten. Abgeordnete der bäuerlichen Polnischen Volkspartei und anderer prokommunistischer Gruppierungen und Organisationen begannen, ihre Selbständigkeit zu betonen, obwohl sie gemäß der Wahlordnung gewählt worden waren, um die bisherige Ordnung aufrechtzuerhalten. Frustration erfaßte auch einige kommunistische Abgeordnete, die den Parteiinstanzen den Gehorsam aufkündigten.

Die »Solidarność« fühlte sich an die Vereinbarungen des »Runden Tisches« gebunden. Dank der Unterstützung einiger ihrer Abgeordneter wurde Jaruzelski zum Präsidenten gewählt. Entsprechend dem vorherigen Szenario wollte er das Steuer der Regierung den Kommunisten überlassen. Das erwies sich jedoch als unmöglich. In der siegreichen »Solidarność« setzte sich langsam eine realistische Einschätzung der Situation durch, nämlich daß der Partei öffentlich das Mandat, die Herrschaft auszuüben, abgesprochen worden war und daß die Teilnahme an einer von ihr gebildeten Regierung oder eine Tolerierung ihrer Herrschaft die bisherige Opposition kompromittieren würde. Darüber hinaus wollten die ehemaligen Bündnisparteien der Kommunisten ihren Emanzipationsprozeß zu Ende führen, um dem Fall in das politische Nichts zu entgehen.

Im August 1989 kam es zu einer Umkehrung der Allianzen. Es entstand eine parlamentarische Mehrheit, die sich aus der »Solidarność« und den ehemaligen Bündnispartnern der Partei zusammensetzte. Tadeusz Mazowiecki, einer der maßgeblichen Berater der »Solidarność«, wurde in das Amt des Premierministers berufen. Einen erheblichen Unsicherheitsfaktor stellte in dieser Situation das Problem dar, wie Moskau darauf reagieren werde, daß die Kommunisten die Macht verloren, denn bisher hatte Gorbatschow die Veränderungen in Polen als Reformen im Rahmen des kommunistischen Systems behandelt. Aus diesem Grunde kam es zu einem Kompromiß: Die Kommunisten sollten in der neugebildeten Regierung mitwirken in der Form, daß die Schlüsselministerien des Innern und für Nationale Verteidigung in ihren Händen verblieben.

Gegen Jahresende wurde die Verfassung abgeändert: Polen hörte auf, ein »volksdemokratischer« Staat zu sein. Gleichzeitig verabschiedete das Parlament eine Regierungsvorlage mit dem Ziel, die Privatisierung der Wirtschaft voranzutreiben und marktwirtschaftliche Prinzipien einzuführen. Es handelte sich dabei um den sogenannten Balcerowicz-Plan, so benannt nach dem damaligen Finanzminister.

Die Position der Kommunisten in der Regierung erwies sich als unhaltbar. Dazu trugen die Ereignisse in den übrigen Ostblockländern bei. Es setzte eine rasch fortschreitende Erosion der Partei ein. Massenhaft traten Mitglieder aus der Partei aus, und es bildeten sich Gruppen, die entweder eine demokratische Umgestaltung der Partei oder rundweg ihre Auflösung verlangten. Für die erste Variante sprach sich auch die Parteiführung aus, die darin eine gewisse Chance für ihre Weiterexistenz erblickte.

Ende Januar 1990 hörte die Polnische Vereinigte Arbeiterpartei formal zu existieren auf, gleichzeitig konstituierte sich aber ihre Nachfolgerin, die Sozialdemokratie der Republik Polen. Bereits vorher hatten die radikalsten Parteireformer Anstrengungen unternommen, eine gesonderte sozialdemokratische Partei zu gründen, ohne daß sie jedoch eine breitere Basis gefunden hätten. In den folgenden Monaten wurden die kommunistischen Minister aus der Regierung entfernt, und Ende 1990 trat Jaruzelski als Präsident zurück. Das System war zusammengebrochen, seine Repräsentanten hatten die Macht verloren. Zurück blieb lediglich eine anfänglich schwache Partei, die zwar ihre Herkunft nicht verleugnete, jedoch fortan dem kommunistischen Programm entsagte.

In ähnlicher Richtung entwickelten sich die Ereignisse in den anderen Ostblockländern. Am raschesten reagierte Ungarn. Die Partei erkannte im Februar 1989 endgültig an, daß der Volksaufstand vor nunmehr 23 Jahren eine Revolution gewesen war, und erklärte sich damit einverstanden, ein Mehrparteiensystem einzuführen.[118] Damit erhielt die ungarische Opposition die Möglichkeit legaler Aktivität.

Im Mai 1989 wurden Schritte eingeleitet, die für Ungarn selbst lediglich symbolische Tragweite besaßen, aber schon bald für den Zusammenbruch des europäischen Kommunismus eine Schlüsselbedeutung erhalten sollten: der Abbau der Grenzbefestigungen an der ungarisch-österreichischen Grenze. Sie waren ein Teil des »Eisernen Vorhangs« gewesen, der die Länder des Kommunismus vom Westen getrennt und vor allem illegale Grenzübertritte von Flüchtlingen aus Ungarn selbst wie aus den anderen Ostblockstaaten verhindert hatte.

Einen Monat später kam es zu drei Ereignissen: Zuerst begannen Gespräche zwischen der Partei und der Opposition, bei denen es um Art und Ausmaß der Systemveränderungen ging. Später wurde in einem Trauerzug, an dem Hunderttausende teilnahmen, der nach der ungarischen Revolution von 1956 als Verräter des Kommunismus ermordete Imre Nagy noch einmal feierlich beigesetzt. Wenige Tage danach wurden die Machtbefugnisse des Parteichefs Grosz, der befürchtete, daß die Reformen zu weit gingen, beschnitten. Die bisherige Ein-Mann-Führung wurde erweitert auf vier Personen, die, mit Ausnahme des Ersten Sekretärs, entschiedene Reformer waren.

Die ungarischen Gespräche am »Runden Tisch« endeten im September. Die Zugeständnisse der Partei gingen weiter als in Polen. Das Parlament sollte demokratisch und ohne irgendwelche Einschränkungen gewählt werden. Nach den polnischen Erfahrungen rechnete man mit einer Niederlage der Kommunisten. Ihre weitere Teilhabe an der Macht sollte dadurch abgesichert werden, daß vor den allgemeinen Wahlen das bisherige Parlament, das noch nach dem unter Kádár gültigen System gebildet worden war, den Präsidenten der Ungarischen Republik einsetzen sollte. Als Präsident war der populäre Führer der Reformkommunisten, Imre Pozsgay, vorgesehen.

Ein bedeutender Teil der Opposition akzeptierte diesen Kompromiß jedoch nicht und erhob die Forderung, ein Referendum durchzuführen. Er sammelte die erforderliche Anzahl an Unterschriften und erhielt für seinen Vorschlag die Mehrheit, nämlich daß der Präsident erst von dem demokratisch gewählten Parlament in sein Amt berufen werde. Inzwischen strich auch Ungarn im Oktober 1989 den Begriff »Volksdemokratie« aus seiner Verfassung. Die Parlamentswahlen vom März 1990 brachten schließlich der antikommunistischen Opposition den Sieg.

Das heißt aber nicht, daß sich die Wahlverlierer weiterhin als Kommunisten betrachteten. Die ungarische Partei unterlag einem ähnlichen Wandel wie die polnische: Im Oktober 1989 löste sie sich auf und gründete sich neu, nannte sich »sozialistisch« und verwarf sämtliche kommunistischen Programm- und Organisationsprinzipien. Ihr sozialdemokratischer Neophytismus präsentierte sich glaubhafter als bei den polnischen Postkommunisten, denn der konservativere Teil der kommunistischen Nomenklatur bemühte sich, die Aktivitäten der alten Partei fortzusetzen, konnte dafür aber nur wenige Mitglieder gewinnen. Trotz allem vereinten die ungarischen Sozialisten bei den Wahlen lediglich knapp 9 % der Stimmen auf sich.

Die Ereignisse in Polen und Ungarn beeinflußten direkt den Zusammenbruch des Kommunismus in der DDR. Bereits 1988 gab es unklare und widersprüchliche Signale, die darauf hindeuteten, daß man in der Umgebung Gorbatschows über die Möglichkeit einer Vereinigung Deutschlands nachdenke. Dies hätte bedeutet, den ostdeutschen Kommunisten die Unterstützung zu entziehen.[119] Deren Ablehnung der Perestroika hatte zu einer Abkühlung der Beziehungen zu Moskau beigetragen. Das erste Mal seit dem Ende des Zweiten Weltkrieges wuchs in der SED die Überzeugung, es sei notwendig und möglich, die eigene Selbständigkeit zu betonen und sich von dem sowjetischen Beschützer zu emanzipieren.

Im Sommer 1989 entschieden sich Tausende von DDR-Bürgern, ihr Land zu verlassen. Anfangs führte ihr Weg über Ungarn, von wo man nach der Beseitigung des »Eisernen Vorhangs« leicht nach Österreich fahren konnte. Die kommunistischen Behörden Ungarns legten weder der Einreise der DDR-Bürger noch ihrem Grenzübertritt größere Hindernisse in den Weg. Tausende von Flüchtlingen gelangten überdies nach Polen oder suchten Zuflucht in der Botschaft der Bundesrepublik in Prag und warteten auf eine Ausreisemöglichkeit nach Westen. Diese Massenflucht aus der DDR erschütterte das System.

Ab September 1989 setzten oppositionelle Demonstrationen in der DDR ein. Als Gorbatschow Anfang Oktober zu den Feierlichkeiten anläßlich des Jahrestags der Gründung der DDR nach Ost-Berlin kam, rief er die deutschen Genossen zu Reformen auf und warnte sie vor den negativen Folgen, wenn man sie unterlasse.[120] Die Proteste der Bevölkerung nahmen zu. In der kommunistischen Führung sprachen sich die einen dafür aus, sie brutal zu unterdrücken, während andere für Zugeständnisse plädierten. Der Anwalt einer Politik der Stärke, der bisherige Parteichef Erich Honecker, mußte zurücktreten. Die Protestwelle erfaßte inzwischen Hunderttausende von Demonstranten.

Am 8. November 1989 kündigten die kommunistischen Machthaber an, sämtliche Bürger der DDR erhielten das Recht auf Auslandsreisen. Wider Erwarten führte das nicht zu einer Beruhigung. In der folgenden Nacht überschritten Massen von Bewohnern Ost-Berlins die Mauer, die die Stadt teilte, wobei die Grenzpolizei nicht intervenierte. Nervöse personelle Umbesetzungen in der Partei- und Staatsführung richteten nichts mehr aus. Ende des Monats wurde bereits für die Beseitigung des kommunistischen Systems und die Vereinigung Deutschlands demonstriert. Zugleich gingen Tag für Tag Tausende über die nunmehr offene Grenze nach dem Westen.

Im Dezember 1989 setzten sich die Kommunisten, die Repräsentanten der einstigen Blockparteien, die jetzt immer selbständiger wurden, und die Oppositionellen an den »Runden Tisch«.[121] Die Gespräche fanden im Schatten der in der DDR immer lauter artikulierten Forderungen nach einer Vereinigung mit der Bundesrepublik statt. Das erforderte jedoch die Zustimmung Moskaus. Also wurde lediglich die Durchführung demokratischer Wahlen vereinbart. Ähnlich wie in Polen und in Ungarn sagte sich die Partei in der DDR von ihrer kommunistischen Herkunft los und nahm den Namen Partei des Demokratischen Sozialismus an. Das half ihr bei den Wahlen im März 1990 nicht viel, nach denen sie endgültig auf die Herrschaft verzichten mußte. Bereits vor den Wahlen hatte Gorbatschow die Vereinigung Deutschlands akzeptiert.

In der Tschechoslowakei überschlugen sich die Ereignisse geradezu. Noch Anfang 1989 lief der Unterdrückungsapparat auf vollen Touren, und der Führer der Opposition, Václav Havel, wurde zu neun Monaten Freiheitsstrafe verurteilt. Die Erschütterungen in Polen und Ungarn schienen die Ruhe nicht zu stören, vielmehr blieb die Flucht der DDR-Bürger über die Prager Botschaft der Bundesrepublik Deutschland in den Westen eine äußere und wenig wahrgenommene Episode. Zwar kam es Ende Oktober in Prag zu einer oppositionellen Demonstration, doch wurde sie von der Polizei auseinandergetrieben.

Zur Explosion kam es erst, als die Nachricht eintraf, daß die Berliner Mauer gefallen sei und in der DDR eine Entwicklung einsetze, die zur Liquidierung des kommunistischen Systems führe. Eine Woche später gingen in Prag Demonstranten, überwiegend Studenten, auf die Straße. Auch diesmal griff die Polizei rücksichtslos ein. Zwar war sie erfolgreich, die Situation wurde aber immer gespannter. Die in der Charta 77 organisierte Opposition ergriff die Initiative. Die Kräfte, die bereit waren, den Kommunisten die Stirn zu bieten, schlossen sich im tschechischen Landesteil im Bürgerforum zusammen. Etwas später schufen die Oppositionellen in der Slowakei ihre gesonderte Organisation, die Gesellschaft gegen

Gewalt. Eine Reihe von Politikern aus Parteien, die zuvor mit den Kommunisten zusammengearbeitet hatten, schloß sich ebenfalls der Opposition an.

Daraufhin gingen in der gesamten Tschechoslowakei Tausende auf die Straße. Am 22. November begannen die Kommunisten, mit der Opposition zu verhandeln. Da sie jedoch zu keinen Zugeständnissen bereit waren, rief die Opposition nach einigen Tagen zum Generalstreik auf. Unter diesem Druck erklärte sich die Partei damit einverstanden, eine Koalitionsregierung zu bilden, versuchte allerdings weiterhin, das Heft in der Hand zu behalten. Erst weitere Massenproteste (und ebenso Gorbatschows Beschwörungen) führten schließlich dazu, daß Anfang Dezember formelle Gespräche am »Runden Tisch« einsetzten.

Schon nach zwei Tagen war ein Kompromiß ausgehandelt.[122] Die Kommunisten waren scheinbar glimpflich davongekommen. In der Koalitionsregierung stellte die Partei den Ministerpräsidenten und mehrere Minister. Es mutet wie eine Ironie der Geschichte an, daß ausgerechnet Husák diese Regierung ernannte. Die kompromittiertesten Abgeordneten legten ihr Mandat im Parlament nieder. An ihrer Stelle wurden Vertreter der Opposition kooptiert. Das in dieser neuen Zusammensetzung tagende Parlament berief den seinerzeit verurteilten und von Husák kaltgestellten Führer des »Prager Frühlings« von 1968, Dubček, zu seinem Vorsitzenden und schon bald darauf, nach Husáks Rücktritt, den vor kurzem noch inhaftierten Václav Havel zum Präsidenten der Republik.

Der tschechoslowakische Kompromiß hielt nicht lange. Schon bald verließen der Ministerpräsident und einige seiner Minister die Partei und schlossen sich dem Bürgerforum an. Die Kommunisten gaben ihren Parteinamen nicht auf, unterstrichen jedoch ihre Bereitschaft, die demokratischen Grundsätze der neuen Ordnung zu respektieren. Bei den Wahlen im Juni 1990 erhielten sie lediglich 13 % der Stimmen und wurden in die Opposition abgedrängt.

In Bulgarien nahmen die Ereignisse einen langsameren Verlauf. Seit September 1989 machte sich Unzufriedenheit deutlich bemerkbar. Im November mußte Parteichef Todor Schiwkow zurücktreten. Die Macht übernahmen Politiker, die bereit waren, der Opposition Zugeständnisse zu machen. Letztere erhielt das Recht, legal tätig zu werden, und Anfang 1990 kam es zu Gesprächen am »Runden Tisch«, in denen man die Einführung bürgerlicher Freiheiten und des demokratischen Parlamentarismus vereinbarte.[123]

Bei den Wahlen im Juni 1990 waren allerdings die Postkommunisten erfolgreich, eine Partei, die sich sozialistisch nannte und auf ihren kommunistischen Namen sowie das entsprechende Programm verzichtet hatte. Sie vereinten zwar beinahe die Hälfte der Stimmen auf sich und errangen die absolute Mehrheit der Mandate, intern waren sie jedoch gespalten. Davon zeugte, daß der Oppositionsführer Schelju Schelew mit den Stimmen vieler Sozialisten zum Präsidenten gewählt wurde und danach die Sozialisten bereit waren, die Macht mit der bisherigen Opposition in einer Regierungskoalition zu teilen.

Erst bei den Parlamentswahlen im Oktober 1991 gelang es ihren Gegnern, die Sozialisten auf Platz zwei zu verweisen und sie aus der Regierung zu entfernen, obwohl letztere noch immer 33 % aller Stimmen bekamen. Allerdings war Bulgarien seit längerem schon kein kommunistisches Land mehr: seit die kommunistische Partei sich umbenannt hatte und ihre Mitglieder sich nicht mehr zum Kommunismus bekannten. Freilich bemühten sie sich weiterhin, ihre starke Position in Politik und Wirtschaft nicht zu verlieren.

Im Unterschied zu den übrigen Ostblockstaaten erlebte Rumänien eine blutige Revolution. Obwohl die Spannungen, angeregt durch die Nachrichten von der Perestroika in der Sowjetunion und von den Veränderungen in den übrigen kommunistischen Ländern, wuchsen, waren Ceaușescu und seine Mannschaft keineswegs gewillt, ihre Macht abzugeben. Eine sich steigernde nationalistische Kampagne zielte vor allem auf die ungarische Minderheit. Im Dezember 1989 richteten die Sicherheitskräfte unter Demonstranten in Temeschwar (Timișoara) ein Blutbad an.

Vier Tage später ließ Ceaușescu in Bukarest eine vieltausendköpfige Menschenmenge zu einer Massenkundgebung aufmarschieren, die Unterstützung für seine Politik zum Ausdruck bringen und die Emotionen gegen die Ungarn kanalisieren sollte. Er unterschätzte dabei jedoch sowohl seinen Popularitätsverlust bei der rumänischen Bevölkerung als auch die Bereitschaft eines Teils der kommunistischen Funktionäre, vor allem der Militärs, auf seine Kosten einen

Ausweg aus der hoffnungslosen Situation zu finden. Die regierungsfreundliche Demonstration verwandelte sich in eine Protestkundgebung, dann in einen bewaffneten Aufstand, dem sich die Armee im Kampf mit den Funktionären des Sicherheitsapparats anschloß.

Mit Rückendeckung der Armee übernahm die Regierung der Front der Nationalen Rettung die Macht. Zwar mangelte es in der Führung nicht an Exkommunisten, mit Ion Iliescu an der Spitze, den der Diktator seinerzeit aus der engeren Parteiführung entfernt hatte: Sie distanzierten sich jedoch von der Vergangenheit ihrer Partei und dem bisherigen Regime. Ceauşescu und seine Frau wurden auf der Flucht festgenommen, vor ein Militärgericht gestellt und sofort erschossen. Im allgemeinen aber gab man sich größte Mühe, den ehemaligen Kadern Sicherheit zu gewährleisten und sie zur Zusammenarbeit heranzuziehen. Das kommunistische System sollte dagegen von einer parlamentarischen Demokratie und der Marktwirtschaft abgelöst werden.

Der Sturz des kommunistischen Systems in den Ostblockstaaten mußte unvermeidlich zum Zusammenbruch der übernationalen Institutionen führen, deren Zweck gleichzeitig die Steuerung der kommunistischen Staaten durch Moskau und die Zusammenarbeit in verschiedenen Bereichen gewesen war. 1990 wurden überall Forderungen nach dem Abzug der sowjetischen Truppen sowie der Auflösung des Warschauer Pakts und des Comecon laut. Die Entscheidungen für die Liquidierung der DDR und für die Vereinigung Deutschlands trugen das Ihrige bei. Der Beschluß über die Auflösung des Comecon fiel im Juni 1991, die Auflösung des Warschauer Pakts folgte im Juli desselben Jahres. In beiden Fällen handelte es sich freilich nur noch um Formalitäten.

Erheblich später als in den Ostblockstaaten brach der Kommunismus in dem seit einem Vierteljahrhundert isolierten Albanien zusammen. 1989 unternahm die Parteiführung Reformversuche, die sie aber nicht mehr zu retten vermochten. Zum Jahresende setzten öffentliche Proteste ein. Im Sommer 1990 stürmten Tausende die ausländischen Botschaften, verlangten Asyl und erhielten Ausreisemöglichkeiten. Im Dezember erzwangen überwiegend von Studenten getragene Demonstrationen in Tirana Zugeständnisse von den Kommunisten. Die Freiheit politischer Betätigung wurde eingeführt und Parlamentswahlen angekündigt. Eine organisierte Opposition entstand.

Bei den Wahlen im Frühjahr 1991 errangen die Kommunisten die absolute Mehrheit. Im Juni benannten sie sich um in Sozialisten, entfernten die bisherigen Parteiführer, verwarfen das kommunistische Programm und sprachen sich für die Marktwirtschaft aus. Nur eine winzige Gruppe protestierte gegen diese Veränderungen und gründete eine gesonderte kommunistische Partei.

Die Sozialisten wurden des Wahlbetrugs bezichtigt. Erneut verstärkte sich die Unruhe im Land. Unter dem Druck eines Generalstreiks entstand eine Koalitionsregierung aus Sozialisten und antikommunistischen Parteien, die im März 1992 neue Parlamentswahlen durchführte. Diesmal kamen die Sozialisten auf kaum 26 % der Stimmen und verloren damit die Zügel der Regierung.

Auf besondere Weise endete die Geschichte des Kommunismus in Jugoslawien. 1989 verschärften sich die nationalen Konflikte, wodurch zentrifugale Tendenzen verstärkt wurden. Im September verlangte Slowenien die Anerkennung seines Rechts auf staatliche Unabhängigkeit. Im Februar 1990 brach der Bund der Kommunisten Jugoslawiens endgültig auseinander und spaltete sich nicht nur entsprechend den Grenzen zwischen den Teilrepubliken, sondern auch in Gegner und Befürworter weitreichender Reformen. Letztere verzichteten auf den alten Namen und sagten sich vom kommunistischen Programm los. In sämtlichen Republiken wurden Parlamentswahlen ausgeschrieben und nichtkommunistische Parteien zugelassen.

Im April 1990 siegte die demokratische Opposition in Slowenien, obwohl ausgerechnet in dieser Republik die Postkommunisten am konsequentesten mit ihrem einstigen Programm gebrochen und sich für einen Mehrparteienparlamentarismus und die Marktwirtschaft ausgesprochen hatten. Zwei Monate später trat Slowenien vom Föderationsvertrag zurück, kündigte seine Unabhängigkeitserklärung an und rief dazu auf, Jugoslawien nach konföderativen Prinzipien zu reorganisieren. Diesen Standpunkt unterstützten auch die Postkommunisten, deren Führer, Milan Kučan, zum ersten Präsidenten gewählt wurde.

In Kroatien gewann bei den Wahlen im Frühjahr 1990 ebenfalls die Opposition. Präsident wurde ihr Führer Franjo Tudman, der vor vielen Jahren mit dem Kommunismus gebrochen hatte. Kroatien unterstützte Slowenien in seinen Forderungen nach einer konföderativen Reorganisierung, unterstrich aber zugleich nachdrücklich den nationalen Charakter des entstehenden Staates, obwohl – im Unterschied zu Slowenien – beträchtliche Gebiete Kroatiens von serbischer Bevölkerung bewohnt waren.

Ihre größte Niederlage mußten die Kommunisten 1990 bei den Wahlen in Bosnien und Herzegowina hinnehmen. Für die Wähler waren die nationalen und religiösen Unterschiede ausschlaggebend – sie wählten serbisch, kroatisch oder islamisch. Die Kommunisten erhielten lediglich 10 % der Mandate. Bosnien und Herzegowina zögerten jedoch mit der Unabhängigkeitserklärung, weil eine Zuspitzung der nationalen Streitigkeiten zu befürchten war.

Günstiger schnitten die Kommunisten bei den gleichzeitigen Parlamentswahlen in den übrigen Republiken ab. In Makedonien erlangten sie zwar nicht die absolute Mehrheit, konnten aber die Regierung bilden. Zum Präsidenten wurde einer der kommunistischen Führer, Kiro Gligorov, berufen. Ähnlich wie Bosnien setzte Makedonien alles daran, einen reorganisierten jugoslawischen Staat zu erhalten, angesichts sowohl der eigenen Armut als auch der großen albanischen Minderheit sowie der unfreundlichen Haltung des benachbarten Griechenland.

In Serbien gingen die ehemaligen Kommunisten mit der Bezeichnung Sozialisten in den Wahlkampf, wobei sie sich ohne Hemmungen einer nationalistischen Propaganda bedienten. Das Mehrheitswahlrecht verhalf ihnen zu einer absoluten Parlamentsüberlegenheit, wozu auch der Wahlboykott der unterdrückten albanischen Bevölkerung im Bezirk Kosovo, der seine Autonomie eingebüßt hatte, beitrug. Präsident wurde der Führer der Sozialisten, Milošević.

In Montenegro wechselten die Kommunisten ihr Firmenschild nicht aus und verschafften sich damit die Mehrheit beim Wahlausgang. Ihre proserbische Orientierung äußerte sich zwar nicht ohne gewisse Vorbehalte, kam jedoch den dortigen serbischen Nationalisten entgegen. Auch in dieser Republik wurde ein Kommunist Präsident.

Zwar fungierte in Belgrad weiterhin eine jugoslawische Regierung, als deren einziges Instrument aber war die Armee verblieben. Im Oktober 1990 prallten zwei Konzepte aufeinander: Das eine, vorgeschlagen von Slowenien und Kroatien, zielte auf die Bildung einer Konföderation, das andere, vertreten von Serbien und Montenegro, wollte die bisherige föderative Struktur erhalten. Vermittlungsversuche Bosniens und Makedoniens blieben erfolglos.

Im Juni 1991 erklärten Slowenien und Kroatien ihre Unabhängigkeit. Zu ersten Zusammenstößen mit den jugoslawischen Streitkräften kam es in Slowenien, aber nach kurzer Zeit fand man sich in Belgrad mit der Sezession der wohlhabendsten Republik ab. Weitaus größere Probleme ergaben sich aus der Unabhängigkeitserklärung Kroatiens, denn sofort wurden an Serbien Forderungen nach Grenzänderungen und dem Anschluß der Gebiete, in denen die serbische Minderheit wohnte, gestellt. In den Grenzgebieten Kroatiens brachen blutige Kämpfe aus. Der daraus entstandene Zustand eines äußerst labilen Gleichgewichts, ohne daß der Krieg beendet wäre und von beiden Seiten eine Grenze verpflichtend anerkannt würde, hielt mehrere Jahre an.

Das eigentliche Zentrum des Krieges auf dem Territorium des ehemaligen Jugoslawien wurde Bosnien-Herzegowina. Diese Republik, in der knapp die Hälfte der Bewohner sich als Moslems identifizierten, während im übrigen Teil sich gegenseitig bekämpfende Serben und Kroaten wohnten, befand sich nach dem Zusammenbruch des kommunistischen Vielvölkerstaats Jugoslawien in einer hoffnungslosen Situation: Entweder sie würde zum Schlachtfeld zwischen Serben und Kroaten, wobei jede der beiden Seiten danach trachten würde, sich möglichst großer Gebiete zu bemächtigen, oder Bosnien würde geteilt. Dies wäre ein erster Schritt zu einer Friedensregelung zwischen Belgrad und Zagreb gewesen, allerdings auf Kosten der islamischen Bevölkerung.

1992 entschied sich Bosnien (beziehungsweise die regierenden Moslems), seine Unabhängigkeit zu erklären, und brachte damit eine Lawine tragischer Ereignisse ins Rollen. In dem Dreieck Moslems, Serben und Kroaten wird seitdem mit wechselnden Bündnissen und mit unterschiedlichem Erfolg gekämpft bzw. auf anderen

Ebenen und mit anderen Mitteln gerungen, und ein Ende dieser Auseinandersetzungen ist noch nicht abzusehen.

Serbien und Montenegro schlossen 1992 einen Vertrag über die Bildung eines neuen jugoslawischen Staates. Es unterlag keinem Zweifel, daß der Kommunismus in allen Gebieten des einstigen Jugoslawien tot war. Nichts blieb von seinen internationalistischen und nur wenig von seinen sozialen Inhalten. Der Kommunismus hatte als Staatssystem, mit dem das Mosaik der durch die Geschichte seit dem Mittelalter bis zum Zweiten Weltkrieg miteinander verfeindeten Nationen und Religionen in eine dauerhafte Ordnung gefaßt werden sollte, versagt.

In der Sowjetunion hielt sich der Kommunismus nicht viel länger als in den kleineren europäischen Ländern. Es half nicht, daß Gorbatschow im März 1990 das Amt des Präsidenten mit erweiterten Kompetenzen erhielt. Die Perestroika versagte gerade auf dem Gebiet, dem in den Plänen Gorbatschows höchste Priorität zukommen sollte, nämlich in der Wirtschaft. Der sowjetische Präsident konnte sich nicht zu den gewagten Schritten durchringen, die ihm die Befürworter der Marktwirtschaft vorschlugen. Somit war der Karren festgefahren. Die Kommandowirtschaft funktionierte nicht mehr, und die Marktwirtschaft existierte noch nicht. 1990 nahm die Depression katastrophale Dimensionen an. Gorbatschows Beliebtheit schmolz dahin.

Eine besondere Rolle spielten weiterhin nationale Probleme. Den Anfang mit der Unterstreichung ihrer Selbständigkeit machten die baltischen Republiken. Sie nutzten die Perestroika und die Ereignisse in den anderen Ostblockstaaten aus und führten in der ersten Jahreshälfte 1990 demokratische Wahlen durch, bei denen die Befürworter der Unabhängigkeit siegten und die Regierungen bildeten. Die Parlamente verabschiedeten Unabhängigkeitserklärungen, die auch von einem gewichtigen Teil der Kommunisten getragen wurden.

Dies führte zu einer Spaltung der kommunistischen Partei in den baltischen Republiken, denn die dort ansässige russische Bevölkerung fühlte sich bedroht und stellte sich größtenteils gegen die Unabhängigkeitsbestrebungen. Mehrfach kam es zu Spannungen, wobei der Kreml es zwar vermied, eindeutig Stellung zu beziehen, die in Estland, Litauen und Lettland stationierten sowjetischen Truppen sich jedoch zu unterschiedlichen Provokationen hinreißen ließen. Anfang 1991 bereitete die Sowjetarmee eine bewaffnete Intervention vor. In Wilna kam es zu einem Blutbad. Gorbatschow bezog zu diesen Operationen keine klare Stellung, weder unterstützte er sie öffentlich, noch distanzierte er sich von ihnen.

Das andere Gebiet mit starken Unabhängigkeitsbestrebungen waren die kaukasischen Republiken. Die militärischen Operationen der sowjetischen Armee waren hier offener und entschiedener, wobei die Situation aufgrund der Konflikte in einem multinationalen Milieu äußerst kompliziert war. Die Armee hatte schon im April 1989 in Tiflis (Tbilissi) blutig interveniert. Dieses Vorgehen hatte in der gesamten Sowjetunion ein starkes Echo gefunden. Im Januar 1990 übernahmen es sowjetische Truppen, nach dem grauenhaften Pogrom der Aserbaidschaner an der armenischen Bevölkerung in Baku die Ordnung wiederherzustellen. Dabei kam es zu einem weiteren Blutbad. Zwar versuchte man, die lokale kommunistische Nomenklatura erneut in den Sattel zu heben. Doch trotz des Drucks erklärten Armenien und Georgien 1990 ihre Unabhängigkeit.

Zu diesem Zeitpunkt wurden aus den übrigen Sowjetrepubliken kaum ernstzunehmende Stimmen laut, die einen Austritt aus der Union und eine völlige Selbständigkeit verlangten. Überall allerdings forderte man, das bisherige föderative System durch eine neue Ordnung zu ersetzen, die den einzelnen Republiken umfassendere Kompetenzen einräumen und die Befugnisse der Zentralbehörden einschränken sollten. Besonders nach den Wahlen von 1990 (obwohl in den meisten Republiken die Kommunisten die Wahlen gewannen) erklärten die Parlamente dieser Republiken ihre Souveränität. Einige behielten sich das Recht vor, über die Gültigkeit sowjetischer Gesetze auf ihrem Territorium selbst zu befinden. In vielen Gebieten brachen schwere nationale Konflikte aus, und es wurde immer schwieriger, wenigstens ein Minimum an Ordnung aufrechtzuerhalten.

Neben den Unabhängigkeitsbestrebungen gewann die Entwicklung der demokratischen Bewegung in Rußland immer größere Bedeutung, besonders in den Großstädten und vor allem in Moskau.

Die Beratungen des Kongresses der Volksdeputierten ermöglichten es der demokratischen Opposition, sich zu konsolidieren. Sie übte Druck auf Gorbatschow aus, das Perestroika-Programm radikaler durchzusetzen und marktwirtschaftliche Reformen einzuleiten. Im Juni 1989 organisierte sie sich als überregionale Deputiertengruppe. Obwohl sie die Politik des Präsidenten und vor allem seine Unschlüssigkeit und Versäumnisse kritisierte, vermied sie es doch, ihn offen zu bekämpfen, um den Parteikonservativen nicht in die Hände zu spielen.

Auch die Gegner der Perestroika organisierten sich. Im Februar 1990 entstand im Kongreß der Volksdeputierten die Fraktion »Sojuz« (Union). Die Parteikonservativen beriefen sich auf die kommunistische Geschichte der Sowjetunion und richteten überdies Appelle an den russischen Nationalismus. Die Unabhängigkeitsbestrebungen lieferten ihrer Propaganda genügend Munition: Vor allem agitierte man gegen die baltischen Staaten.

Mit der Einberufung des Parteitags im Juli 1990 versuchte Gorbatschow, die Situation zu stabilisieren, um seine Konzepte verwirklichen zu können. Letztere beschränkten sich aber weiterhin auf von oben gesteuerte Reformen, mit deren Hilfe die staatliche Einheit der Sowjetunion und das Machtmonopol der Partei erhalten werden sollten. Der Parteitag wurde allerdings von konservativen Vertretern des Partei- und Staatsapparats, des KGB und der Armee dominiert. Gorbatschow behielt zwar das Amt des Generalsekretärs, doch verließen seine bisher engsten Mitarbeiter die Parteiführung. Der Initiator der Perestroika vereinsamte und verlor die Initiative.

Schrittweise fiel die Rolle des Führers der demokratischen Opposition Boris Jelzin zu, der zusehends populärer wurde. 1990 wurde er zum Vorsitzenden des Obersten Rats der Russischen Föderation gewählt. Im Juli 1990 trat er während des Parteitags ostentativ aus der KPdSU aus. Dieses Beispiel machte Schule, vor allem unter Politikern und Intellektuellen. Jelzin stilisierte sich gezielt als einzige Alternative zu dem unentschlossen wirkenden und gemäßigten Gorbatschow. Er scheute auch vor bestimmten Gesten nicht zurück, wie etwa der Zusage offener Unterstützung für die Unabhängigkeitsbestrebungen der baltischen Republiken.

Ende 1990 und in der ersten Jahreshälfte 1991 verschärfte sich die ökonomische und politische Krise in der Sowjetunion. Immer heftiger wurde Gorbatschow von jenen Kreisen angegriffen, die die Verteidigung der imperialen Stellung der Sowjetunion und den russischen Nationalismus auf ihre Fahnen schrieben. Eine regelrechte Verschwörung von Verteidigern des kommunistischen Systems entstand. Im März 1991 versuchten Armee und Sicherheitsdienst, die Moskauer Straßen in ihre Gewalt zu bringen, um mit dieser Demonstration der Stärke den konservativen russischen Deputierten Rückendeckung zu verschaffen und Jelzin seines Postens als Vorsitzender des Obersten Rats Rußlands zu entheben. Trotz des Demonstrationsverbots gingen daraufhin Hunderttausende Moskauer auf die Straße, und die Verteidiger des Kommunismus wagten es nicht, es auf eine Konfrontation ankommen zu lassen. Jelzin behielt sein Amt und wurde sogar im Juni 1991 in allgemeinen Wahlen zum ersten Präsidenten Rußlands gewählt.

Gorbatschow unternahm indessen seinen letzten Versuch, aus der Sackgasse herauszukommen. Im April 1991 gelang es ihm, Jelzin und die Führer acht weiterer Republiken (während neben den baltischen Staaten auch Armenien, Georgien und Moldawien ihre Mitwirkung absagten) dazu zu bewegen, eine Erklärung über die Reorganisation der Sowjetunion zu unterzeichnen.[124] Die neun Republiken sollten einen künftigen Föderationsvertrag ausarbeiten. Die Unterzeichner ließen ein eventuelles Ausscheiden der übrigen Republiken aus der Sowjetunion oder ihren Beitritt zur neuen Föderation zu.

Diese in Gorbatschows Residenz bei Moskau getroffene Vereinbarung wurde von denjenigen, die die Sowjetunion in ihren bisherigen Grenzen erhalten wollten, sofort erbittert angegriffen. Der Präsident geriet so in einen offenen Konflikt mit den höchsten Vertretern der Regierung, der Armee und des KGB, die den Zerfall der kommunistischen Großmacht um jeden Preis verhindern wollten. Der vorbereitete Föderationsvertrag sollte am 20. August 1991 unterzeichnet werden.

Einen Tag bevor Gorbatschow von seinem Urlaub auf der Krim zurückkehren sollte, unternahmen seine Gegner einen Putsch. Die Armee besetzte das Moskauer Stadtzentrum. Die militärischen

Operationen und damit der Staatsstreich endeten jedoch in einem Fiasko. Dafür gaben mehrere Ursachen den Ausschlag. Als erstes ist die Entschlossenheit Jelzins zu nennen, der zum Widerstand gegen die Putschisten aufrief und sich im Gebäude des russischen Parlaments verbarrikadierte, und als zweites die gleiche Entschlossenheit vieler tausend Moskauer Bürger, mit der sie auf die Straße gingen, um die bedrohte Demokratie zu verteidigen. Als dritte Ursache muß die Unfähigkeit der Organisatoren des Putsches gelten, die schlecht vorbereitet waren und keinerlei Geschick dabei bewiesen, sich gewaltsam durchzusetzen. Viertens weigerte sich ein erheblicher Teil der Armee und des Sicherheitsdienstes, sich den Putschisten anzuschließen. Fünftens schließlich waren praktisch sämtliche Republiken gegen den Putsch, denn die Möglichkeit eines eventuellen Sieges der zentralstaatlichen Konzeption konnte dort nur als Bedrohung aufgefaßt werden.

Nach zwei Tagen standen die Verschwörer völlig isoliert da und wurden verhaftet. Gorbatschow, der auf der Krim unter Hausarrest gestellt worden war (wenngleich seine Rolle in diesen Tagen seiner Internierung nicht völlig geklärt ist),[125] kehrte nach Moskau zurück und sagte sich von der kommunistischen Partei los, deren Apparat am Putsch gegen ihn als Generalsekretär und als Präsident teilgenommen hatte. Damit hörten die Kommunisten auf, in der Sowjetunion zu regieren.

Der eigentliche Sieger aber war Jelzin, der schon ein Jahr zuvor mit dem Kommunismus gebrochen hatte. In vielen Republiken wurde die kommunistische Partei aufgelöst und verboten. Nicht selten wurde dies von ehemaligen kommunistischen Funktionären vollzogen, die durch die Partei in die höchsten Ämter gelangt waren. Überall sprach man sich für eine Mehrparteiendemokratie aus. Von einer reformierten Föderation, entsprechend dem von Gorbatschow vorgeschlagenen Abkommen, war keine Rede mehr.

Im Dezember 1991 riefen zuerst Rußland, Weißrußland und die Ukraine, anschließend acht weitere Republiken (ohne die baltischen Staaten und Georgien) die Gemeinschaft der Unabhängigen Staaten ins Leben, die – abgesehen von der Armee (doch auch hier sollte es rasch zu Konflikten kommen) – über keinerlei zentrale Institutionen mehr verfügte. Wie zuvor die kommunistische Partei hörte damit auch die Sowjetunion zu bestehen auf. Ihr Reformator Gorbatschow wurde zu einer historischen Figur.

Der Zusammenbruch des kommunistischen Systems mußte für die außerhalb des Ostblocks agierenden kommunistischen Parteien Europas, die ohnehin im Laufe der Jahre sowohl ihre Einflußmöglichkeiten als auch ihren ideellen Elan verloren hatten, zwangsläufig erhebliche Folgen haben. Einige von ihnen sagten sich endgültig von ihren Wurzeln los. Das galt insbesondere für die italienische Partei. Ihr Chef, Achille Ochetto, kündigte im November 1989 eine Veränderung des Namens und der Symbole an. Im Frühjahr 1990 beantragten die italienischen Kommunisten die Aufnahme in die Sozialistische Internationale, und im Januar 1991 wurde die Umbenennung vollzogen. Nur eine kleine sich abspaltende Gruppe betrachtete sich weiterhin als Kommunisten. Die mächtigste (und einzig noch starke) kommunistische Partei in Westeuropa nannte sich ab jetzt Demokratische Partei der Linken.[126]

Etwas früher oder etwas später beschritten die Kommunisten in Finnland (wo es zuvor zur Abspaltung einer Gruppe kam, die sich weiterhin den Traditionen der kommunistischen Bewegung verbunden fühlte), in Schweden, Holland und Großbritannien einen ähnlichen Weg. In Norwegen löste sich die Partei auf. Im geeinten Deutschland ließen sich die wenigen westdeutschen Kommunisten allmählich von der ostdeutschen Partei des Demokratischen Sozialismus vereinnahmen.

Es gab nur noch wenige Länder, in denen die Kommunisten noch eine gewisse Rolle spielten und dabei ihre Vergangenheit nicht verleugneten. Die französische Partei machte zwar eine schwere innere Krise durch, ihre Einflüsse schrumpften weiter. Sie stand aber nach wie vor zu ihrem Namen und ihrer Geschichte. Ähnlich war es in der spanischen Partei, wenngleich sich dort die Stimmen mehrten, die für eine Selbstauflösung plädierten.

Besser erging es denjenigen Parteien, die sich von der Perestroika distanziert hatten und ihre Treue zum Kommunismus leninistischer Prägung offen bekannten. Die portugiesische Partei hatte die Moskauer Putschisten im August 1991 unterstützt, verfügte aber trotz aller internationalen und innenpolitischen Mißerfolge des Kommunismus weiterhin über beträchtlichen Einfluß. Ähnlich verhielt es sich mit der griechischen Partei, die sich allerdings nicht ganz so eindeutig auf die Seite der Putschisten geschlagen hatte. Diese beiden Parteien waren jedoch eher Epigonen denn Vorboten für ein eventuelles Wiedererstehen einer internationalen kommunistischen Bewegung.

Nachgedanken

Die Geschichte des europäischen Kommunismus läßt sich auf drei Ebenen untersuchen: als Geschichte der kommunistischen Bewegung, als Geschichte des kommunistischen Herrschaftssystems und als Geschichte des kommunistischen Imperiums. Die dritte Ebene ist in diesem Buch lediglich am Rande behandelt worden, hängt sie doch mit einer völlig gesonderten Problematik, nämlich der Weltpolitik und dem Wettrüsten zusammen.

Die kommunistische Bewegung durchlief mehrere Phasen. In ihrer ersten und dynamischsten Phase stellte sie gleichsam einen moralischen und ideologischen Protest gegen die Verbrechen und das Unrecht des Zeitgeschehens dar und verkörperte zugleich den uralten Menschheitstraum von einer auf den Prinzipien der Gerechtigkeit und der Vernunft basierenden Ordnung. Anstöße empfing sie nicht wenige, sei es von den Ereignissen des Ersten Weltkriegs, der strukturellen Wirtschafts- und Gesellschaftskrise der Zwischenkriegszeit mit ihrem Höhepunkt nach 1929, von all den anschwellenden und wieder abebbenden Wellen nationalen Hasses und der Aggression, schließlich vom Völkermord des Dritten Reichs.

Mitte der 50er Jahre büßte die Bewegung ihren Schwung ein, als die moralische und ideologische Legitimation des Kommunismus von innen heraus in Frage gestellt wurde, als nämlich die Verbrechen aufgedeckt wurden, die in seinem Namen gerade dort begangen worden waren, wo er mit der Verwirklichung der von ihm versprochenen Ordnung hatte beginnen können. Trotz allem verlor die kommunistische Bewegung ihre Dynamik damals noch nicht völlig, vielmehr berief sie sich einerseits auf ihre Verdienste im Kampf vor allem gegen die faschistische Bedrohung für die Menschheit, andererseits minimalisierte sie ihre Abweichungen und Irrtümer und betonte ihre Fähigkeiten zur Selbstreinigung.

Der Übergang zur dritten Phase, zur Stagnation und zum Zerfall der kommunistischen Bewegung, vollzog sich Schritt für Schritt in den 60er, 70er und 80er Jahren. Diese Entwicklung verlief in den einzelnen Ländern mit höchst unterschiedlicher Geschwindigkeit, obwohl sie überall in die gleiche Richtung ging. Angesichts der Konkurrenz mit der europäischen Demokratie und der Marktwirtschaft, die nicht nur für Wirtschaftswachstum und Wohlstand sorgten, sondern auch das Prinzip des Wohlfahrtsstaats mit wachsenden sozialen Verpflichtungen verwirklichten, wurde die moralische und ideologische Legitimation des Kommunismus immer mehr in Frage gestellt.

Diese Legitimation wurde ebenfalls durch die Unfähigkeit erschüttert, die Probleme in den kommunistisch regierten Ländern anders als mit brutaler Gewaltanwendung zu lösen, wie 1956 in Ungarn, 1968 in der Tschechoslowakei, 1970 und 1981 in Polen. Da sich die Überzeugungskraft und Einflußmöglichkeiten der kommunistischen Ideologie zusehends erschöpft hatten, mußte man immer öfter woanders ideologische Anleihen machen (Nationalismus, Staatsideologie). Noch häufiger verzichtete man überhaupt auf die Ideologie; in den Ländern, die von Kommunisten beherrscht wurden, wurde sie ersetzt durch das kollektive Interesse all derer, die an der Machtausübung teilhatten; in den anderen Ländern berief sich die kommunistische Bewegung auf das jeweilige Interesse jener gesellschaftlichen Gruppen, mit deren Unterstützung man rechnete. Meist aber stagnierte die kommunistische Bewegung völlig und ging damit ihrem Ende entgegen.

Der europäische Kommunismus als Herrschaftssystem durchlief mehrere Phasen. Anfangs war es auf die Sowjetunion beschränkt und reifte dort Schritt für Schritt heran zu der Gestalt, die es in der zweiten Hälfte der 30er Jahre erreichte. Nach 1945 wurde dieser Prozeß in einem Schnelldurchlauf in den volksdemokratischen Ländern unter strikter äußerer Kontrolle nachgeholt. Die in dieser Phase erreichte endgültige Form des kommunistischen Herrschaftssystems beruhte letztlich auf institutionellen Lösungen, die den Herrschenden die uneingeschränkte Machtausübung und die präventive Absicherung der Ordnung durch ständigen Massenterror garantierten. Dazu gehörte gleichzeitig eine pausenlose Rotation der Kader, die in gleichem Ausmaß wie die gesamte Bevölkerung jenem Terror unterworfen waren. Diese Prinzipien sollten zugleich Stabilität und Dynamik verbürgen.

Mitte der 50er Jahre setzte eine Phase ein, in der die Anwendung des Massenterrors eingeschränkt und die Rotation der Kader auf ein Minimum gedrosselt wurde. Diese Veränderungen waren die Folge einer weitgehenden Stabilisierung des kommunistischen Herrschaftssystems und daher eines Verzichts auf präventive Repressionen. Daneben kamen jetzt die Interessen der Kader, die dem System zu Diensten standen, zum Tragen. Die Beseitigung der Gefährdungen, die bisher deren Existenz bestimmt hatten, sollte zur Effizienzsteigerung ihres Funktionierens beitragen. Tatsächliches Ergebnis dieses Wandels jedoch war eine wachsende Bürokratie und damit ein Verlust an Dynamik.

Schrittweise setzte ein Prozeß ein, der für die Auflösungsphase des Herrschaftssystems kennzeichnend wurde. Die kommunistischen Kader, jetzt von keiner Rotation mehr bedroht, unterlagen einer zunehmenden Demoralisierung. Die Intensivierung der Kontakte mit den marktwirtschaftlichen Ländern seit den 70er Jahren führte dazu, daß ihre materiellen Erwartungen wuchsen. Mit bürokratischer Immobilität gingen individuelle Aktivitäten bei der Wahrnehmung persönlicher Interessen einher, die im Widerspruch zu der Ordnung standen, die vom Kommunismus eigentlich verwirklicht werden sollte; dazu kamen das Streben nach den Annehmlichkeiten eines bequemen Lebens und nach Bereicherung, oftmals pure Korruption.

In seiner Form als sowjetisches Imperium schließlich durchlief der europäische Kommunismus ebenfalls verschiedene Phasen. Anfangs, bis zur Beendigung des Zweiten Weltkriegs, waren sowohl die Leistungsfähigkeit dieses Imperiums als auch seine Grenzen recht beschränkt. Nachdem man auf das Programm der europäischen und der Weltrevolution (das sich von dem sowjetischen imperialen Programm erheblich unterschied) verzichtet hatte, verfolgte die Sowjetunion eine eher defensive Strategie. In der Phase der äußeren Expansion in den Jahren 1939 bis 1941 wurde dieser Kurs zwar aufgegeben, doch die Niederlagen im Krieg gegen Deutschland gefährdeten geradezu die Existenz des Imperiums.

In der zweiten Phase wurde die Sowjetunion eine Supermacht in

Europa und in der Welt. Sie verfügte über ausgedehnte Einfluß-sphären und eine ungeheure Militärmacht und führte einen »Kalten Krieg« um die Vorherrschaft in Europa und in der Welt. Diese Machtposition wurde noch befestigt durch die Entwicklung und den Ausbau ihres nuklearen Potentials. Von der Konfrontation zu Stalins Lebzeiten ging die sowjetische Politik dann unter Chruschtschow und in der Anfangszeit der Herrschaft Breschnews dazu über, eine Situation der Koexistenz auf dem europäischen Kontinent zu akzeptieren. Die bisherigen Grundsätze unterlagen dabei jedoch keiner Veränderung; das kommunistische System und die Abhängigkeit des europäischen Einflußgebiets von Moskau blieben unantastbar, ebenso konkurrierte die Sowjetunion mit Westeuropa und vor allem mit der anderen Supermacht, den Ver-einigten Staaten, weiterhin beharrlich um die militärische Überle-genheit.

Der Übergang zur dritten Phase, der Niederlage im »Kalten Krieg«, wurde mit der KSZE in Helsinki 1975 und deren Beschlüs-sen eingeläutet. Zwar hielt die Sowjetunion die Helsinki-Konfe-renz für einen Erfolg, aber es waren die wirtschaftlichen Schwierig-keiten, die das sowjetische Imperium dann veranlaßten, einer Schlußakte zuzustimmen, in der die Souveränität aller europäi-schen Staaten sowie die Geltung der Menschen- und Bürgerrechte garantiert wurden. Moskau jedoch erachtete die hier übernomme-nen Verpflichtungen als eine reine Formalität. Als kurz darauf die Vereinigten Staaten die Menschenrechtsproblematik zur Schlüssel-frage in den internationalen Beziehungen machten, wurde das so-wjetische Imperium in die Defensive gedrängt.

Zu den sich zuspitzenden wirtschaftlichen Schwierigkeiten, die es unmöglich machten, eine imperiale Politik auf dem gleichen Ni-veau wie die Vereinigten Staaten fortzusetzen, gesellten sich in den 80er Jahren weitere Herausforderungen. Die Amerikaner verliehen dem Wettrüsten eine neue Kosten- und Technologiedimension. Dieser Herausforderung war das sowjetische Imperium nicht mehr gewachsen, und es begann, einen ehrenhaften Frieden zu suchen, der den »Kalten Krieg« beenden sollte, und sich daraufhin aus sei-nen Stellungen zurückzuziehen. Dieser Weg endete mit der Zer-schlagung des Imperiums in den Jahren 1989 bis 1991.

Wenn vom Zusammenbruch des Kommunismus als Bewegung, als Herrschaftssystem und als Imperium die Rede ist, muß auch die Frage gestellt werden, was vom europäischen Kommunismus übriggeblieben ist und was dieser Kommunismus hinterlassen hat. Bei dem, was von der kommunistischen Bewegung übrigblieb, kann es sich nämlich nicht in erster Linie um die wenigen Parteien handeln, die ihr – sozusagen bis ins Grab – treu geblieben sind. Ebensowenig geht es dabei um jene Parteien, die jetzt fleißig die Spuren ihrer Vergangenheit verwischen, obwohl sie gleichzeitig aus dem organisatorischen und personellen Vermögen jener Vergangenheit Nutzen ziehen.

Vom europäischen Kommunismus ist das geblieben, woraus er als Bewegung entstanden ist, der Traum von einer gerechten und vernünftigen Welt. Zwar ist dieser Traum einerseits durch die Erfahrungen mit dem »realen Sozialismus« etwas verblaßt und hat an Kraft verloren, andererseits aber ist er – durch bewußt oder unbewußt rezipierte Indoktrinierung – zum Allgemeingut geworden. In den Ländern, die einst von den Kommunisten regiert wurden, können sich heute Millionen von Menschen nur schwer damit abfinden, daß die einen arm und andere reich sind, vor allem, wenn sich das nicht mit klaren, moralischen Gründen leicht erklären läßt. Diese Frustrationen stellen eine direkte oder indirekte Hinterlassenschaft des Kommunismus dar und sind auch in den demokratischen und marktwirtschaftlichen Ländern Europas verbreitet.

Bedeutend weniger blieb vom Kommunismus als Herrschaftssystem übrig. Zwei Aspekte verdienen hier Beachtung. Als erster ist der Mangel an demokratischer politischer Kultur in den zuvor von den Kommunisten beherrschten Ländern zu nennen. Diese These mag man in Frage stellen, denn diesen Ländern fehlte es ja im allgemeinen auch vor der kommunistischen Herrschaft an demokratischen Erfahrungen. Andererseits konnten gerade zu der Zeit, als Europa in einen kommunistischen und einen nichtkommunistischen Teil gespalten war, selbst jene nichtkommunistischen Länder, deren demokratische Entwicklung erst spät einsetzte (wie Spanien oder Griechenland), bedeutende Fortschritte verzeichnen.

Der zweite Aspekt betrifft soziale Strukturveränderungen, die der Kommunismus mit sich brachte, und deren nicht zu unterschätzende Beständigkeit. Jahrzehntelang wurde der Platz in der gesellschaftlichen Hierarchie vor allem davon bestimmt, wer das Recht hatte, staatliche Entscheidungen auf den verschiedenen Ebenen zu treffen, und wer Zugang zu den Gütern hatte, die der Staat verteilte. Am Ende der kommunistischen Ära spielten in den Bildungs- und Besitzeliten Menschen, die persönlich oder familiär mit dem Herrschaftssystem verbunden waren, eine überproportional große Rolle. Diese Eliten haben den Fall des Kommunismus überlebt.

Man könnte meinen, daß von dem kommunistischen Imperium der Sowjetunion nicht viel übriggeblieben sei. Die Sowjetunion ist auseinandergefallen. Ihr mächtigster Erbe, Rußland, ist weit von der Machtfülle seiner Vorgängerin entfernt. Nach wie vor kommt jedoch jener der drei Stützen des kommunistischen Systems, die in der Sowjetunion in engstem Zusammenhang mit der imperialen Politik stand, der Armee, eine ungeheure Bedeutung zu. Wenngleich ihr Potential erheblich angeschlagen ist, hat das sowjetische Imperium dank der Armee und ihres Nukleararsenals in eingeschränkter Form überlebt.

Ein weiteres Erbe des sowjetischen Imperiums stellt das Großmachtbewußtsein vieler Russen dar. Das läßt sich nicht lediglich als bloße Fortsetzung der Mentalität der Russen aus vorkommunistischer Zeit deklarieren, denn damals beschränkte sie sich auf die wohlhabenden oder gebildeteren Schichten. Die imperiale kommunistische Indoktrinierung und die jahrzehntelange Identität als »Supermacht«, haben dieses Element des Bewußtseins zum Allgemeingut werden lassen.

Wie dem auch sei, der Kommunismus in seiner bisherigen Gestalt existiert nicht mehr. Heute, im ausgehenden 20. Jahrhundert, haben wir es mitunter mit seinen Überbleibseln, öfter mit organisatorischen und personellen Kontinuitäten, am häufigsten aber mit einem schwer zu definierenden Erbe im wirtschaftlichen, gesellschaftlichen und politischen Leben zu tun. Eine Fortsetzung steht nicht zu erwarten – denn im Endergebnis seiner über 70 Jahre langen Geschichte ist der Kommunismus gescheitert. Und eine Niederlage verzeihen die Nachgeborenen nie.

Anhang

Anmerkungen

1 Leszek Kołakowski, Die Hauptströmungen des Marxismus. Entstehung – Entwicklung – Zerfall, Bd. 3, München 1979, S. 567 ff.

2 Vgl. Karl Kautsky, Thomas More und seine Utopie, Stuttgart 1888; ders., Vorläufer des neueren Sozialismus, 4 Bde., Stuttgart 1909–1922; ders., Der Ursprung des Christentums, Stuttgart 1908.

3 Karl Raimund Popper, Die offene Gesellschaft und ihre Feinde, Bd. 2: Falsche Propheten. Hegel, Marx und die Folgen, 7. Aufl., Tübingen 1992, S. 97 ff.

4 Nikolai Berdiajew, Wahrheit und Lüge des Kommunismus, Wien 1977 (urspr. Baden-Baden 1953), S. 47 ff. Vgl. auch Jules Monnerot, Soziologie des Kommunismus, Köln 1952, S. 257 ff.

5 Wladimir I. Lenin, Materialismus und Empiriokritizismus, in: W. I. Lenin, Werke, Bd. 14, 1. Aufl., Berlin 1962, S. 339.

6 Eduard Bernstein, Die Voraussetzungen des Sozialismus und die Aufgaben der Sozialdemokratie, Stuttgart 1899, S. 187 f.

7 Josef W. Stalin, Schlußwort zu dem Referat »Über die sozialdemokratische Abweichung in unserer Partei, 3. November 1926«, in: J. W. Stalin, Werke, Bd. 8, Berlin 1952, S. 276 f.

8 »Wir brauchen eine revolutionäre Staatsmacht, wir brauchen (für eine bestimmte Übergangsperiode) den Staat« – Wladimir I. Lenin, Briefe aus der Ferne. Brief 3. Über die proletarische Miliz, in: W. I. Lenin, Werke, Bd. 23, 1. Aufl., Berlin 1957, S. 339.

9 Vgl. Reinhart Kössler, Dritte Internationale und Bauernrevolution. Die Herausbildung des sowjetischen Marxismus in der Debatte um die »asiatische« Produktionsweise, Frankfurt/M. 1982.

10 Vgl. Jan Kucharzewski, The Origins of Modern Russia, New York 1948, S. 487; Alain Besançon, Présent sovietique et passé russe, neue Aufl., Paris 1986, S. 133 ff.; Richard Pipes, Die Russische Revolution, Berlin 1992/1993, S. 806 ff.

11 Nach offiziellen Angaben existierten 1912 im riesigen Zarenreich lediglich »reichlich 20 Parteiorganisationen«, Kommunističeskaja Partija Sovetskogo Sojuza w rezoljucijach i rešeniach sezdow, konferencij i plenumov CK, Bd. 1, Moskva 1953, S. 265.

12 Ernst Nolte, Der europäische Bürgerkrieg 1917–1945. Nationalsozialismus und Bolschewismus, Frankfurt/M. 1987, S. 58 f.

13 Hannah Arendt, Elemente und Ursprünge totaler Herrschaft, Frankfurt/M. 1955, S. 499 ff.

14 Wladimir I. Lenin, Staat und Revolution, Die Lehre des Marxismus vom Staat und die Aufgaben des Proletariats in der Revolution, in: W. I. Lenin, Werke, Bd. 25, Berlin 1960, S. 393–507, hier S. 440, 487 ff.

15 Rosa Luxemburg, Die russische Revolution, Berlin 1922; ebenfalls in: Rosa Luxemburg, Politische Schriften III, hg. von Ossip K. Flechtheim, 3. Aufl., Frankfurt/M. 1971, S. 106–194. Vgl. Paul Frölich, Rosa Luxemburg. Gedanke und Tat, 3. Ausg., Frankfurt/M. 1967, S. 286.

16 Hermann Weber, Die Wandlung des deutschen Kommunismus: Die Stalinisierung der KPD in der Weimarer Republik, Bd. 1, Frankfurt/M. 1969, S. 29 f.

17 Julius Braunthal, Geschichte der Internationale, Bd. 2, 3. Auflage, Berlin 1978, S. 554.

18 Die Vorrangstellung genoß hier Sinowjew, vgl. Heinrich August Winkler, Von der Revolution zur Stabilisierung. Arbeiter und Arbeiterbewegung in der Weimarer Republik 1918 bis 1924, Berlin 1984, S. 705. Daraufhin ließ Stalin verlauten: »Die Sozialdemokratie ist objektiv der gemäßigte Flügel des Faschismus [...] Das sind keine Antipoden, sondern Zwillingsbrüder.« Josef W. Stalin, Zur internationalen Lage, in: J. W. Stalin, Werke, Bd. 6, Berlin 1952, S. 253.

19 Vollständig legte diese Theorie dar: Leo Trotzki, Die permanente Revolution, Berlin-Wilmersdorf 1930 (die russische Ausgabe erschien 1929).

20 Josef W. Stalin, Über die Möglichkeit der Errichtung des Sozialismus in unserem Lande. Antwort an Genossen Pokojew, in: J. W. Stalin, Werke, Bd. 8, Berlin 1952, S. 87.

21 Hermann Weber, Kommunistische Bewegung und realsozialistischer Staat. Beiträge zum deutschen und internationalen Kommunismus, Köln 1988, S. 166 f.

22 Seine Autobiographie beginnt er mit dem Satz: »Soweit meine Erinnerungen zurückreichen, ersteht vor mir, dem Sohn und Enkel von Bergleuten, nichts als das harte Dasein der Werktätigen.« Maurice Thorez, Ein Sohn des Volkes, Berlin 1951, S. 7.

23 Roger Pethybridge, The Social Prelude to Stalinism, London 1974, S. 215.

24 Robert Conquest, Ernte des Todes. Stalins Holocaust in der Ukraine 1929–1933, 2. Aufl., München 1992, S. 367.

25 Weber, Wandlung [wie Anm. 16], S. 192.

26 Dazu sprach in seiner Geheimrede auf dem XX. Parteitag der KPdSU: Nikita Chruschtschow, Über den Personenkult und seine Folgen, in: SED und Stalinismus. Dokumente aus dem Jahre 1956, hg. v. Josef Gabert und Lutz Prieß, Berlin 1990, S. 23 f. Ausführlicher zum Fall Kirow: Robert Conquest, Stalin and the Kirov Murder, London 1989.

27 Merle Fainsod, Wie Rußland regiert wird, Köln 1965, S. 487.

28 »Aus dem, was ich bisher über Stalin gesagt habe, läßt sich folgern, daß er

ein amoralischer Mensch mit verbrecherischen Neigungen war.« Boris Ba-
schanow, Ich war Stalins Sekretär, 2. Aufl., Süderbrarüp 1989 (Berlin 1977),
S. 131.

29 Die Propagandafassung von den angeblichen Verbrechen, dem Verlauf der
Fahndung und des Prozesses lieferten zwei kommunistische Journalisten
aus den USA: Michael Sayers, Albert E. Kahn, Die große Verschwörung,
Berlin 1949.

30 Am ausführlichsten legte den Fall Paweł Wieczorkiewicz in seinem Buch
dar: Stalin i generalicja sowiecka w latach 1937–1941. Sprawa Tucha-
czewskiego i jej konsekwencje (Stalin und die sowjetische Generalität
1937–1941. Der Fall Tuchatschewski und dessen Auswirkungen), Warszawa 1993.

31 Hermann Weber, »Weiße Flecken« in der Geschichte. Die KPD-Opfer der
Stalinschen »Säuberungen« und ihre Rehabilitierung, Frankfurt/M. 1989,
S. 19.

32 Vgl. Julián Gorkin, Stalins langer Arm. Die Vernichtung der freiheitlichen
Linken im spanischen Bürgerkrieg, Köln 1980, S. 63.

33 Josef W. Stalin, Rechenschaftsbericht an den XVIII. Parteitag über die Arbeit des ZK der KPdSU, in: ders., Fragen des Leninismus, Moskau 1940,
S. 669 f.

34 Angaben nach: Kommunisticeskaja Partija Sovetskogo Sojuza, Bd. 1,
S. 407, Bd. 2, S. 743, 877. Etwas abweichende Angaben in: Fainsod, Wie
Rußland [wie Anm. 27], S. 249.

35 Thomas H. Rigby, Communist Party Membership in the USSR 1917–1967,
Princeton 1968, S. 116.

36 Wladimir Majakowski, Wladimir Iljitsch Lenin, in: ders., Werke, Bd. 2,
Frankfurt/M. 1980, S. 284.

37 Kommunisticeskaja Partija [wie Anm. 34], Bd. 1, S. 538.

38 Vgl. Projekt Programu Komunistycznej Partii Polski Sekcji Międzynaro-
dówki Komunistycznej (Programmentwurf der Kommunistischen Partei
Polens, der Polnischen Sektion der Kommunistischen Internationale), in:
KPP. Uchwały i rezolucje (KPP. Beschlüsse und Resolutionen), Bd. 3, Warszawa 1956, S. 413, und Resolution des ZK der KPP zum 1. Mai 1938, in:
ebd., S. 655.

39 Pravda 1.11.1939, Nr. 303, S. 1.

40 Die Welt 6.11.1939 (nach: Helmut Konrad, Widerstand an Donau und
Moldau. KPÖ und KSČ zur Zeit des Hitler-Stalin-Paktes, Wien 1978, S. 262).

41 Konrad, Widerstand [wie Anm. 40], S. 271–281.

42 Philippe Robrieux, Histoire intérieure du Parti communiste, Bd. I:
1920–1945, Paris 1980, S. 496 ff.

43 Vgl. Declaration of the National Liberation Committee of Yugoslavia, in:

Robert V. Daniels (Hg.), A Documentary History of Communism, Bd. 2: Communism and the World, London 1985, S. 127.

44 Klaus Kellmann, Die kommunistischen Parteien in Westeuropa. Entwicklung zur Sozialdemokratie oder Sekte?, Stuttgart 1988, S. 109.

45 Jerzy Tomaszewski, Europa środkowo-wschodnia 1944–1968. Powstanie, ewolucja i kryzys realnego socjalizmu (Ostmitteleuropa 1944–1968. Die Entstehung, Evolution und Krise des Realsozialismus), Warszawa 1992, S. 102.

46 Vgl. François Fejtö, Le coup de Prague 1948, Paris 1976.

47 Besondere Publizität erhielten zwei in vielen Volksdemokratien übersetzte Texte zweier sowjetischer Theoretiker: Eugen Varga, Demokratie neuer Art, in: Neue Welt 11 (1947) und I. P. Trainin, Demokratija osobogo tipa, in: Sovetskoe Gosudarstvo i Pravo 1 (1947). Ausführlicher darüber: Heinrich Heiter, Vom friedlichen Weg zum Sozialismus zur Diktatur des Proletariats. Wandlungen der sowjetischen Konzeption der Volksdemokratie 1945–1949, Frankfurt/M. 1977.

48 Vgl. Aleksandr M. Nekrich, The Punished Peoples. The Deportation and Fate of Soviet Minorities at the End of the Second World War, New York 1978.

49 Andrej Shdanow, Über Kunst und Wissenschaft, Berlin 1951.

50 Kommuniqué über die Beratung des Informationsbüros der kommunistischen Parteien, in: Neues Deutschland 30.6.1948, Nr. 149, S. 2, 5.

51 Władysław Gomułka, Referat na Plenum KC PPR, 3 czerwca 1948 r. (Referat auf dem Plenum des ZK der PPR, 3. Juni 1948), in: Miesicznik Literacki 2 (1983), S. 77–87.

52 Laszlo Rajk und Complizen vor dem Volksgericht, 2. Aufl., Berlin 1950, S. 359 f.

53 Artur London, Ich gestehe. Der Prozeß um Rudolf Slansky, Berlin 1991, S. 310 ff. Vgl. auch Jiří Pelikán (Hg.), Das unterdrückte Dossier. Bericht der Kommission des ZK der KPTsch über politische Prozesse und »Rehabilitierungen« in der Tschechoslowakei 1949–1968, Wien 1970, S. 113.

54 »Die Berater verfügten von allem Anfang an über unverhältnismäßig weitgehende Vollmachten; sie unterstanden nicht der Kontrolle tschechoslowakischer Organe und fühlten sich für ihre Tätigkeit nur dem von Berija geleiteten sowjetischen Ministerium für Staatssicherheit verantwortlich.« Zit. nach Pelikán, Das unterdrückte Dossier [wie Anm. 53], S. 90.

55 Josef W. Stalin, Der Marxismus und die Frage der Sprachwissenschaft, 3. Aufl., Berlin 1951. Ders., Ökonomische Probleme des Sozialismus in der UdSSR, 3. Aufl., Berlin 1952.

56 In sensationeller Aufmachung schrieb hierzu Abdurachman Awtorchanow, Das Rätsel um Stalins Tod, Frankfurt/M. 1984, S. 131 ff.

57 Wiederum in sensationeller Verpackung, ebd., S. 176 ff.

58 Christoph Kleßmann, Die doppelte Staatsgründung. Deutsche Geschichte 1945–1955, Bonn 1982, S. 280 f.

59 Chruschtschow, Über den Personenkult [wie Anm. 26], S. 8–68.

60 Zbigniew K. Brzezinski, Der Sowjetblock. Einheit und Konflikt, Köln 1962, S. 182.

61 Paweł Machcewicz, Polski rok 1956 (Das polnische Jahr 1956), Warszawa 1993, S. 16 f.

62 Die umfangreiche Literatur hierzu faßte zusammen: Jens Hacker, Der Ostblock. Entstehung, Entwicklung und Struktur 1939–1980, Baden-Baden 1983, S. 557–567.

63 Palmiro Togliatti, Interview mit der Zeitschrift Nuovi Argumenti, in: ders., Ausgewählte Schriften, Frankfurt/M. 1967, S. 89–123.

64 (Nikita Chruschtschow), Chruschtschow erinnert sich, hg. von Strobe Tallbott, Hamburg 1971, S. 423.

65 Roy Medwedjew, Chruschtschow. Eine politische Biographie, Stuttgart 1984, S. 165.

66 Nikita Chruschtschow, Schlußwort des Ersten Sekretärs des ZK der KPdSU auf dem XXII. Parteitag, in: Die Presse der Sowjetunion 12.11.1969, Nr. 136, S. 3028.

67 Vgl. Alexej Adshubej, Gestürzte Hoffnung. Meine Erinnerungen an Chruschtschow, Berlin 1990, S. 318.

68 Alexander Solschenizyn, Odin den Ivana Denisowiča, in: Novyj Mir 11 (1962), S. 8–74. Deutsche Ausgabe: Ein Tag im Leben des Iwan Denissowitsch, Berlin 1963.

69 Pravda 31.10.1956, Nr. 305, S. 1.

70 Boris Meissner (Hg.), Der Warschauer Pakt. Dokumentensammlung, Köln 1962, S. 117–143.

71 Donald S. Zagoria, Der chinesisch-sowjetische Konflikt 1956–1961, München 1964, S. 378 ff.

72 Milovan Djilas, Die neue Klasse. Eine Analyse des kommunistischen Systems, München 1957.

73 Hacker, Ostblock [wie Anm. 62], S. 609.

74 János Kádár, Wer nicht gegen uns ist, ist für uns, in: ders., Für ein sozialistisches Ungarn, Frankfurt/M. 1976, S. 138.

75 Elementi per una dichiarazione programmatica del Partito Comunista italiano, nach: Karin Priester, Grundzüge und Probleme der Strategie des »italienischen Weges zum Sozialismus«, in: Beiträge zum wissenschaftlichen Sozialismus 5 (1977), S. 15–38.

76 Medwedjew, Chruschtschow [wie Anm. 65], S. 322 ff.

77 Helène Carrère d'Encausse, La Déstalinisation commence, Bruxelles 1984, S. 175 f.

78 Pravda 9. 9. 1962, Nr. 252, S. 3.

241

79 Hacker, Ostblock [wie Anm. 62], S. 745.

80 Wlodzimierz Brus, Geschichte der Wirtschaftspolitik in Osteuropa, Köln 1986, S. 302.

81 Vladimír Horský, Prag 1968. Systemveränderung und Systemverteidigung, Stuttgart 1975, S. 54.

82 William Shawcross, Dubček: Der Mann, der die Freiheit wollte, München 1970, S. 209 f.

83 Peter Norden, Prag 21. August. Das Ende des Prager Frühlings, München 1977, S. 183.

84 Ein Spitzenfunktionär der Partei sagte den jüdischen Kommunisten sogar nach, in Polen den Stalinismus verwirklicht zu haben: Andrzej Werblan, Przyczynek do genezy konfliktu (Beitrag zur Entstehung eines Konflikts), in: Miesięcznik Literacki, 6 (1968), S. 61 ff.

85 Wolfgang Leonhard, Die Bedeutung des Prager Frühlings für die Entwicklung des Eurokommunismus, in: Klaus Gärtner / Jiří Kosta (Hg.), Wirtschaft und Gesellschaft. Kritik und Alternativen. Festschrift für Ota Šik, Berlin 1979, S. 389–418.

86 Kommunističeskaja Partija Sovetskogo Sojuza, Bd. 2, S. 1096.

87 Sowjetunion 1988/89. Perestrojka in der Krise? Hg. v. Bundesinstitut für ostwissenschaftliche und internationale Studien in Köln, München 1989, S. 320.

88 Lothar Schultz (Hg.), Die Verfassung der Sozialistischen Republik Rumänien vom 21. August 1965, in: Jahrbuch des öffentlichen Rechtes, Neue Folge 15 (1966), S. 459–470. Vgl. auch Verfassung der Volksrepublik Rumänien vom 24. September 1952, in: Die Verfassungen der europäischen Länder der Volksdemokratie, Berlin 1954, S. 139.

89 Leonid I. Breshnev, Auf dem Wege Lenins. Reden und Aufsätze, Bd. 5: April 1974 – März 1976, Berlin 1977, S. 505.

90 Verfassung (Grundgesetz) der Union der Sozialistischen Sowjetrepubliken vom 7. Oktober 1977, in: Georg Brunner / Boris Meissner (Hg.), Verfassungen der kommunistischen Staaten, Paderborn 1979, S. 391 f.

91 Klaus Kellmann, Pluralistischer Kommunismus? Wandlungstendenzen eurokommunistischer Parteien in Westeuropa und ihre Reaktion auf die Erneuerung in Polen, Stuttgart 1984, S. 20.

92 Sowjetunion 1988/89 [wie Anm. 87], S. 320 f.

93 Boris Meissner, Die »Breshnew-Doktrin«. Das Prinzip des »proletarisch-sozialistischen Internationalismus« und die Theorie von den »verschiedenen Wegen zum Sozialismus«. Dokumentation, Köln 1969, S. 75 ff.

94 Leonid Breshnev, Rechenschaftsbericht des ZK der KPdSU an den XXIV. Parteitag der KPdSU, in: XXIV. Parteitag der KPdSU 1971, Moskau 1971, S. 121 ff.

95 Ewa Wacowska (Hg.), Rewolta szczecińska i jej znaczenie (Die Stettiner Revolte und ihre Bedeutung), Paris 1971, S. 141.

96 Jan Józef Lipski, Komitet Obrony Robotników KOR – Komitet Samoobrony Społecznej (Das Komitee zur Verteidigung der Arbeiter KOR – Das Komitee zur Sozialen Selbstverteidigung), London 1983. Vgl. auch Helga Hirsch, Bewegungen für Demokratie und Unabhängigkeit in Polen 1976–1980, Mainz 1985.

97 Hacker, Ostblock [wie Anm. 62], S. 813 f.

98 Vladimir Kusin, From Dubček to Charter 77. A study of »normalization« in Czechoslovakia 1968–1978, Edinburgh 1978, S. 304 ff.

99 Verfassung der Sozialistischen Föderativen Republik Jugoslawien vom 21. Februar 1974; in: Brunner/Meissner, Verfassungen [wie Anm. 90], S. 233.

100 Berlinguers wichtigste Texte übersetzte und publizierte Manfred Steinkühler, Eurokommunismus im Widerspruch. Analyse und Dokumentation, Köln 1977, S. 90–109.

101 Werner Goldschmidt (Hg.), Das gemeinsame Regierungsprogramm der Sozialisten und Kommunisten in Frankreich, Köln 1972.

102 Santiago Carrillo, »Eurokommunismus« und Staat, Hamburg 1977.

103 Zbigniew Włodek (Hg.), Tajne dokumenty Biura Politycznego. PZPR a »Solidarność« 1980–1981 (Geheimdokumente des Politbüros. Die PVAP und die »Solidarność« 1980–1981), London 1992, S. 100 (Sitzungsprotokoll des Politbüros des ZK der PVAP vom 17.9.1980). Vgl. auch Dokumenty. Teczka Susłowa (Dokumente. Das Suslow-Dossier), Warszawa 1993, S. 17 (Sitzungsprotokoll des Politbüros des ZK der KPdSU vom 3.9.1980).

104. Włodek, Tajne dokumenty, [wie Anm. 103], S. 180 ff. (Sitzungsprotokoll des Politbüros des ZK der PVAP vom 26.11.1980).

105 Dokumenty dotyczące wprowadzenia stanu wojennego w Polsce przekazane przez Komitet ds. Archiwów przy Rządzie Federacji Rosyjskiej (Roskomarchiw) [Die Dokumente zur Verhängung des Kriegszustands in Polen übergeben vom Archivkomitee bei der Regierung der Russischen Föderation (Roskomarchiw)], S. 49 f. (Sitzungsprotokoll des Politbüros des ZK der KPdSU vom 29.10.1981). Vgl. auch Dokumenty. Teczka Susłowa [wie Anm. 103], S. 83 ff. (Sitzungsprotokoll des Politbüros des ZK der KPdSU vom 10.12.1981).

106 Kellmann, Die kommunistischen Parteien [wie Anm. 44], S. 119.

107 Michail Gorbatschow, Das Entwicklungstempo zu beschleunigen ist unser aller Anliegen. Rede auf einem Treffen mit Arbeitern, Ingenieuren und Technikern in einer Montagehalle der Lichatschow-Autowerke 16. April 1985, in: ders., Ausgewählte Reden und Aufsätze, Bd. 2, Berlin 1987, S. 161–169.

108 Erstmals sprach Gorbatschow von der »Umgestaltung des Wirtschaftsme-
chanismus« auf der Sitzung des ZK der KPdSU am 23.4.1985, ebd., S. 176.

109 Tatsächlich tauchte der Begriff »Glasnost« zusammen mit der »Perestrojka« auf, wurde jedoch erst nach dem XXVII. Parteitag der KPdSU
stärker propagiert. Michail Gorbatschow, Politischer Bericht des Zentralkomitees der KPdSU an den XXVII. Parteitag der KPdSU 25.2.1986, in:
ders., Ausgewählte Reden und Aufsätze, Bd. 3, Berlin 1987, S. 269f.

110 Michail Gorbatschow, Die Rede zum 70. Jahrestag der Oktoberrevolution, Bergisch Gladbach 1987, S. 51.

111 Gerhard Simon, Perestrojka – eine Zwischenbilanz, in: Sowjetunion
1988/89 [wie Anm. 87], S. 22.

112 Krzysztof Dubiński, Magdalenka. Transakcja epoki. Notatki z poufnych
rozmów Kiszczak-Wałęsa (Magdalenka. Das Epochengeschäft. Notizen
über vertrauliche Gespräche Kiszczak-Wałęsa), Warszawa 1990, S. 4.

113 Timothy Garton Ash, Ein Jahrhundert wird abgewählt. Aus den Zentren
Mitteleuropas 1980–1990, München 1990, S. 319 f.

114 Heinz Timmermann, Italiens Kommunisten zwischen Stagnation und
Wandel. Die IKP nach ihrem 17. Parteitag vom April 1986 (= Berichte des
Bundesinstitutes für ostwissenschaftliche und internationale Studien
Nr. 35–1986), Köln 1986, S. 27.

115 Ders., Die KPdSU und das internationale kommunistische Parteiensystem.
Paradigmenwechsel in Moskau (= Berichte des Bundesinstitutes für ostwissenschaftliche und internationale Studien 13) 1989, S. 21.

116 David S. Bell, French Communism's Final Struggle, in: ders. (Hg.), Western European Communists and the Collapse of Communism, Oxford
1993, S. 62.

117 Porozumienia okrągłego stołu (Die Vereinbarungen des Runden Tisches),
Warszawa 1989.

118 Ash, Ein Jahrhundert wird abgewählt [wie Anm. 113], S. 389.

119 Gorbatschows Deutschlandpolitik untersuchte noch vor den großen Umwälzungen Wolfgang Seiffert, Die Deutschen und Gorbatschow. Chancen
für einen Interessenausgleich, Erlangen 1989. Vgl. auch Fred Oldenburg,
Die Deutschlandpolitik Gorbatschows 1985–1991 (= Berichte des Bundesinstitutes für ostwissenschaftliche und internationale Studien 17–1992),
Köln 1992.

120 Ash, Ein Jahrhundert wird abgewählt [wie Anm. 113], S. 389.

121 Vgl. Uwe Thaysen, Der Runde Tisch. Oder: wo blieb das Volk. Der Weg
der DDR in die Demokratie, Opladen 1990.

122 Robert Weiß / Manfred Heinrich, Der Runde Tisch: Konkursverwalter des
»realen« Sozialismus. Analyse und Vergleich des Wirkens Runder Tische
in Europa (= Berichte des Bundesinstitutes für ostwissenschaftliche und
internationale Studien 4–1991), Köln 1991, S. 26 ff.

123 Udo Gehrmann/Tchavdar Naydenov, Bulgariens Weg zur neuen Identität. Rückblicke und Aussichten einer unvollendeten »Preustrojstvo« auf dem Balkan (= Berichte des Bundesinstitutes für ostwissenschaftliche und internationale Studien 16–1993), Köln 1993, S. 12 f. Vgl. auch Weiß/Heinrich, Der Runde Tisch [wie Anm. 122], S. 37 ff.

124 Vgl. Michail Gorbatschow, Der Zerfall der Sowjetunion, München 1992, S. 187 f., 228 ff.

125 Seine Haltung zu erläutern versucht Gorbatschow in seinem Buch Der Staatsstreich, München 1991.

126 Stephen Gundle, The Italian Communist Party: Gorbachev and the End of »Really Existing Socialism«, in: Bell, Western European Communists [wie Anm. 116], S. 28.

Zeittafel

Juli – August 1903	Bildung der bolschewistischen Fraktion in der russischen Sozialdemokratie (SDAPR)
Januar 1912	Die Bolschewiki spalten sich endgültig als selbständige Partei ab
September 1914	Lenins Aktionsprogramm zur Umwandlung des »imperialistischen Krieges« in einen »Bürgerkrieg«
27. 2. (12. 3.) 1917	Sieg der Februarrevolution in Rußland
25. 10. (7. 11.) 1917	Die Bolschewiki übernehmen in Petrograd die Macht
6. – 8. 3. 1918	Die Partei der Bolschewiki benennt sich um in Kommunistische Partei Rußlands (Bolschewiki)
30. 12. 1918 – 1. 1. 1919	Gründung der Kommunistischen Partei Deutschlands
21. 3. – 1. 8. 1919	Kommunistische Ungarische Räterepublik
26. 3. 1919	Gründung der Kommunistischen Internationale (Komintern)
30. 12. 1920	Gründung der Kommunistischen Partei Frankreichs (Name seit Oktober 1921)
21. 1. 1921	Gründung der Kommunistischen Partei Italiens
30. 12. 1922	Gründung der Sowjetunion
21. 2. 1924	Lenins Tod
1929 – 1932	Kollektivierung der Landwirtschaft in der UdSSR und Hungerkatastrophe in der Ukraine
Februar 1933	Die Regierung Hitlers verbietet die KPD
1934 – 1938	Die französischen Kommunisten unterstützen den Einheitsfront- und anschließend den Volksfrontkurs
1935 – 1938	Die »große Säuberung« mit Massenrepressalien in der Sowjetunion, die auch kommunistische Exilanten aus dem Ausland trifft
16. 2. 1936	Sieg der Volksfrontliste, für die auch die Kommunisten kandidieren, bei den Wahlen in Spanien
1936 – 1939	Bürgerkrieg in Spanien
23. 8. 1939	Unterzeichnung des deutsch-sowjetischen Nichtangriffs-(Molotow-Ribbentrop)Pakts in Moskau

22.6.1941	Deutschland überfällt die Sowjetunion
22.5.1943	Auflösung der Komintern
1944–1945	Entstehung der »volksdemokratischen Staaten« im Ostteil Europas
Februar 1945	Konferenz von Jalta über die Kriegsziele der Alliierten
21./22.4.1946	In der Sowjetischen Besatzungszone Deutschlands wird die SPD der Kommunistischen Partei einverleibt und die SED gegründet
Mai 1947	Die Kommunisten scheiden aus den Regierungskoalitionen in Frankreich und Italien aus
September 1947	Bildung des Informationsbüros der Kommunistischen und Arbeiterparteien (Kominform)
28.6.1948	Das Kominform verurteilt die jugoslawischen Kommunisten
1948	In den »Volksdemokratien« werden die sozialistischen Parteien den kommunistischen Parteien einverleibt
25.1.1949	Gründung des Rats für Gegenseitige Wirtschaftshilfe (Comecon)
7.10.1949	Gründung der Deutschen Demokratischen Republik
5.3.1953	Stalins Tod
17.6.1953	Volksaufstand in der DDR
14.5.1955	Abschluß des Warschauer Pakts und Bildung eines gemeinsamen Oberkommandos für die Streitkräfte der Ostblockstaaten
25.2.1956	Nikita Chruschtschow hält sein geheimes Referat auf dem XX. Parteitag der KPdSU
19.–21.10.1956	Wechsel in der Parteiführung Polens
Oktober/November 1956	Revolution in Ungarn und Intervention der sowjetischen Armee
16.–19.11.1957	Beratung der kommunistischen Parteien in Moskau
Oktober 1960	Beratung der kommunistischen Parteien in Moskau
14.10.1964	Absetzung Chruschtschows als sowjetischer Partei- und Staatschef
1968	Reformversuch des kommunistischen Systems in der Tschechoslowakei
21.8.1968	Einmarsch der Armeen des Warschauer Pakts in die Tschechoslowakei
15.–18.12.1970	Blutige Straßenschlachten zwischen Arbeitern, Polizei und Militär im polnischen Küstengebiet

1.8.1975	Unterzeichnung der KSZE-Schlußakte in Helsinki
31.8.1980	Bei den Danziger Vereinbarungen müssen die kommunistischen Machthaber in Polen die Gründung einer unabhängigen Gewerkschaft zulassen
1980/1981	Die »Solidarność« wirkt legal in Polen
13.12.1981	In Polen wird der Kriegszustand verhängt
11.3.1985	Gorbatschow wird Erster Sekretär der KPdSU
6.2.1989	In Polen beginnen die Verhandlungen am »Runden Tisch«
4.6.1989	Die »Solidarność« siegt bei Wahlen in Polen
23.10.1989	In Ungarn wird ein Mehrparteiensystem eingeführt
9.11.1989	Die Berliner Mauer fällt
Januar 1991	Die Kommunistische Partei Italiens wandelt sich um in die Demokratische Partei der Linken
19.–22.8.1991	Kommunistischer Putschversuch in Moskau
8.12.1991	Auflösung der Sowjetunion

Auswahlbibliographie

Allgemeine Werke

Alain Besançon, Présent soviétique et passé russe, neue Aufl., Paris 1986

Franz Borkenau, Der europäische Kommunismus. Seine Geschichte von 1917 bis zur Gegenwart, München 1952

Julius Braunthal, Geschichte der Internationale, Bd. 2 u. 3, 3. Aufl., Berlin 1978

Robert V. Daniels (Hg.), A Documentary History of Communism, 2 Bde., London 1985

Jane Degrad (Hg.), The Communist International 1919–1943. Documents, 3 Bde., London 1956–1965

Roger East (Hg.), Communist and Marxist Parties of the World, 2. Ausg., Chicago 1990

François Fejtö, Dictionnaire des partis communistes et des mouvements révolutionnaires, Tournais 1970

Pierre Frank, Geschichte der Kommunistischen Internationale (1919–1943), 2 Bde., Frankfurt/M. 1981

William E. Griffith (Hg.), Communism in Europe. Continuity, Change and the Sino-Soviet Dispute, 2 Bde., Cambridge/Mass. 1967

Claus D. Kernig (Hg.), Die kommunistischen Parteien der Welt, Freiburg 1969

Leszek Kolakowski, Die Hauptströmungen des Marxismus. Entstehung – Entwicklung – Zerfall, 3 Bde., München 1977–1979

Wolfgang Leonhard, Was ist Kommunismus? Wandlungen einer Ideologie, München 1976

Alfred George Meyer, Communism, 4. Aufl., New York 1984

Jules Monnerot, Soziologie des Kommunismus, Köln 1952 (eine neue französische Ausgabe: Sociologie du communisme. Échec d'une tentative religieuse au XXe siècle, Paris 1979)

Hugh Seton-Watson, Von Lenin bis Malenkow. Bolschewistische Strategie, München 1955

Witold S. Sworakowski (Hg.), World Communism. A Handbook 1918–1965, Stanford 1973

Adam B. Ulam, The Communists. The Story of Power and Lost Illusions 1948–1991, New York 1992

Hermann Weber, Die Kommunistische Internationale. Eine Dokumentation, Hannover 1966

Stalin und Stalinismus

Isaac Deutscher, Stalin. Eine politische Biographie, Berlin 1989

Roy Medwedjew, Das Urteil der Geschichte. Stalin und Stalinismus, 3 Bde., Berlin 1992

Robert C. Tucker, Stalin as Revolutionary 1879–1929. A Study in History and Personality, New York 1973

ders., Stalin in Power. The Revolution from Above 1928–1941, New York 1990

Adam Ulam, Stalin. The Man and His Era, Boston 1987

Dimitri Wolkogonow, Stalin. Triumph und Tragödie. Ein politisches Porträt, Düsseldorf 1989

Sowjetunion

Edward H. Carr, A History of Soviet Russia, 14 Bde., London 1950–1978

Helene Carrère d'Encausse, A History of the Soviet Union 1917–1953, 2 Bde., London 1981 u. 1982

Merle Fainsod, Wie Rußland regiert wird, Köln 1965

Michail Heller/Alexander Nekrich, Geschichte der Sowjetunion, 2 Bde., Königstein/Ts. 1981 u. 1982

Hans-Joachim Lieber/Karl-Heinz Ruffmann (Hg.), Der Sowjetkommunismus. Dokumente, 2 Bde., Köln 1963 u.1964

Martin Malia, Vollstreckter Wahn. Rußland 1917–1991, Stuttgart 1994

Roy Medwedjew, Chruschtschow. Eine politische Biographie, Stuttgart 1984

Richard Pipes, Die Russische Revolution, 3. Bde., Berlin 1992 u. 1993

Leonard Schapiro, Die Geschichte der kommunistischen Partei der Sowjetunion, Frankfurt/M. 1961

Alexander Solschenizyn, Der Archipel GULAG, Bern 1973 (Hamburg 1985)

Adam B. Ulam, Die Bolschewiki. Vorgeschichte und Verlauf der kommunistischen Revolution in Rußland, Köln 1967

Der Sowjetblock

Zbigniew K. Brzezinski, Der Sowjetblock. Einheit und Konflikt, Köln 1962

François Fejtö, Die Geschichte der Volksdemokratien, 2 Bde., Frankfurt/M. 1988

Stephen Fischer-Galati (Hg.), The Communist Parties of Eastern Europe, New York 1979

Ben Fowkes, Aufstieg und Niedergang des Kommunismus in Osteuropa, Mainz 1994

Jens Hacker, Der Ostblock. Entstehung, Entwicklung und Struktur 1939–1980, Baden-Baden 1983

Jerzy Tomaszewski, The Socialist Regimes of East Central Europe. Their Establishment and Consolidation 1944–1967, London 1989

Der westeuropäische Kommunismus

Klaus Kellmann, Die kommunistischen Parteien in Westeuropa. Entwicklung zur Sozialdemokratie oder Sekte?, Stuttgart 1988

ders., Pluralistischer Kommunismus? Wandlungstendenzen eurokommunistischer Parteien in Westeuropa und ihre Reaktion auf die Erneuerung in Polen, Stuttgart 1984

Heinz Timmermann (Hg.), Die kommunistischen Parteien Südeuropas. Länderstudien und Queranalysen, Baden-Baden 1979

Dieter Oberndörfer/Hans Rühle/Hans Joachim Veen (Hg.), Sozialistische und kommunistische Parteien in Westeuropa, 2 Bde., Opladen 1978 u. 1979

Das Ende des Kommunismus

Timothy Garton Ash, Ein Jahrhundert wird abgewählt. Aus den Zentren Mitteleuropas 1980–1990, München 1990

David S. Bell (Hg.), Western European Communists and the Collapse of Communism, Oxford 1993

Zbigniew K. Brzezinski, Das gescheiterte Experiment. Der Untergang des kommunistischen Systems, Wien 1989

Alexander Dallin (Hg.), The Gorbachev Era, New York 1992

Michael Waller/Meindert Fennema (Hg.), Communist Parties in Western Europe. Decline or Adaptation?, Oxford 1988

Register

Europäische Geschichte

Herausgegeben von Wolfgang Benz

Wilfried Nippel
Bürger und Polis
Antike und
moderne Freiheit
Band 60104

Toni Pierenkemper
**Umstrittene
Revolutionen**
Die Industria-
lisierung im
19. Jahrhundert
Band 60147

Ronnie
Po-chia Hsia
Gegenreformation
Die Welt der
katholischen
Erneuerung
1540-1770
Band 60130

Rolf E. Reichardt
**Das Blut
der Freiheit**
Französische
Revolution und
demokratische
Kultur
Band 60135

Saskia Sassen
**Migranten,
Siedler, Flüchtlinge**
Von der Massenaus-
wanderung zur
Festung Europa
Band 60138

Fred E. Schrader
**Die Formierung
der bürgerlichen
Gesellschaft**
1550-1850
Band 60133

Helga Schultz
**Handwerker,
Kaufleute,
Bankiers**
Wirtschafts-
geschichte Europas
1500-1800
Band 60128

Peter G. Stein
**Römisches Recht
und Europa**
Die Geschichte
einer Rechtskultur
Band 60102

Clemens
Zimmermann
**Die Zeit der
Metropolen**
Urbanisierung
und Großstadt-
entwicklung
Band 60144

Fischer Taschenbuch Verlag

fi 1701 / 3 c